جمالية المتغيّر
THE BEAUTY OF IMPERMANENCE

Sharjah Architecture Triennial

ترينالي الشارقة للعمارة

جمـــــالية المتغـــيّر

THE BEAUTY OF IMPERMANENCE

Sharjah Architecture Triennial

تـــرينالي الشـــارقة للعمـــارة

ترينالي الشارقة للعمارة
SHARJAH ARCHITECTURE TRIENNIAL

PARK BOOKS

المقدمة

السياق المتجدد

سياسات الاستخراج

Intangible Bodies

أبنية غير ملموسة

Introduction

المقدمة

The Trade-Off for Prosperity

Tosin Oshinowo

The Beauty of Impermanence: An Architecture of Adaptability is a metaphor that draws attention to the design of the built environment and the technological innovations visible in the Global South. These solutions are born out of conditions of scarcity and work within the limitations of the available natural resources.

In contrast, the past 400 years have seen the Global North approach scarcity through cornucopianism, which stems from the belief that our natural resources, despite being limited, can be extended indefinitely. The Global North, through land conquest, slavery, resource extraction, and technological advancement—all justified by mythological and religious beliefs—has encouraged the idea that mankind has been ordained to multiply infinitely and have dominion over all things. A global pandemic, wars, and the constant threat of environmental disasters mark our current time. Additionally, the impact of industrialization has expanded all our desires and refinements. The end of WW2 marked a historical transition, where the free market replaced the colonial models of extraction and expansion. The culture of consumerism, the result of the free market, and with it, voluntary exchange, promises a more equitable prosperity for all but remains rooted in the geosocial boundaries of the previous era. This organizing system further refines the divide and continues inequalities between the regions.

Our era, indeed, is marked by an improved standard of living and life expectancy; however, that prosperity could be short-lived with the looming challenge of climate change, resulting from a broken contract between humanity and ecology. This reality and fragility are painfully apparent, especially in the Global South, where the systems, innovations, and structures formed by imperial and industrial powers, through exploitation and extraction of natural resources, skewed development away from the South's direct benefit. *The Beauty of Impermanence* is a collective effort to shift this narrative and explore the built environment, embracing the under-celebrated traditions of the region to comprehend a more sustainable, more accessible, and more equitable future.

Sharjah is an incredible venue to explore these ideas. The emirate intentionally pushes the discourse of critical thinking through its many programs supporting education, the arts, culture, and heritage initiatives that amplify current and past histories. The old city's Souk district has been restored to its pre-1960s condition, celebrating the typology of buildings adapting to the extreme climate while highlighting the important relationship of pedestrians to the street, in stark contrast to the automobile-designed megacities of the region. Sharjah is also in the foreground of preserving its modern historic buildings, ensuring that the landmarks and spaces of communal and daily practice are preserved to continue to inform innovative thinking and inspire unconventional ideas in the present day. The Triennial's main sites—the Al-Qasimiyah School and the Old Al Jubail Vegetable Market—are both modern historic buildings that have been preserved and adapted, giving us a glimpse into an important period in the UAE's history.

Sharjah's socioeconomic positioning has also played an important role in localizing our interventions. As we ideate the importance of indigenous practices and design, in contrast to globalized technology that allows us to detach from the material language of our locality, we find ourselves questioning what it means to be local. Through knowledge exchange, the Triennial has encouraged exploring this specificity and locality through these material, socioeconomic, and geographic perspectives. Sharjah will play backdrop and actor for the exhibition, allowing participants to create a point of exchange and transpose ideas through site-specific interventions.

The exhibition was organized into three overlapping strands: "Renewed Contextual" explores how practitioners and artists use upcycling and recycling to create buildings that harmonise with their local environment, using locally sourced materials and social practices to develop a visually distinct aesthetic that reflects a gentler, more sustainable modernity. "Extraction Politics" examines the problematic dynamics between organizational structures, economics, and ecology, focusing on the detrimental impacts of extractive processes and consumerism on the environment, while showcasing creative solutions that emphasize replenishment and renewal in response to these challenges. "Intangible Bodies" explores the ephemeral aspects of human interaction with nature through spirituality, empathy, and decoloniality, employing world-building to address contemporary challenges and crafting poetic responses that aim towards a utopian ideal, while reflecting on the sociopolitical and economic structures in urban environments.

Architects, designers, artists, and thought leaders from around the world whose practices resonate with the conditions of the Global South have unique perspectives on this subject. Well positioned by my curatorial advisory board, I gained access to locations and perspectives that geographies and language would have made considerably challenging. Joined by a mix of twenty-nine emerging and established practitioners, we had a regional makeup of 32 percent from sub-Saharan Africa, 12 percent from the Middle East, and 12 percent across South America, with the rest equally dispersed across Europe, North America, and Southeast Asia. In addition, we had an equitable balance between genders.

As we tackled the topic of the responsibility to create a balance between our humanity and ecology, we were also conscious of the task instilled in us to impact mindsets with the exhibition. Post-pandemic, austerity has become the norm in both North and South, which is a stark reminder of how interconnected and reliant we all are on the global system. Much of our current education and practice involves designing with the illusion of surplus without the consciousness that we operate in finite conditions. Circularity and regeneration must urgently become normalized constraints in our approach to education and practice to bring about systemic change.

As architects, we are well-positioned to champion an alternate trajectory with solutions for human- and ecology-centered narratives for the future. For example, exhibitions are natural propagators of waste production by the nature of their itinerant construct. We aimed as much as possible to mitigate this. Although the exhibition was not entirely carbon neutral, we encouraged participants to consider and execute their showcases with a no-waste mindset. We achieved this through local sourcing, utilizing virgin materials with a clear, actionable plan for a second life after the exhibition, and using materials initially considered waste.

Our exhibition design was focused on the repurposing of building materials. By forming relationships with Sharjah's industrial area, we were able to lease materials for use in the exhibition that were returned afterwards. This shift in mindset was utilized in SAT02's merchandise. Our tote bags and bucket hats, designed in Sharjah, were made exclusively from recycled denim jeans responsibly sourced in Uganda. When the Foundation commissioned this progressively climate-responsible initiative, none of us could have imagined the fascinating and frustrating process that would ensue in the acquiring and processing of resources in this manner. The complexity of what conceptually appears to be quite simple is far from a homogeneous process and requires a sophisticated series of actions to execute. What this brought to the foreground is that intentionality alone is not enough and that must be understood before they can be executed.

The second Sharjah Architecture Triennial was intended as a refreshingly focused architecture and design exhibition that showcased solutions that have been with us for generations, as well as solutions that are an immediate and measured responses to our current constraints, with the essential, nuanced hybridity urgently required in our urbanized world. *Field Notes on Scarcity* was a conceptual publication as part of the exhibition. This publication was conceived as a snapshot of the field response to this Triennial theme through the prompt "What has been an impactful and effective response to scarcity?" The result was an overview of sixty voices engaging with these ideas in myriad ways across their larger practices.

What lessons can be learnt from these autonomous self-organizing systems that work within the limitations of the natural resources available? Can these systems be scaled to address our densification and curb carbonization, in effect, planetary scarcity? We must look at how the regions of the Global South have dealt with the limitation of resources as a suggestion to combat our planet's natural capacity to neutralize pollution, which is becoming dangerously unattainable. What is wrong with our current value system? Why does our acknowledgement of progress negate the passive and the naturally occurring—for example, our preference for hard, clinical surfaces as opposed to the natural ground or our obsession with air conditioning and plastic? When these notions of progress are scaled, they significantly harm our natural environment.

The cornucopian model is now unattainable. The Industrial Revolution and subsequent Great Acceleration have propelled us into an unnatural run on our natural resources and direct conflict with ecological balance. It is essential to emphasize that we must move beyond acknowledging a wrong or apologizing for the past from the North to the South. Instead, we must collectively and constructively resolve to make systemic change for the future. This exhibition did not dictate solutions but served as a convergence to optimistically rethink our approach in the hope that history will judge us kindly.

محلية وممارسات اجتماعية، بهدف تطوير جمالية متميزة بصريًا تعكس حداثة ألطف وأكثر استدامة. أما معرض "سياسات الاستخراج" فيبحث في الديناميات الإشكالية بين الهياكل التنظيمية والاقتصاد والبيئة، مع التركيز على الآثار الضارة للعمليات الاستخراجية والاستهلاكية على البيئة، وعرض الحلول الإبداعية التي تؤكد على التجديد وإعادة الإحياء استجابةً لهذه التحديات. في المقابل، يستكشف "أبنية غير ملموسة" الجوانب سريعة الزوال للتفاعل البشري مع الطبيعة من خلال الروحانية والتعاطف وإنهاء الاستعمار، مستخدمًا بناء العالم لمواجهة التحديات المعاصرة وصياغة استجابات شعرية تهدف إلى تحقيق مثالية خيالية، مع التفكير في الهياكل الاجتماعية والسياسية والاقتصادية في البيئات الحضرية.

وفي هذا الصدد، يتمتع المهندسون المعماريون والمصممون والفنانون وقادة الفكر من جميع أنحاء العالم الذين يتردد صدى ممارساتهم مع ظروف الجنوب العالمي لديهم، بثنائيات فريدة وناشئة في وجهة النظر حول هذا الموضوع. وبفضل علاقاتي الجيدة مع المجلس الاستشاري للقيمين، تمكنت من الوصول إلى المواقع ووجهات النظر التي كانت المناطق الجغرافية واللغة ستجعلها صعبة للغاية. وانضم إلينا مزيج من 29 ممارسًا جديدًا ومتمرسًا، وتألفت تركيبة فريقنا الإقليمية بنسبة 32٪ من أفريقيا جنوب الصحراء الكبرى، و12٪ من الشرق الأوسط، و12٪ من أمريكا الجنوبية، فيما توزعت النسبة الباقية بالتساوي بين أوروبا وأمريكا الشمالية وجنوب شرق آسيا. بالإضافة إلى ذلك، كان لدينا توازن عادل بين الجنسين.

وأثناء تناولنا موضوع المسؤولية هذا لتحقيق توازن بين إنسانيتنا وبيئتنا، كنا مدركين أيضًا للمهمة التي أنيطت بنا بالتأثير على العقليات من خلال المعرض. لقد أصبح التقشف هو القاعدة السائدة في كلتا المنطقتين بعد الجائحة، وهذا تذكير صارخ بمدى ترابطنا واعتمادنا جميعًا على النظام العالمي. فالكثير من تعليمنا وممارستنا الحالية ينطوي على التصميم الذي يتوهم بوجود فائض، بدون الوعي بأننا نعمل في ظروف محدودة. ومن الضرورة الملحة أن تصبح الدائرية والتجديد قيودًا طبيعية في نهجنا للتعليم والممارسة إذا أردنا إحداث تغيير منهجي.

يخولنا عملنا كمهندسين معماريين رعاية مسار بديل يقدم حلولًا تقوم على السرديات المتمحورة حول الإنسان والبيئة في المستقبل. على سبيل المثال، تُعد المعارض مصدرًا لإنتاج النفايات بحكم طبيعة بنائها المتجول. لذا كنا نسعى قدر الإمكان إلى التخفيف من ذلك. ومع أن المعرض لم يكن محايدًا تمامًا للكربون، فقد شجعنا المشاركين على النظر في عروضهم وتنفيذها انطلاقًا من ذهنية إلغاء النفايات. وقد حققنا ذلك من خلال الاستعانة بالمصادر المحلية، مستخدمين مواد بكر مع خطة واضحة وقابلة للتنفيذ لإعطائها حياة ثانية بعد المعرض، واستخدام مواد اعتبرت في البداية نفايات.

في هذا الإطار، ركز تصميم معرضنا على إعادة استخدام مواد البناء. ومن خلال تكوين علاقات مع المنطقة الصناعية في الشارقة، تمكنّا من استئجار مواد لاستخدامها في المعرض وإرجاعها بعد ذلك. وقد طبّق ترينالي الشارقة للعمارة هذا التحول في العقلية على السلع المستخدمة في نسخته الثانية. فحقائب اليد والقبعات، المصممة في الشارقة، مصنوعة حصريًا من قطع جينز معاد تدويرها مستوردة من مصادر مسؤولة في أوغندا. وعندما أطلقت المؤسسة هذه المبادرة المسؤولة بشكل تقدمي تجاه المناخ، لم يكن أحد منا يتخيل العملية الرائعة والمحبطة التي ستتجلى عند الحصول على الموارد ومعالجتها بهذه الطريقة. هذا لأن التعقيد الكامن في العمل الذي يبدو بسيطًا من الناحية المفاهيمية، هو أبعد ما يكون عن التجانس ويتطلب سلسلة معقدة من الإجراءات لتحقيق النتائج. وما تمخض عن ذلك هو أن النية وحدها لا تكفي وأنه يجب فهم حجم هذه المبادرات بحد ذاتها من أجل التمكن من تنفيذها.

وقصدنا أن يكون ترينالي الشارقة الثاني للعمارة معرضًا للهندسة المعمارية والتصميم بتركيز متجدد يعرض الحلول التي رافقتنا على مر الأجيال، إلى جانب الحلول التي تمثل استجابة فورية ومدروسة لقيودنا الحالية، مصحوبة بالخليط الدقيق الأساسي المطلوب بشكل عاجل في عالمنا الحضري. وكان تقرير "ملاحظات ميدانية حول الندرة" منشورًا مفاهيميًا صدر كجزء من المعرض. وقد تم تصميمه ليمثل لمحة عامة عن الاستجابة الميدانية لهذا الموضوع من خلال السؤال: "ما هي الاستجابة المؤثرة والفعالة للندرة؟" وكانت النتيجة نظرة عامة على 60 صوتًا تفاعل مع هذه الأفكار بطرق لا تعد ولا تحصى على اختلاف ممارساتهم.

ما هي الدروس التي يمكن تعلمها من الأنظمة ذات التنظيم الذاتي المستقلة هذه التي تعمل ضمن حدود الموارد الطبيعية المتاحة؟ هل يمكن توسيع نطاق هذه الأنظمة لمعالجة الكثافة السكانية والحد من انبعاثات الكربون، وفعليًا، إدارة ندرة موارد الكوكب؟ يجب أن ننظر في كيفية تعامل مناطق الجنوب العالمي مع محدودية الموارد لاقتراح طرق تعزز قدرة كوكبنا الطبيعية على مكافحة التلوث، وهي قدرة تضررت إلى حد كبير. ما الخطأ في نظام القيم الحالي لدينا؟ لماذا يؤدي اعترافنا بالتقدم إلى نفي ما يحدث بشكل تلقائي وطبيعي - على سبيل المثال ، تفضيلنا للأسطح الصلبة المصنّعة بدلًا من الأرض الطبيعية أو هوسنا بالهواء المكيّف والبلاستيك؟ عندما يتم توسيع نطاق مفاهيم التقدم هذه، نجد أنها تضر بشكل كبير ببيئتنا الطبيعية.
لا شك في أن نموذج الوفرة هو بعيد المنال الآن. لقد دفعتنا الثورة الصناعية والتسارع العظيم الذي لحقها إلى استنزاف مواردنا الطبيعية بشكل غير طبيعي وإلى صراع مباشر مع التوازن البيئي. ومن الضروري التأكيد على أننا يجب أن نتجاوز الاعتراف بالخطأ أو الاعتذار عن الماضي من الشمال إلى الجنوب. وبدلًا من ذلك، يجب أن نعقد العزم بشكل جماعي وبنّاء على إحداث تغيير منهجي في المستقبل. لم يمل هذا المعرض الحلول ولكنه كان بمثابة تقارب لإعادة التفكير بتفاؤل في نهجنا، على أمل أن يحكم علينا التاريخ بلطف.

1. الكتاب المقدس، سفر التكوين 1: 26-31 - وباركهم الله وقال لهم، أثمروا وأكثروا واملؤوا الأرض وأخضعوها: وتسلطوا على سمك البحر، وعلى طير السماء، وعلى كل حيوان يدب على الأرض.

مقايضات الازدهار

توسين أوشينوو

يعكس عنوان "جمالية المتغيّر: عمارة التكيّف" استعارةً تلفت الانتباه إلى تصميم البيئة المبنية والابتكارات التكنولوجية المنتشرة في الجنوب العالمي، إذ تولد هذه الحلول من ظروف الندرة وهي تعمل ضمن حدود الموارد الطبيعية المتاحة.

في المقابل، تعامل الشمال العالمي مع الندرة على مدى السنوات الأربعمئة الماضية من خلال فكرة تفترض وفرة الموارد، وتنبع من الاعتقاد بأنه يمكن تمديد مواردنا الطبيعية إلى ما لا نهاية، على الرغم من كونها محدودة. ومن خلال غزو الشمال العالمي للأراضي وممارسته العبودية واستخراجه للموارد وسعيه وراء التقدم التكنولوجي – وهي أهداف يبررها جميعها من خلال الأساطير والمعتقدات الدينية[1] – شجّع فعليًا الفكرة القائلة إن ذريعة الوجود البشري هي التكاثر إلى ما لا نهاية وفرض هيمنة الإنسان على كل شيء. ونرى اليوم أن الأوبئة العالمية والحروب والتهديدات المستمرة للكوارث البيئية هي ما يميز عصرنا الحالي. بالإضافة إلى ذلك، أدى التأثير الذي أحدثه التصنيع إلى زيادة جميع رغباتنا وتفاصيلها. كما شهدت نهاية الحرب العالمية الثانية تحولًا تاريخيًا، حيث حلت السوق الحرة محل النماذج الاستعمارية للاستخراج والتوسع. هذا وتَعِد ثقافة النزعة الاستهلاكية، الناتجة عن السوق الحرة، ومعها التبادل الطوعي، بازدهار أكثر إنصافًا للجميع، ولكنها تبقى متجذرة في الحدود الجغرافية الاجتماعية للحقبة السابقة. ويزيد هذا النظام التنظيمي من ترسيخ الفجوة بتفاصيلها واستمرار عدم المساواة بين المناطق.

والواقع أن عصرنا يتسم بتحسن مستوى المعيشة وارتفاع متوسط العمر المتوقع؛ لكن هذا الازدهار قد لا يدوم طويلًا في ظل تحدي تغيّر المناخ الذي يلوح في الأفق، والناتج عن فسخ العقد بين البشرية والبيئة. هذا الواقع وهذه الهشاشة واضحان بشكل مؤلم، خاصة في الجنوب العالمي، حيث أدت الأنظمة والابتكارات والهياكل التي شكلتها القوى الإمبريالية والصناعية، من خلال استغلال واستخراج الموارد الطبيعية، إلى انحراف التنمية بعيدًا عن المنفعة المباشرة للجنوب. يشكل ترينالي "جمالية المتغيّر" جهدًا جماعيًا يهدف إلى تغيير هذه السردية واستكشاف البيئة المبنية، مع احتضان التقاليد غير المحتفى بها في المنطقة، لرسم مستقبل أكثر استدامة وإنصافًا وأقرب إلى المتناول.

الشارقة هي مكان رائع لاستكشاف هذه الأفكار. إذ تسعى الإمارة بعزم إلى تحفيز خطاب التفكير النقدي من خلال برامجها العديدة الداعمة لمبادرات التعليم والفنون والثقافة والتراث التي تسلّط الضوء على التاريخ الحالي والماضي. فقد تم ترميم منطقة السوق في المدينة القديمة إلى حالتها القائمة قبل عام 1960، محتفلة بخصائص المباني التي تتكيف مع المناخ القاسي مع تسليط الضوء على علاقة المشاة المهمة بالشارع، في تناقض صارخ مع المدن الكبرى المصممة للسيارات في المنطقة. كما تحتل الشارقة موقع الصدارة في الحفاظ على مبانيها التاريخية الحديثة، بحيث تحافظ على معالم ومساحات الممارسة المجتمعية واليومية لمواصلة إثراء التفكير الإبداعي وإلهام الأفكار غير التقليدية في يومنا الحاضر. والواقع أن الموقعان الرئيسيان في الترينالي – أي مدرسة القاسمية وسوق الجبيل للخضار - كلاهما عبارة عن مبنى تاريخي حديث تم الحفاظ عليه وتكييفه لإعطائنا لمحة عن فترة مهمة في تاريخ دولة الإمارات العربية المتحدة.

كما أدت مكانة الشارقة الاجتماعية والاقتصادية دورًا مهمًا في انسجام الأعمال مع الطابع المحلي. وفيما نستنبط الأفكار حول أهمية الممارسات والتصميم الأصليين، على عكس التكنولوجيا المعولمة التي تتيح لنا الانفصال عن اللغة المادية لمنطقتنا، نجد أنفسنا نتساءل عما يعنيه أن تكون محليًا. ومن خلال تبادل المعرفة، يشجع الترينالي استكشاف هذه الخصوصية والمحلية من خلال وجهات النظر المادية والاجتماعية والاقتصادية والجغرافية هذه. وستشكل الشارقة خلفية هذا المعرض وتؤدي الدور الفاعل الرئيسي فيه، ما يسمح للمشاركين بإنشاء نقطة تبادل ونقل الأفكار من خلال الأعمال الخاصة بالموقع.

تم تنظيم المعرض في ثلاثة فروع متداخلة: يستكشف معرض "السياق المتجدد" كيفية استخدام الممارسين والفنانين لإعادة التدوير والتحسين من أجل إنشاء مبان تتناغم مع بيئتهم المحلية، باستخدام مواد من مصادر

Renewed Contextual

Renewed Contextual showcases responses in the built environment that pay homage to preindustrial society, which was better balanced with the natural world. These groups of practitioners and artists rethink tradition, holistically engage with the concept of upcycling and recycling, champion the reuse of materials, and posit gentler versions of modernity. These solutions tend to manifest with strong visual markers as the building's materiality is dependent on its location, and its locality is equally dependent on its materiality. That is to say, context is determined by tectonics, coupled and composed through social norms and daily practice, and this coupling, in turn, produces an aesthetic language based on the context and contextuality of place.

السياق المتجدد

يعرض "السياق المتجدد" بعض استجابات البيئة المبنية التي تُعبّر عن تقديرٍ لمجتمعات ما قبل التصنيع، حين كان البشر يعيشون في توازن أكبر مع الطبيعة. فقد أعادت هذه المجموعة من الممارسين والفنانين التفكير في التقاليد، والتفاعل بشكل كلي مع مفهوم إعادة التدوير والتشجيع على إعادة استخدام المواد، مع اقتراح صيغ جديدة لحداثةٍ تتسم بقدرٍ أكبر من الرفق. وتتجلى هذه الحلول في لغة بصرية صريحة تعتمد فيها مادية المبنى على موقعه، ويعتمد مكانه بالقدر نفسه على ماديته. وهذا يعني أن العلاقات المعمارية هي التي ترسم السياق، فتبنيه وتقرنه بالأعراف الاجتماعية والممارسات اليومية، ليُنتج هذا الاقتران، بدوره، لغة جمالية وفية للسياق المحلي.

CAN ARCHITECTS PROVIDE AGENCY TO THE POOR THROUGH ARCHITECTURE?

Dr. Yasmeen Lari

What does an architect do when the state fails to rescue the poor and they have suffered the worst disaster in living memory due to climate change?

This was the challenge I faced at the end of August 2022 when a devastating flood in Pakistan left three million families without shelter or food and destroyed millions of acres of crops.

After devising a plan, I managed to create a strategy to house to the displaced millions. The solutions needed to be climate-resilient structures that could withstand floods and also be affordable, costing less than $100.

Initially an emergency arrangement was needed for those camping on high ground with no cover except for a sheet stretched over four poles. I decided to use our bamboo prefab Lari OctaGreen structure (LOG) placed directly on the ground, as the structure was very strong even without being anchored into foundations. This arrangement had been tested for a year in 2021–22 in a busy pedestrian street in Karachi. In early 2022, a LOG pavilion was placed in the paved court of Granary Square, London. Later, it was dismantled and re-erected on the grounds of the British monarch's estate Highgrove, where it stood for several months as a garden gazebo.

The LOG panels are 1.5 m x 2.43 m bamboo structural panels fabricated by trained artisans in village workshops. Each LOG, with eight panels and a folding roof, is bundled and transported as a pack to its destination and assembled in two hours by the household. The infill material can be any locally sourced material. For immediate use canvas, covering can serve the purpose, while for permanent structures, earth fill or matting finish is rendered with lime earth plaster. The natural thatch finish provides a cool, ventilated roof.

For the displaced, 1,000 LOG one-room houses were shipped to various locations within a month. There would not be any waste when the families moved back after the waters receded. The same prefabricated structures would be dismantled and re-erected on lime concrete foundations as permanent housing.

By following the tenets of what we have termed "Lari's Barefoot Social Architecture (BASA)"—an approach we devised to foster self-reliance and humanistic humanitarianism, along with non-engineered structures—by the end of 2023, 7,000 flood-resistant LOG one-room houses costing $90 each had been co-built by households.

In the face of climate change, through careful selection of local materials and using low-impact and low-tech methodologies, it is possible to create carbon-neutral architecture. By applying the BASA mantra of low impact, zero carbon, zero waste, and low cost, affordable alternatives can fulfill the unmet needs of the majority in resource-deficient countries such as Pakistan.

In the pursuit of attaining net zero environments, the selection of sustainable materials has never been so vital. Nor has it ever been so critical to seek social and ecological justice for unprecedented numbers of climate migrants and conflict-impelled refugees.

While working towards the decarbonization of the environment, it is also essential to decolonize and democratize architecture. Without compromising the strength of a structure, architects must relinquish control to enable self-building and co-building. As we have seen, the participatory process lends authenticity to even the most modest structures while providing agency to those who have no voice.

Clearly, the choice of locally available natural materials that have been used in the area for generations plays an important role in the design's resonating with the cultural aspirations of the people. Since women excel in the use of earth, having been accustomed to handling dough literally all their lives, earth finishes enable them to unleash their creativity and personalize each structure with myriad designs—creating a colorful garden they never had and a make-believe world populated with celestial birds.

At one level, the prefab bamboo structures must remain low-tech for ease of production by non-literate artisans; at another level, the in-built sophistication of prefabrication techniques allows many of the advantages associated with industrial production. The sustainable, low-impact prefab elements can be fabricated at a remote location, packed in batches, and transported to their destination. As in the case of do-it-yourself kits, these can be erected speedily by the non-skilled. Because the prefab structural elements are fabricated under controlled conditions with adequate quality control, LOG bamboo houses have proved to be entirely safe. This methodology was vindicated when structures built in 2018, and even as long ago as 2014, survived the severe flooding of 2022.

Utilizing a modular design allows for varying spans, from 3.6 m x 3.6 m to 3.6 m x 5.5 m and even 5.5 m x 5.5 m, with varying roofs—ranging from conical to sloping roofs and even domes. The advantage evident in our sustainable prefab modular structures is helping to popularize bamboo construction in other countries.

Upon receiving a request from the curators of the Islamic Biennale in Saudi Arabia in 2022, we had our workshop in Makli, at the foothill of the World Heritage Makli Necropolis, prefabricate 228 bamboo structural panels, 192 small and 36 large conical roof panels for a mosque. Fabricated by largely non-literate skilled artisans, each prefabricated element was color-coded to facilitate assembly in Jeddah. After receiving the container, two skilled artisans from Pakistan guided eight local artisans who, although unfamiliar with bamboo construction, were able to assemble a 262-square-meter structure in two weeks at Jeddah's old Hajj Terminal.

In view of the success of the bamboo mosque at Jeddah, the National Museum of Qatar intends to erect several of our bamboo structures as a setting for the forthcoming Pakistan Exhibition of Arts and Culture. Local natural materials such as local earth and palm leaf thatch will demonstrate how the same modular bamboo structures, depending on the region, could incorporate localized and contextualized expressions.

In view of the successful large-scale application of BASA principles in Pakistan, it is my belief that the methodologies designed for disaster-prone marginalized communities could provide relief to other resource-deficient countries in the Global South. With this objective, this year, the holistic village model, using zero carbon bamboo prefabricated structures and aiming at Zero Poverty, is being replicated in Malawi for the rehabilitation of marginalized rural communities, with the intent to provide relief to those living below the poverty line.

Wall matting. Courtesy of Yasmeen Lari
حصيرة الحائط. بإذن من ياسمين لاري

Wall matting. Courtesy of Yasmeen Lari
حصيرة الحائط. بإذن من ياسمين لاري

Completed emergency LOG shelter. Courtesy of Yasmeen Lari
مأوى طارئ مكتمل من جذوع الأشجار. بإذن من ياسمين لاري

Prefab bamboo panels. Courtesy of Yasmeen Lari
ألواح الخيزران الجاهزة. بإذن من ياسمين لاري

أثناء العمل من أجل إزالة الكربون من البيئة، من الضروري أيضًا إنهاء الاستعمار وإضفاء الديمقراطية على الهندسة المعمارية. وينبغي على المهندسين المعماريين التخلي عن زمام السيطرة للسماح للأشخاص المعنيين ببناء منازلهم بأنفسهم والمشاركة في البناء أيضًا، من دون المساس بقوة الهيكل. فالعملية التشاركية، كما رأينا، تضفي الأصالة حتى على أكثر الهياكل تواضعًا وتمنح في الوقت نفسه سلطة القرار لأولئك الذين لا صوت لهم.

من الواضح أن اختيار المواد الطبيعية المتاحة محليًا والتي تم استخدامها في المنطقة لأجيال يؤدي دورًا مهمًا في إنتاج تصاميم تحاكي تطلعات الناس الثقافية. فنظرًا لمهارة النساء في استخدام الأرض، كونهن اعتدن التعامل مع العجين حَرفيًا طوال حياتهن، فإن التشطيبات الأرضية تمكنهن من إطلاق العنان لإبداعهن وتصميم كل هيكل على أهوائهن بأشكال لا تعد ولا تحصى - ما يُنتج حديقة ملونة لم تكن لديهن من قبل، وعالمًا خياليًا مليئًا بالطيور السماوية.

من جهة، يجب أن تبقى الهياكل الجاهزة المصنوعة من الخيزران منخفضة التقنية لتسهيل إنتاجها على أيدي الحرفيين غير المتعلمين؛ ومن جهة أخرى، توفر تقنيات التصنيع المسبق المتطورة العديد من المزايا المرتبطة بالإنتاج الصناعي. وبذلك، يمكن تصنيع العناصر الجاهزة المستدامة منخفضة التأثير في أماكن بعيدة، وتجميعها في حزم، ونقلها إلى وجهتها. وعلى غرار العُدة التي يمكن للفرد جمعها شخصيًا، يستطيع أي شخص غير متمرس أن ينصبها سريعًا. وبما أن عناصر الهياكل الجاهزة تصنَّع بشروط مدروسة وتخضع لمراقبة الجودة، فقد أثبتت منازل الخيزران هذه أنها آمنة تمامًا، وثبتت صحة هذه المنهجية عندما نجت الهياكل التي تم بناؤها عام 2018، وحتى تلك التي تعود إلى عام 2014، من الفيضانات الشديدة التي ضربت المنطقة عام 2022.

زد إلى ذلك أن التصميم القائم على وحدات تركيبية يسمح بتعدد مساحات الهيكل بحيث يمكن أن تتفاوت بين 3.6 م × 3.6 م و3.6 م × 5.5 م وحتى 5.5 م × 5.5 م، فضلًا عن تعدد أشكال السقف - من الأسقف المخروطية إلى المنحدرة وحتى المقبّبة. وتساعد الميزة الواضحة في هياكلنا الجاهزة المستدامة على نشر ثقافة البناء الخيزراني في البلدان الأخرى.

في عام 2022، وبناءً على طلب القيّمين على بينالي الفنون الإسلامية في المملكة العربية السعودية، قام محترفنا في مكلي في باكستان، الواقع عند سفح مقابر مكلي المدرجة في قائمة التراث العالمي، بتصنيع 228 لوحًا هيكليًا من الخيزران، و192 لوحة سقف مخروطية صغيرة و36 لوحة كبيرة لبناء مسجد. وقد تولى إنتاج كل عنصر مسبق الصنع حرفيون مهرة غير متعلمين بمعظمهم، وتم ترميزه بالألوان لتسهيل عملية التجميع في جدة. وبعد استلام الحاوية، قام اثنان من الحرفيين المهرة من باكستان بتوجيه ثمانية حرفيين محليين تمكنوا من تجميع مبنى مساحته 262 مترًا مربعًا في غضون أسبوعين في محطة الحج القديمة في جدة، على الرغم من عدم درايتهم بالبناء الخيزراني.

وفي ضوء النجاح الذي حققه المسجد الخيزراني في جدة، يعتزم متحف قطر الوطني إقامة معرض باكستان القادم للفنون والثقافة باستخدام العديد من هياكلنا الخيزرانية. وسوف يتبين من المواد الطبيعية المحلية مثل التراب المحلي وسعف النخيل كيف يمكن لهياكل الخيزران المركّبة نفسها أن تجسد الروح والسياق المحليين تبعًا للمنطقة التي تقام فيها.

ونظرًا للنجاح الكبير في تطبيق مبادئ "العمارة الاجتماعية الأساسية" في باكستان، أرى أن المنهجيات المصممة للمجتمعات المهمشة المعرضة للكوارث يمكن أن تساعد البلدان الأخرى التي تفتقر إلى الموارد في الجنوب العالمي. ولتحقيق هذا الهدف، يتم هذا العام تكرار نموذج القرية الشامل في مالاوي، باستخدام هياكل مسبقة الصنع من الخيزران وخالية من الكربون ورامية إلى القضاء على الفقر، وذلك لإعادة تأهيل المجتمعات الريفية المهمشة وتوفير الإغاثة لأولئك الذين يعيشون تحت خط الفقر.

هل يمكن للمهندسين المعماريين منح الفقراء قوة القرار من خلال الهندسة المعمارية؟

د. ياسمين لاري

ماذا يفعل المهندس المعماري عندما تفشل الدولة في إنقاذ الفقراء ويعاني هؤلاء من أسوأ كارثة مرّت في الذاكرة الحية بسبب تغيّر المناخ؟

هذا هو التحدي الذي واجهتُه في نهاية آب/أغسطس 2022 عندما ترك فيضانٌ مدمّر في باكستان ثلاثة ملايين أسرة بدون مأكل أو مأوى وأتلف ملايين الأفدنة من المحاصيل.

بعد أن وضعتُ الخطة، تمكنت من إعداد استراتيجية للوصول إلى ملايين النازحين، حيث تعيّن أن تكون الهياكل مقاومة للمناخ وقادرة على تحمل الفيضانات، وينبغي أيضًا أن تكون ميسورة التكلفة بما يقل عن 100 دولار.

في البداية، توجب وضع ترتيبات طارئة لأولئك الذين يخيمون على أرض مرتفعة ويقتصر غطاؤهم على ملاءة منبسطة على أربعة أعمدة. فقررتُ استخدام هيكلنا "لاري أوكتاغرين" الجاهز من الخيزران الذي يوضع مباشرة على الأرض، لأنه قوي جدًا حتى إذا لم يُثبَّت في الأساسات. فقد تم اختبار هذه الترتيبات لمدة سنة بين عامَي 2021 و2022 في شارع مزدحم للمشاة في كراتشي. وفي أوائل عام 2022، تم تركيب جناح من هذا الهيكل في الفناء المرصوف في ساحة غراناري بلندن، ليتم لاحقًا تفكيكه وإعادة نصبه في أراضي ملكية العاهل البريطاني "هايغروف" حيث بقي لعدة أشهر كشرفة حديقة.

ألواح هيكل "لاري أوكتاغرين" عبارة عن ألواح هيكلية من الخيزران مقاسها 1.5 م × 2.43 م يصنعها حرفيون مدربون في الورش القروية. يتألف كل هيكل من ثمانية ألواح وسقف قابل للطي، يتم تحزيمها ونقلها إلى وجهتها وتجميعها في غضون ساعتين من قبل الأسرة؛ أما مادة الحشو فيمكن صنعها من أي مصدر محلي. ومن أجل استخدام التركيبة على الفور، يمكن لغطاء من القماش أن يفي بالغرض، في حين أن الهياكل الدائمة تتطلب ردمية ترابية أو سطح ملبد من الجير. وأخيرًا تُستكمل التركيبة بسقف من القش الطبيعي يوفر البرودة والتهوئة.

من أجل تلبية احتياجات النازحين، تم شحن ألف منزل "لاري أوكتاغرين" مؤلف من غرفة واحدة إلى مواقع مختلفة في غضون شهر واحد، علمًا بأن العملية لن تنتج أي مخلفات عند عودة العائلات بعد انحسار المياه، لأنه سيتم تفكيك هذه الهياكل الجاهزة وإعادة تشييدها على أساسات خرسانية جيرية لتصبح مساكن دائمة لتلك العائلات.

وعملًا بمبادئ ما أطلقنا عليه تسمية "عمارة لاري الاجتماعية الأساسية" (BASA) – وهو نهج ابتكرناه لتعزيز الاعتماد على الذات والإحسان المبني على الإنسانية وحب البشر، إلى جانب الهياكل غير الهندسية – تمكنّا، بحلول أواخر عام 2023، من بناء 7 آلاف منزل من نوع "لاري أوكتاغرين" يتألف الواحد من غرفة واحدة، وكانت هذه المنازل مقاومة للفيضانات وبلغت تكلفة الواحد منها 90 دولارًا، وقد شاركت الأسر نفسها في عملية البناء.

من الممكن إنشاء بنية محايدة للكربون لمواجهة تغيّر المناخ، من خلال اختيار المواد المحلية بعناية واستخدام منهجيات ذات تأثير قليل ومتطلبات تقنية متدنية. وعبر تطبيق شعار "العمارة الاجتماعية الأساسية" المتمثل في الأثر المنخفض والكربون الصفري والنفايات الصفرية والتكلفة المنخفضة، يمكن للبدائل ذات الأسعار المعقولة أن تلبي احتياجات الأكثرية في البلدان التي تعاني من نقص الموارد مثل باكستان.

والواقع أن اختيار المواد المستدامة لم يكن يومًا بهذه الأهمية لمساعي تحقيق بيئات ذات صافي انبعاثات صفري. ولم يكن السعي لتحقيق العدالة الاجتماعية والبيئية لأعداد غير مسبوقة من المهاجرين بسبب المناخ واللاجئين الفارين من الصراعات حاسمًا وضروريًا بهذا الشكل.

BUILDING THE HYPER-LOCAL

Aziza Chaouni

Since its creation in 2011 in Fez, Morocco, our practice has focused on projects ranging from furniture design to regional master plans, all with a dual goal: grounding them in their socioeconomic, cultural, and environmental context while integrating innovative approaches in construction techniques, materials, energy use, water collection, and wastewater treatment. This approach seeks to create architecture that is both locally rooted and outward-looking, to expand the role of architects beyond mere design.

Our methodology involves addressing complex questions, particularly around the concept of "local" identity in countries like Morocco, Senegal, Ghana, and Sierra Leone—where layered precolonial, colonial, and postcolonial architectural heritage forms a complex built environment. Furthermore, precolonial vernacular architecture is diverse, specific to geographies, ethnic groups, or political eras, such as the different dynasties in Morocco. Understanding the genius loci of each site involves immersive research into the landscape, social fabric, and built environment to grasp its essence, from vernacular villages to colonial and postcolonial structures. This expanded notion of "heritage" taught us innovative methods to insulate buildings, passively cool them, ensure thermal comfort, and promote sustainable water use.

Engaging with local communities and retracing a site's historical narratives helps establish a knowledge base that informs our design. Regardless of our project's scale, we always lead workshops with stakeholders in addition to current and future users to collaboratively build this knowledge base, which will eventually act as a springboard for the project's design. Moreover, to reach a wide audience, we often use interactive websites to gather opinions as our design progresses. Such a concerted approach allows for not only a richer design but also buy-in from the local population, who are typically not used to being consulted in North and West Africa.

The role of the architect, in this case, becomes that of a collector and synthesizer, integrating research into a cohesive design that addresses users' needs while remaining adaptable to site-specific conditions. Collaborative workshops with stakeholders ensure that the design evolves in response to community input and requirements.

On the construction level, priority is given to local materials like stone and earth in all its forms: rammed earth, dry clay bricks, fired clay bricks, and compressed earth bricks (95 percent earth and 5 percent cement). Collaborations with industry partners such as Lafarge Holcim Morocco and Moroccan prefabricator Amine Maachi-Haddou have led to the development of innovative mortarless compressed earth bricks: one arched for the ceiling and one interlocking for the walls, which we used in the construction of a prototype for an anti-seismic sustainable house at Talat N'Yaaqoub, in the aftermath of the earthquake that hit Morocco in September 2023.

Drawing lessons from a wider notion of the past is essential to shaping a more sustainable future. We are particularly keen on investigating the most recent built heritage from the second half of the twentieth century, which masterfully blends modern language with vernacular techniques and craft. An inspiring illustration of this era remains the work of Jean-François Zevaco, particularly the thermal complex of Sidi Harazem, for which our office developed a conservation management plan, thanks to a Getty Foundation Keeping It Modern grant. This complex exemplifies a blend of Modernist and traditional materials and construction techniques (copper/mosaic/wood vs.

concrete). For instance, it features a central garden with concrete water features reminiscent of traditional Moroccan courtyards and blue mosaics that echo the artistic heritage of nearby Fez. Inside the complex's hotel, hammered copper door handles, copper lobby counters, and a wood-and-steel staircase showcase the skills of local artisans, while wood louvers facilitate natural ventilation and demonstrate an adept understanding of climate and landscape.

Working on the Sidi Harazem thermal complex reinforced our conviction that postcolonial buildings across Africa are incredible teaching resources for architects from the Global South. These buildings and landscapes embody so vividly hyper-local design, which is a design that ethically responds to socioeconomic and environmental contexts while remaining innovative. Notable examples include the International Fair of Dakar, designed by Lamoureux and Marin, with its repeated triangular forms echoing Senghor's asymmetrical parallelism theory, and the Maison du Peuple in Ouagadougou by René Faublée, with its ventilation shafts resembling traditional huts and allowing a large auditorium to be passively ventilated. We feel lucky to be involved in the rehabilitation of these seminal Modern projects.

Preserving modern postcolonial African architectural heritage is an urgent task, not only for its cultural value, its capacity for adaptive reuse, and its ability to answer local programmatic needs but also for its potential to serve as an open textbook for current and future architectural practices.

يعدّ استخلاص الدروس من مفهوم أوسع للماضي أمرًا ضروريًا لصياغة مستقبل أكثر استدامة. ونحن حريصون بشكل خاص على التنقيب في التراث المعماري الحديث الذي يعود بناؤه إلى النصف الثاني من القرن العشرين، والذي يمزج ببراعة بين المفاهيم الحديثة والتقنيات والحرف الشعبية. وتظل أعمال جان فرنسوا زيفاكو نموذجًا ملهمًا من هذه الفترة، وخاصة مجمع سيدي حرازم الحراري، وتجدر الإشارة إلى أن مكتبنا أعدّ خطة لإدارة صيانة هذا المجمع بفضل منحة مقدّمة من مبادرة صيانة المباني الحديثة Keeping It Modern التي أطلقتها مؤسسة غيتي Getty Foundation. يُجسد هذا المجمع مزيجًا من المواد وتقنيات البناء الحديثة والتقليدية (النحاس والفسيفساء والخشب من جهة والخرسانة من جهة أخرى). وعلى سبيل المثال، يضم المجمع حديقة مركزية ومساحات مائية من الخرسانة تذكّر الناظر بأفنية المباني المغربية التقليدية والفسيفساء الزرقاء التي تعكس التراث الفني لمدينة فاس الواقعة على مقربة من سيدي حرازم. وفي فندق المجمع، يطالع الناظر حذق الحرفيين المحليين الذي يتجلى في مقابض الأبواب النحاسية المطروقة والمنضدات النحاسية الموزعة في ردهات الفندق والسلالم المصنوعة من الخشب والصلب، بينما تساعد فتحات التهوية الخشبية على التهوية الطبيعية وتنمّ عن فهم بارع للمناخ والمنظر العام للمكان.

لقد عزز العمل في مجمع سيدي حرازم الحراري قناعتنا بأن المباني التي شُيّدت خلال فترة ما بعد الاستعمار في جميع أنحاء أفريقيا تمثل موارد تعليمية رائعة للمهندسين المعماريين في بلدان الجنوب العالمي. تجسد هذه المباني والمشاهد بوضوح التصميم "المحلي للغاية"، وهو تصميم يستجيب أخلاقيًا للسياقات الاجتماعية والاقتصادية والبيئية ويظل في نفس الوقت مناسبًا وإبداعيًا. ومن الأمثلة البارزة على ذلك معرض داكار الدولي، الذي صممه لامورو ومارين، بأشكاله المثلثية المتكررة التي تعكس نظرية التوازي غير المتماثل لسنغور، وبيت الشعب في واغادوغو الذي صممه رينيه فوبليه، حيث تشبه فتحات التهوية فيه الأكواخ التقليدية وتسمح بتهوية قاعة كبيرة تهويةً طبيعية. ونحن نشعر بأننا محظوظون لمشاركتنا في إعادة تأهيل هذه المشاريع الحديثة الرائدة.

إن الحفاظ على التراث المعماري الأفريقي الحديث الذي يعود لفترة ما بعد الاستعمار يعدّ ضرورة ملحّة، ليس بسبب قيمته الثقافية وقابليته للتكييف والاستخدام في أغراض جديدة وملاءمته للاحتياجات البرامجية المحلية فحسب، وإنما أيضًا لما ينطوي عليه من فرص للتعلم تجعل منه كتابًا مفتوحًا للممارسات المعمارية الحالية والمستقبلية.

البنية المحلية للغاية

عزيزة الشاوني

منذ تأسيس مكتبنا في عام 2011 في مدينة فاس بالمغرب، ركزنا جهودنا على مشاريع شتّى: ابتداءً من تصميم الأثاث وصولًا إلى إعداد المخططات العامة على المستوى الإقليمي. وترمي جميع مشاريعنا إلى تحقيق هدف مزدوج هو وضع المشاريع في سياقها الاجتماعي والاقتصادي والثقافي والبيئي، مع إدخال الأساليب المبتكرة في تقنيات البناء والمواد واستخدام الطاقة وتجميع المياه ومعالجة مياه الصرف الصحي. تهدف هذه الطريقة إلى إنشاء هندسة معمارية راسخة الجذور في التقاليد المحلية، مع الاقتباس من التجارب الأخرى وتوسيع دور المهندسين المعماريين إلى آفاق جديدة تتجاوز مجرد التصميم.

تتضمن منهجيتنا الإجابة عن أسئلة معقدة، لا سيما تلك التي تتناول مفهوم الهوية "المحلية" في بلدان عديدة كالمغرب والسنغال وغانا وسيراليون - حيث يشكل التراث المعماري متعدد الطبقات في كل منها بيئة عمرانية معقدة تجمع بين التراث المعماري لعصر ما قبل الاستعمار والطرز المعمارية خلال الفترة الاستعمارية وفترة ما بعد الاستعمار. وعلاوة على ذلك، تتميز الهندسة المعمارية الشعبية في فترة ما قبل الاستعمار بالتنوع، كما أن أنماطها محكومة بالنطاقات الجغرافية أو المجموعات العرقية أو العصور السياسية، كما هي الحال في الإرث المعماري للأسر المختلفة التي حكمت المغرب. ويتطلب فهم طبيعة المكان لكل موقع بحثًا مستفيضًا في المنظر العام للمكان والنسيج الاجتماعي والبيئة العمرانية لفهم جوهرها، بدءًا من المساكن الشعبية في القرى وصولًا إلى المباني الاستعمارية وما بعد الاستعمارية. وقد استلهمنا من هذا المفهوم الموسّع لـ "التراث" أساليب مبتكرة في عمليات عزل المباني وتبريدها تبريدًا طبيعيًا وضمان الارتياح الحراري وتعزيز الاستخدام المستدام للمياه.

يعتبر التواصل مع أبناء المجتمعات المحلية وتتبع السرديات التاريخية للموقع عاملَين مفيدَين في إنشاء قاعدة معرفية نستفيد منها في تصاميمنا. وبغض النظر عن حجم مشاريعنا، فإننا دائمًا ما نعقد ورش عمل مع أصحاب المصلحة ومع المستخدمين الحاليين والمستقبليين لبناء هذه القاعدة المعرفية معًا، وتمثل هذه القاعدة عادة نقطة الانطلاق لتصميم المشروع في نهاية المطاف. ولكي نعزز وصولنا إلى جمهور واسع، فإننا غالبًا ما نستخدم مواقع الويب التفاعلية لنجمع من خلالها الآراء كلما قطعنا شوطًا في إعداد التصميم. ولا تقتصر مزايا هذا النهج التعاوني على إثراء التصميم فحسب، بل نستفيد منها أيضًا في حشد تأييد الأهالي الذين لا يُؤخذ رأيهم في مثل هذه الأمور عادة في شمال وغرب أفريقيا.

وفي هذه الحالة، تصبح من مهام المهندس المعماري جمع المعلومات والتوليف بينها، بحيث يجعل من البحث عنصرًا مهمًا يساعده على إعداد تصميم متماسك يلبي احتياجات المستخدمين من دون إهدار عامل القابلية للتكيّف مع الظروف الخاصة بالموقع. ومن أهم فوائد ورش العمل المشتركة مع أصحاب المصلحة أن التصميم يأتي استجابة لمدخلات المجتمع واحتياجاته.

وعلى مستوى البناء، تُعطى الأولوية للمواد المحلية مثل الحجر والتراب بجميع أشكاله: التربة المدكوكة واللِّبن والآجر والطوب الترابي المضغوط (95% تراب و5% أسمنت). وقد أثمر تعاوننا مع شركاء في قطاع الصناعة، مثل شركة لافارج هولسيم المغرب، ومصنّع وحدات البناء الجاهزة المغربي أمين معاشي حدو، إلى ابتكار طوب ترابي مضغوط بدون ملاط وهو نوعان: الطوب المقوس ويستعمل في السقوف والطوب المتشابك ويستعمل في بناء الجدران، وقد استخدمناه في بناء نموذج أولي لمنزل مستدام مقاوم للزلازل في تلات نيعقوب في أعقاب الزلزال الذي ضرب المغرب في أيلول/سبتمبر 2023.

Renewed Contextual–Participants

Adrian Pepe, Al Borde, Collab: Henry Glogau & Aleksander Kongshaug, Hive Earth, Hunnarshala Foundation with Aabhat and AINA, Nifemi Marcus-Bello, Ola Uduku and Michael Collins, Papa Omotayo & Eve Nnaji MOE+AA/ADD-apt, RUÍNA Architecture, Sumaya Dabbagh, Thao Nguyen Phan, Thomas Egoumenides, Wallmakers

السياق المتجدد - المشاركون

أدريان بيبي، البورد، تعاون: هنري غلوغاو وألكسندر كونغشوغ، هايف إيرث، مؤسسة هونارشالا مع أبهات وأينا، استوديو نيفيمي ماركوس بيلو، أولا أودوكو ومايكل كولينز، بابا أوموتايو (شركة "إمـ أو إي+ أرت أركيتكتشر") وإيف ناجي (شركة "أدابت")، روينا أركيتكتشر، سمية الدباغ، ثاو نغوين فان، توماس إيغومينيدس، وول ميكرز

Utility of Being: A Paradox of Proximity

Utility of Being: A Paradox of Proximity was an installation situated within the Old Slaughterhouse of Sharjah and crafted from pelts of the fat-tailed Awassi sheep, a byproduct of the slaughtering process. Staged within the Old Slaughterhouse of Sharjah, the installation comprised pneumatic tubular forms reminiscent of animal entrails, and it filled the space, suspended from the same hooks and rails once used for handling carcasses. This work served as a metaphor for exploring the tension between survival and commerce, challenging human-animal relationality, the alchemy of material processes, and the fragility of existence.

The Awassi sheep, the most widespread, non-European breed in southwest Asia, share a profound history with humans. The relationship has enabled both to thrive in expanding territories. Sheep provide nourishment and raw materials like milk, wool, and manure, and even after the animal's demise, often through sacrifice, its biomass is consumed as meat. The inedible parts, such as skin, bones, and sinew, were traditionally processed and transformed into utilitarian objects like containers, paper, clothing, and shelter. This practice fostered specialized craft sectors, elevating animal remains to objects of cultural significance. However, with rapid industrialization, urbanization, and globalization, indigenous production methods have waned, diminishing the value of the Awassi sheep's offerings in contemporary society.

Venue: Old Slaughterhouse
Medium: Awassi Sheep pelts
Dimensions: Variable
Date: 2023

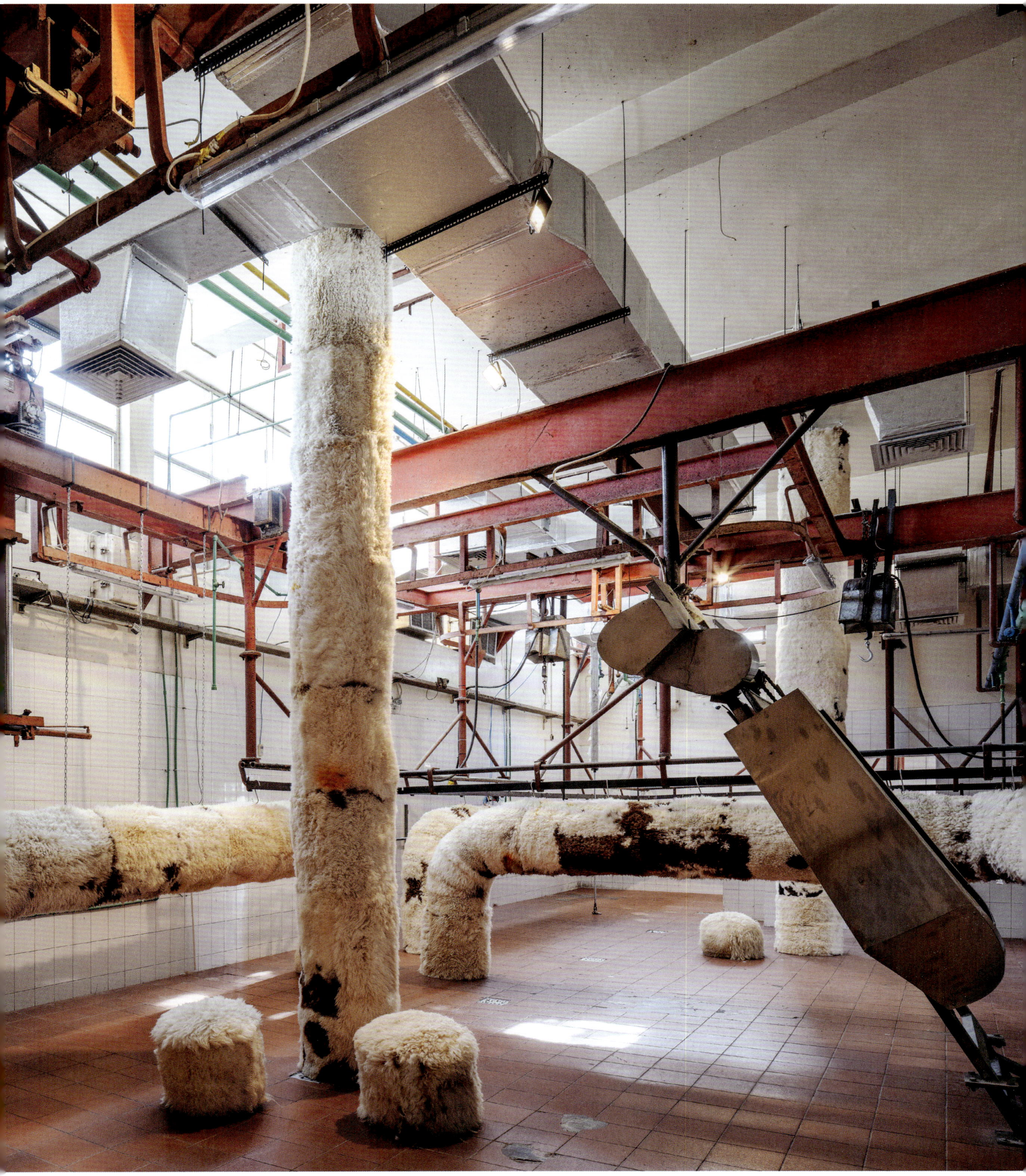

المكان: المسلخ القديم
المادة: جلود أغنام العواسي
الأبعاد: متغيرة
التاريخ: 2023

Venue: Old Slaughterhouse
Medium: Awassi Sheep pelts
Dimensions: Variable
Date: 2023

أدريان بيبي

فائدة الوجود: مفارقة القرب

فائدة الوجود: مفارقة القرب عبارة عن تجهيز فني مصنوع من جلود أغنام العواسي ذات الذيل السمين التي تنجم عن عملية الذبح، وقد اتخذ من المسلخ القديم مسرحًا له، حيث تدلت تشكيلاته الأنبوبية المنتفخة بالهواء والشبيهة بأحشاء الحيوان من الخطافات والقضبان نفسها التي استخدمت يومًا لتعليق الذبائح. وهذا العمل أشبه باستعارة مجازية تستكشف التوتر الكامن بين البقاء والتجارة وتتحدى مفاهيم العلاقة بين الإنسان والحيوان وكيمياء العمليات المادية وهشاشة الوجود.

تعتبر أغنام العواسي السلالة غير الأوروبية الأكثر انتشارًا في جنوب غرب آسيا. وينم التاريخ المشترك الطويل بين هذه الأغنام والبشر عن علاقة مكّنت كليهما من التكاثر على رقعة آخذة في الاتساع. إذ توفر الأغنام الغذاء والمواد الخام كالحليب والصوف والروث للسماد، كما يُستهلك لحمها بعد الذبح الذي غالبًا ما كان يتم في صورة أضاح. أما الأجزاء غير الصالحة للأكل كالجلد والعظام والأوتار فتُعالج بالأساليب التقليدية وتُحوّل إلى أشياء مفيدة كالحاويات والورق واللباس والمأوى. وقد مهدت هذه الممارسات الطريق أمام العديد من القطاعات الحرفية المتخصصة التي ساهمت في تحويل مخلفات الحيوان إلى مشغولات ذات قيمة ثقافية. غير أن تسارع وتيرة التصنيع والعمران والعولمة أدى إلى تراجع أنماط الإنتاج المحلية وبالتالي إلى تراجع دور أغنام العواسي ومساهماتها الجمة في المجتمع المعاصر.

المكان: المسلخ القديم
المادة: جلود أغنام العواسي
الأبعاد: متغيرة
التاريخ: 2023

Raw Threshold

Between the Available and the Biodegradable

In a world where everything is within reach, where anything is possible to acquire from anywhere, where the reach of capitalism has eroded local identities to the point of destroying historic neighborhoods, a fundamental question emerges: What does it truly mean to be local?

The Al Qasimiyah school has transitioned from its role as a primary school to becoming one of the venues for the Sharjah Architecture Triennial. With this shift , the school has evolved from a confined space with a mission to care for children to aspiring to be an open space that connects with its surroundings and the city. This newfound openness generates fresh ways of occupying the area. The newly established pedestrian access points from the north and west converge onto a platform, offering an opportunity to highlight this meeting point and establish a welcoming threshold.

This threshold is characterized by a shadow that creates the conditions necessary for inhabiting the exterior. It creates a structure that can be constructed with any available material. However, in a context where "everything" is available, this concept becomes somewhat blurred. Embracing an economy of effort paves the way to pursue maximum efficiency in transforming raw materials into architectural elements, thereby minimizing the energy expended in the production, processing, and transportation of materials.

The Sharjah Electricity, Water, and Gas Authority (SEWA) has initiated a process of replacing wooden poles with metal ones, resulting in a surplus of preserved wooden poles stored in their depot. The best poles are carefully selected, damaged ends trimmed, and a package of logs of various sizes is gathered, tall enough to assemble a structure from which the shadow can be suspended.

The shade is fashioned using palm tree mats, a readily available material in the area. It finds diverse applications, from flooring in houses to lining the ceilings of souks and enclosures. These mats can be easily procured from any bazaar, offering a range of types, sizes, shapes, and textures.

This design approach yields a raw and tactile work crafted from natural materials, enabling us to establish an intimate and direct connection with the site. The threshold will not only welcome visitors but also serve as a means to experience and test the use of this new space, capturing the attention of those who reside and work nearby, inviting them to cross its boundaries.

The project will endure as long as the space requires, providing the flexibility to be assembled and disassembled in other locations. When the project's time of use concludes, the poles can be returned to the depot, awaiting a new purpose, while the versatile mats can easily find another application. Eventually, these materials will naturally degrade, closing the cycle in harmony with nature.

Venue: Al Qasimiyah School
Medium: Recycled wooden utility poles, palm tree mats
Dimensions: Variable
Date: 2023

المكان: مدرسة القاسمية
المادة: أعمدة كهربائية خشبية معاد تدويرها، حصائر من سعف النخيل
الأبعاد: متغيرة
التاريخ: 2023

Venue: Al Qasimiyah School
Medium: Recycled wooden utility poles, palm tree mats
Dimensions: Variable
Date: 2023

العتبة المجردة

بين المتاح والمتحلل

في عالمٍ يتوفر فيه كل شيء بمتناول اليد ويسهل الحصول على أي شيء من أي مكان؛ في عالم تنتشر فيه الرأسمالية فتتآكل الهويات المحلية إلى حد تدمير الأحياء التاريخية، يبرز سؤال جوهري: ماذا تعني المحلية حقًا؟

تحولت مدرسة القاسمية من مدرسة ابتدائية إلى واحد من المواقع البارزة لترينالي الشارقة للعمارة. ومع هذا التحول، تطورت المدرسة من مساحة ضيقة مهمتها رعاية الأطفال إلى مكان يطمح لأن يكون فسحة مفتوحة تتصل بمحيطها وبالمدينة. والواقع أن هذا الانفتاح الحديث يكشف عن أساليب جديدة لاستعمال المساحة، حيث تتلاقى مسارات المشاة المستحدثة من الشمال والغرب عند منصة تسلط الضوء على نقطة الالتقاء هذه وتوفر عتبة ترحب بالزوار.

تتميز هذه العتبة بظلال تهيئ الظروف المناسبة للتواجد في الخارج. وعلى الرغم من إمكانية بناء هذا الهيكل الإنشائي بأي مادة متوفرة، إلا أن هذا المفهوم يصبح مبهمًا إلى حدٍّ ما في سياق يكون فيه "كل شيء" "متاحًا". ومع تبني فكرة الاقتصاد والتوفير في مقدار الجهود المبذولة، يصبح المجال سانحًا لتحقيق أقصى قدر من الكفاءة في تحويل المواد الخام إلى عناصر معمارية، وبالتالي تقليل الطاقة المستهلكة في إنتاج المواد ومعالجتها ونقلها.

لما كانت هيئة كهرباء ومياه وغاز الشارقة قد باشرت باستبدال الأعمدة الخشبية بأخرى معدنية، نتج عن هذه العملية فائض من الأعمدة الخشبية السليمة المخزنة في مستودعاتها. هنا، يتم اختيار أفضل الأعمدة بعناية وتقليم الأطراف التالفة، ثم تُجمع حزمة من جذوع الأشجار متفاوتة الحجم والطويلة بما يكفي لتجميع هيكل يوفر الظل.

تُصمم الظلال باستخدام حصائر من سعف النخيل التي تتوفر بكثرة في المنطقة. ولهذه الحصائر استخدامات متنوعة تبدأ من أرضيات المنازل وصولًا إلى تبطين أسقف الأسواق والمرفقات، ويمكن شراؤها بسهولة من أي بازار بمختلف الأنواع والأحجام والأشكال والقوام.

ينتج عن نهج التصميم هذا عملٌ خام وملموس مصنوع من مواد طبيعية، يتيح لنا إرساء رابط حميم ومباشر مع الموقع. فالعتبة لن ترحب بالزوار فحسب، بل ستكون أيضًا وسيلة لتجربة واختبار استخدام هذه المساحة الجديدة وستجذب انتباه الأشخاص الذين يقيمون ويعملون في مكان قريب وتدعوهم لعبور حدودها.

سيدوم المشروع طيلة المدة التي تتطلبها المساحة، ما يعطي المرونة اللازمة لتجميعها وتفكيكها في مواقع أخرى. وعند الانتهاء من استخدام الأعمدة، يمكن إعادتها إلى المستودع بانتظار إيجاد غرض جديد لها، فيما تجد الحصائر بسهولة أغراضًا أخرى بفضل تعدد استخداماتها. وفي النهاية، ستتحلل هذه المواد بشكل طبيعي، لتغلق الدورة في وئام مع الطبيعة.

المكان: مدرسة القاسمية
المادة: أعمدة كهربائية خشبية معاد تدويرها، حصائر من سعف النخيل
الأبعاد: متغيرة
التاريخ: 2023

Resource Autonomy

"Resource Autonomy" is an architectural project that tackles unprecedented societal and environmental challenges resulting from climate change, resource scarcity, and urban population densification. It demonstrates a pragmatic design approach, harnessing environmental challenges as opportunities for resource creation and nurtures a symbiotic relationship with the ecosystem. Guided by principles of low-tech construction, adaptability, and eco-consciousness, architects Henry Glogau (New Zealand) and Aleksander Kongshaug (Denmark) envision a future that prioritizes local ingenuity and self-sufficiency over complex high-tech solutions.

"Resource Autonomy" embraces the belief that resource production and community must go hand in hand. The architects aim to create designs that not only fulfil practical utility needs but also foster emotional connections with people. Through community co-creation and co-building, strong connections can be established with their projects, forming closer bonds between users and their resources. The ambition is to shift people's perception of resource production from a mere utility to an integral aspect of daily life, fostering a sense of ownership and increasing awareness of its origin and creation process.

Demonstrated through three bamboo pavilions, the design harnesses sunlight to distil seawater, providing clean water, and further utilizes salt brine leftovers for air purification filters. These multifunctional pavilions offer shaded gathering areas and flexible workshop spaces, encouraging visitors to actively engage in the resource production process, thereby fostering a broader dialogue on water challenges, air quality, and resource origins. Pavilion 1 serves as a workshop and water storage area, promoting community collaboration. Pavilion 2 features solar desalination, harnessing sunlight to produce clean water. Pavilion 3 utilizes leftover salt brine for air purification filters, emphasizing waste reuse.

Circularity plays a pivotal role, transforming waste into valuable resources, ensuring minimal environmental impact throughout construction, usage, and end-of-life stages. The design is intentionally crafted for easy assembly and disassembly, facilitating an efficient and adaptable process. Glogau and Kongshaug embrace an open source and distributed design approach that encourages users globally to adapt their designs to suit specific needs, environmental conditions, and skills. Their designs seek to promote connections and collaborations across borders, encouraging people to engage and share their local ingenuity. The three pavilions prompt a reevaluation of impermanence and the role of design in addressing global challenges. They serve as an example for a new direction in the sustainability conversation and offer alternative solutions to the pressing challenges of our time.

Venue: Al Qasimiyah School
Medium: Bamboo, crystallized jute fabric
Dimensions: Variable
Date: 2023

تعاون: هنري غلوغاو وألكسندر كونغشوغ

المكان: مدرسة القاسمية
المادة: نسيج من الخيزران والجوت المتبلور
الأبعاد: متغيرة
التاريخ: 2023

Venue: Al Qasimiyah School
Medium: Bamboo, crystallized jute fabric
Dimensions: Variable
Date: 2023

استقلالية الموارد

"استقلالية الموارد" هو مشروع معماري يتناول التحديات المجتمعية والبيئية غير المسبوقة الناتجة عن تغير المناخ وندرة الموارد والكثافة السكانية في المدن. من خلال نهج التصميم العملي، يسعى العمل إلى تسخير التحديات البيئية لاستحداث الموارد، وينمي علاقة تكافلية مع النظام البيئي. واسترشادًا بمبادئ البناء المنخفض التقنية والقدرة على التكيف والوعي البيئي، يتصور المهندسان المعماريان هنري غلوغاو (نيوزيلندا) وألكسندر كونغشوغ (الدنمارك) مستقبلًا يعطي الأولوية للإبداع المحلي والاكتفاء الذاتي على الحلول المعقدة عالية التقنية.

انطلاقًا من المبدأ القائل إن إنتاج الموارد والمجتمع يجب أن يسيرا جنبًا إلى جنب، يسعى مهندسا مشروع "استقلالية الموارد" إلى إنشاء تصاميم لا تلبي احتياجات المنافع العملية فحسب، بل تعزز أيضًا الروابط العاطفية مع الناس. فالتعاون مع المجتمع في الإنتاج والبناء ينشئ روابط قوية مع مشاريعهما ويوطد أواصر الصلة بين المستخدمين والموارد. والهدف الذي يطمحان إليه هو تغيير تصورات الناس عن عملية إنتاج الموارد حتى لا تعود مجرد منفعة بالنسبة إليهم بل تصبح جزءًا لا يتجزأ من الحياة اليومية، بالإضافة إلى تعزيز حسهم بالملكية تجاه هذه العملية وزيادة الوعي بأصلها ونشأتها.

يتألف التصميم من ثلاثة أجنحة من الخيزران، ويسخر ضوء الشمس لتقطير مياه البحر وتوفير المياه النظيفة. ويستخدم أيضًا بقايا محلول ملحي لمرشحات تنقية الهواء. يمكن استعمال هذه الأجنحة بأوجه مختلفة، فهي توفر مساحات مظللة للقاءات وجلسات العمل، فتشجع الزوار على المشاركة بنشاط في عملية إنتاج الموارد، وبالتالي تحفز الحوار حول تحديات المياه وجودة الهواء وأصول الموارد. يشكل الجناح الأول منطقة لإقامة ورش العمل وتخزين المياه وبالنتيجة تعزيز التعاون المجتمعي، فيما يعمل الجناح الثاني على تحلية المياه بالطاقة الشمسية واستغلال ضوء الشمس لإنتاج مياه نظيفة. أما الجناح الثالث فيستخدم بقايا المحلول الملحي في مرشحات تنقية الهواء، مركزًا على إعادة استخدام النفايات.

وللدائرية هنا دور محوري، فالنفايات تتحول إلى موارد قيمة بشكل يضمن الحد الأدنى من الأثر البيئي طوال مراحل البناء والاستخدام ونهاية العمر. وقد تعمّد التصميم أن يكون سهل التجميع والتفكيك حرصًا على فعالية العملية وإمكانية تكيفها مع الاحتياجات المختلفة. ومن هذا المنطلق، تبنى غلوغاو وكونغشوغ نهج تصميم موزع ومفتوح المصدر يشجع المستخدمين في كل العالم على تكييف تصاميمهم مع الاحتياجات والظروف البيئية والمهارات المحددة. وبالفعل، تسعى تصاميم المهندسين إلى تعزيز الروابط والتعاون بما يتجاوز حدود الدول، وتشجيع الناس على التفاعل مع الآخرين ومشاركة براعتهم المحلية. لذلك نرى الأجنحة الثلاثة تحث على إعادة النظر في فكرة "المؤقت" ودور التصميم في مواجهة التحديات العالمية، ونجد فيها خير مثال لأخذ حوار الاستدامة في اتجاه جديد وتقديم حلول بديلة للتحديات الملحة في عصرنا.

المكان: مدرسة القاسمية
المادة: نسيج من الخيزران والجوت المتبلور
الأبعاد: متغيرة
التاريخ: 2023

ETA'DAN

In the Akan language of Ghana, "eta'dan" translates to "mud wall," a term that embodies the spirit of the ETA'DAN project for the 2023 Triennial. This project emphasized contextually relevant solutions by showcasing traditional and indigenous earth-building techniques and setting the stage for a brighter, more sustainable future.

At the heart of this initiative was a multifunctional rammed earth wall designed with the theme of sustainability at its core. It demonstrated that the design and execution of rammed earth technology can effectively tackle challenges of scarcity without sacrificing beauty or functionality. This wall served as an example of how architecture and design can adapt to limited resources and foster a symbiotic relationship with nature.

The centerpiece of the installation was a rammed earth wall featuring a semicircular design feature that appeared as if it had been delicately carved out from the wall and placed on the ground. This feature not only illustrated the wall's versatility but also demonstrated the adaptability of earth as a sustainable building material. It created a playful platform for children to stand on, inviting them to experience sustainability from a fresh perspective.

The installation also incorporated elements of resource sharing and waste reuse. It included planters and built-in seating or steps within the wall's structure, showcasing the many ways in which we can merge sustainable practices with daily life. The planters provided an opportunity to grow local vegetation, promoting biodiversity and green living, while the seating and steps invited visitors to rest and reflect.

The ETA'DAN project is a testament to the potential of design solutions emerging from conditions of scarcity. Through the rammed earth wall, the installation highlights a pathway forward that reorients our conversation on sustainability. By engaging with this installation, we are inspired to rethink our relationship with the Earth. It reminds us that sustainable solutions are not just lofty goals or the outcomes of complex technologies but are achievable through thoughtful design.

Venue: Al Qasimiyah School
Medium: Limestone and gabbro aggregate
Dimensions: 100 m2
Date: 2023

المكان: مدرسة القاسمية
المادة: الحجر الجيري وركام الغابرو
الأبعاد: 100 م^2
التاريخ: 2023

Venue: Al Qasimiyah School
Medium: Limestone and gabbro aggregate
Dimensions: 100 m2
Date: 2023

إتادان أو الجدار الطيني

تعني كلمة "إتادان" باللغة الأكانيّة الغانية "الجدار الطيني"، وهو مصطلح يجسد روح مشروع إتادان لترينالي 2023. فالمشروع يسلط الضوء على الحلول المناسبة للسياق المحلي من خلال استعراض التقنيات التقليدية والمحلية لبناء الأرض وتمهيد الطريق لمستقبل أكثر إشراقًا واستدامة.

يأتي في صميم هذه المبادرة جدار ترابي مدكوك متعدد الوظائف يحمل موضوع الاستدامة في جوهره. فهو يُظهر أن التصميم والتنفيذ بتقنية التراب المدكوك قادران على معالجة تحديات الندرة بدون التضحية بالنفحة الجمالية أو الطابع العملي. لذلك يمكن اعتبار هذا الجدار مثالًا على كيفية تكيف العمارة والتصميم مع الموارد المحدودة وتعزيز العلاقة التكافلية مع الطبيعة.

وأبرز عنصر في هذا الإنشاء هو جدار ترابي مدكوك يتميز بتصميم نصف دائري يبدو وكأنه نُحت من الجدار ووضع على الأرض. ولا يقتصر دور هذه الميزة على إبراز تعدد استخدامات الجدار فحسب، فهي تجسد أيضًا تكيف التراب مع أغراض عديدة باعتباره مادة بناء مستدامة. وبالنتيجة، أنشأ الجدار فسحة مبهجة تدعو الأطفال إلى اللعب عليها وتجربة الاستدامة من منظور جديد.

علاوة على ذلك، ينطوي الجدار على عناصر تجسد تقاسم الموارد وإعادة استخدام النفايات، حيث تتخلله أحواض الزرع والمقاعد أو الدرجات المبنية داخل هيكله بأسلوب يبين كيف يمكننا دمج الممارسات المستدامة في حياتنا اليومية. فالأحواض أتاحت زراعة النباتات المحلية وتعزيز التنوع البيولوجي والحياة الخضراء، بينما دعت المقاعد والدرجات الزوار إلى الاستراحة والتأمل.

مشروع "أتادان" هو شهادة على الإمكانات التي تحملها حلول التصميم الناشئة عن ظروف الندرة. فمن خلال الجدار الترابي المدكوك، يسلط المشروع الضوء على درب يسير بنا إلى الأمام ليعيد توجيه حديثنا عن الاستدامة، بينما يلهمنا التفاعل معه لإعادة التفكير في علاقتنا مع الأرض. إنه يذكرنا بأن الحلول المستدامة ليست مجرد أهداف سامية أو حصيلة تنشأ عن التقنيات المعقدة إنما هي حلول قابلة للتحقيق بالتصميم المتقن والمدروس.

المكان: مدرسة القاسمية
المادة: الحجر الجيري وركام الغابرو
الأبعاد: 100 م^2
التاريخ: 2023

Back to the Future

Over the past two decades, Hunnarshala Foundation has pioneered an architectural vocabulary of natural materials that harnesses the diverse traditional building skills of artisans and strengthens marginalized voices in cities and villages across Asia.

With a primary presence in India and outreach to Nepal, Iran, and Indonesia, the foundation has contributed to post-disaster policies and built climate-friendly homes. It has engaged in pedagogical projects through the training of architecture students and artisans, nurturing a new generation of practitioners committed to environmentally and ethically sustainable practice.

"Back to the Future" addressed the critical impact of modern market economies on biodiversity and indigenous knowledge. It tackled the erosion of traditional community values that are a consequence of an increasingly transactional planet.

Using photographs, videos, and scale models, the exhibit explored the genesis and process of Hunnarshala's work. The collective working practice of "aabhat," prevalent in many pastoral communities in the Gujarat district of Kutch, was articulated through film—a participatory design process that led to the successful construction of 1,200 resilient mud houses after Kutch's devastating 2001 earthquake.

A shallow brick dome positioned on a metal structure proposed the mainstream adoption of vernacular techniques, and a recording of a verse song by a folk singer sonically accompanied "Back to the Future," highlighting the need to reevaluate development paradigms for a truly sustainable tomorrow.

By showcasing traditional building practices and their resilience in the face of change, the exhibition celebrated the impermanence of architecture and highlighted how vernacular structures like the bhungas are adapted to their environment. It highlighted how Hunnarshala's community-driven approach ensured ongoing relevance by emphasizing the integration of traditional knowledge into modern architecture.

While the project primarily centered on India's traditional building practices, its relevance extended far beyond the local context. Environmental degradation and the loss of cultural identity are global issues, and Hunnarshala's success stories offer valuable lessons for communities worldwide facing similar challenges.

Venue: Al Qasimiyah School
Medium: Mixed-media installation
Dimensions: Variable
Date: 2023

المكان: مدرسة القاسمية
المادة: هيكل مختلط المواد
الأبعاد: متغيرة
التاريخ: 2023

Venue: Al Qasimiyah School
Medium: Mixed-media installation
Dimensions: Variable
Date: 2023

العودة إلى المستقبل

اضطلعت مؤسسة هونارشالا على مدى العقدين الماضيين بدور ريادي في صياغة لغة معمارية من المواد الطبيعية تسخر مهارات البناء التقليدية المتنوعة للحرفيين وتوصل صوت المجتمعات المهمشة في المدن والقرى في جميع أنحاء آسيا.

ساهمت المؤسسة عبر تواجدها الأساسي في الهند، مع امتدادات في النيبال وإيران وإندونيسيا، في وضع سياسات تعنى بمرحلة ما بعد الكوارث وبناء منازل مراعية للبيئة. كما شاركت في مشاريع تعليمية عبر تدريب طلاب العمارة والحرفيين وتنشئة جيل جديد من المهنيين الملتزمين بالممارسة المستدامة بيئيًا وأخلاقيًا.

يتناول مشروع "العودة إلى المستقبل" التأثير الجسيم الذي تخلفه اقتصادات السوق الحديثة على التنوع البيولوجي ومعارف الشعوب الأصلية. كما يعالج مسألة تقويض قيم المجتمع التقليدية بسبب هيمنة الطابع التجاري أكثر فأكثر على كوكبنا.

ويستعين المشروع بالصور الفوتوغرافية ومقاطع الفيديو والنماذج المصغرة لاستعراض نشأة المؤسسة ومسيرتها أعمالها، كما يسلط الضوء من خلال الفيلم على ممارسة جماعية سائدة في العديد من المجتمعات الرعوية في مقاطعة كوتش بولاية غوجارات، تعرف باسم "أبهات". وقد ساهمت عملية التصميم الجماعية في بناء 1200 منزل من الطين بعد الزلزال المدمر الذي ضرب كوتش عام 2001.

يعكس مشروع "العودة إلى المستقبل" انتشار التقنيات العامية من خلال هيكل معدني تعلوه قبة طوب ضحل، فيما يُتوج بتسجيل أغنية شعرية لمغني فولكلوري تتكلم عن الحاجة إلى إعادة تقييم نماذج التنمية من أجل غدٍ مستدامٍ بحق.

وقد احتفى المعرض، من خلال استعراض ممارسات البناء التقليدية ومرونتها بوجه التغيير، بالطابع المؤقت للهندسة المعمارية وعدم دوامها، وسلط الضوء على كيفية تكيف الإنشاءات العامية مثل البيوت الطينية المعروفة بـ"بونغاس" مع بيئتها. وبيّن أيضًا كيف ساهم النهج المجتمعي الذي تبنّته المؤسسة في ضمان ملاءمة الهندسة المعمرية للسياق القائم من خلال التركيز على دمج المعرفة التقليدية في العمارة الحديثة.

وصحيح أن المشروع ركز في المقام الأول على ممارسات البناء التقليدية في الهند، إلا أن أهميته تتجاوز السياق المحلي. فقضايا التدهور البيئي وفقدان الهوية الثقافية هي قضايا عالمية، ومن هنا تقدم قصص نجاح هونارشالا دروسًا قيّمة للمجتمعات التي تواجه تحديات مماثلة في جميع أنحاء العالم.

المكان: مدرسة القاسمية
المادة: هيكل مختلط المواد
الأبعاد: متغيرة
التاريخ: 2023

Context in Design, Design in Context

The attitude towards design in Africa is still one that centers a privileged perspective. However, at the grassroots level, design tends to be a more spontaneous practice. Much of it unfolds within the urban landscapes of major African cities, though it is not always formally recognized as design.

The project "Context in Design, Design in Context" consists of two main components. The first, "AFRICA – A Designer's Utopia: Lagos Chapter," is a research initiative by Nifemi Marcus-Bello's studio. It investigates innovative, anonymously designed objects across the continent and examines how communities employ open-source and collaborative methods to address unique challenges within their environments. This research aims to formally document contemporary designs and products that provide solutions to everyday problems in urban landscapes in selected cities across West Africa. According to the Interaction Design Foundation (2020), twenty-first century design is now seen as a practice focused on addressing global issues. It marks a transition from traditional design methods towards a problem-solving approach that identifies root causes and co-creates effective solutions with experts and the communities involved.

An example of this is the Meruwa cart, widely used in the working- and middle-class neighborhoods of Lagos due to the city's unreliable water supply infrastructure. The cart, constructed of used bicycle tires and reclaimed wood, allows for the transportation of water to millions of homes throughout Nigeria's capital.

The research investigates the formal and informal aspects of industrial urbanism associated with the creation of these products. It explores contemporary design languages that are intrinsically linked to behavior, spaces, people, materials, and history. The findings provide a deeper understanding of the relationship between contemporary product design and manufacturing within urban African contexts. The study reveals how material availability, maker culture, and manufacturing techniques converge to dictate outcomes. It offers insight into the culture of urban planning in these cities and informs future possibilities. The project aims to uncover commonalities within forms, materials, and aesthetics to highlight and consider the role of production hubs and their distribution channels. Lastly, it investigates and defines contemporary autonomous and non-autonomous design in these urban settings.

The second component of the exhibit showcases an existing solution applied in Lagos—the modular Waf Kiosk designed by Marcus-Bello's studio—and replicates it within the context of Sharjah, offering a comparative study of design conditions in both settings. This design dialogue offers a comprehensive analysis of past and present design practices and illustrates the rich weaving tradition that plays a vital role in the socioeconomic and sociocultural fabric in both cities.

Venue: Al Qasimiyah School
Medium: Mixed-media installation
Dimensions: Variable
Date: 2023

استوديو نيفيمي ماركوس بيلو

المكان: مدرسة القاسمية
المادة: هيكل من مواد مختلفة
الأبعاد: متغيرة
التاريخ: 2023

Nifemi Marcus-Bello 52

Venue: Al Qasimiyah School
Medium: Mixed-media installation
Dimensions: Variable
Date: 2023

السياق في التصميم والتصميم في السياق

لا يزال الموقف تجاه التصميم في أفريقيا يرتكز على منظور نخبوي. ولكن التصميم، على المستوى الشعبي، أشبه بممارسة عفوية يتكشف الكثير منها في المناظر الطبيعية للمدن الأفريقية الكبرى، مع أنه لا يسمى دائمًا "تصميمًا".

يتكون مشروع "السياق في التصميم والتصميم في السياق" من شقين رئيسيين. يحمل الأول عنوان "أفريقيا - يوتوبيا المصمم: فصل لاغوس"، وهو مبادرة بحثية أطلقها استوديو نيفيمي ماركوس بيلو للبحث في التصاميم المبتكرة المجهولة المصدر في جميع أنحاء القارة والنظر في الأساليب التي تلجأ إليها المجتمعات المحلية للاستفادة من المصادر المفتوحة والنهج التعاونية في مواجهة التحديات الفريدة داخل بيئاتها. ويهدف هذا البحث إلى توثيق التصاميم والمنتجات المعاصرة التي توفر حلولًا للمشاكل اليومية في المناظر الطبيعية لمدن مختارة في غرب أفريقيا. فبحسب مؤسسة تصميم التفاعل "إنتراكشن ديزاين" (2020)، يعتبر اليوم تصميم القرن الواحد والشعرين ممارسةً تركز على معالجة القضايا العالمية. وهو بالفعل يمثل انتقالًا من أساليب التصميم التقليدية إلى نهج لحل المشاكل يكشف عن الأسباب الجذرية للمشكلة ويشارك مع الخبراء والمجتمعات المعنية في إيجاد حلول فعالة لها.

ولعل أبرز مثال على ذلك هو عربة "ميروا" المنتشرة في أحياء الطبقة العاملة والطبقة المتوسطة في لاغوس. فهذه العربة المصنوعة من إطارات الدراجات المستعملة والأخشاب المستصلحة تستخدم لنقل المياه من مصادرها إلى ملايين المنازل في نواحي العاصمة النيجيرية.

يعاين البحث الجوانب الرسمية وغير الرسمية للتحضر الصناعي المرتبط بإنشاء هذه المنتجات ويستكشف لغات التصميم المعاصرة التي ترتبط ارتباطًا جوهريًا بالسلوك والمساحات والناس والمواد والتاريخ. وقد ساهمت نتائجه في تعميق فهمنا للعلاقة بين تصميم المنتجات المعاصرة والتصنيع في السياقات الأفريقية الحضرية. إذ تكشف الدراسة عن تضافر عوامل توفر المواد وثقافة الصانع وتقنيات التصنيع لإملاء النتائج، كما تقدم نظرة ثاقبة على ثقافة التخطيط الحضري في هذه المدن لتسترشد بها الآفاق المستقبلية. وبالتالي، يهدف المشروع إلى كشف القواسم المشتركة في الأشكال والمواد والجماليات لمعاينة وتسليط الضوء على دور مراكز الإنتاج وقنوات التوزيع الخاصة بها. وأخيرًا، يبحث في التصميم المعاصر المستقل وغير المستقل في هذه البيئات الحضرية ويقدم تعريفًا عنه.

أما الشق الثاني من المعرض فيستعرض حلًا يطبَّق في لاغوس وهو "كشك واف" النموذجي الذي صمّمه استوديو ماركوس بيلو وتم تكراره في سياق الشارقة للمقارنة بين الظروف التصميمية في الموقعين. يقدم هذا الحوار التصميمي تحليلًا شاملًا لممارسات التصميم الماضية والحاضرة ويحتفي بتقاليد الحياكة الغنية التي تشكل جزءًا مهمًا من النسيج الاجتماعي الاقتصادي والاجتماعي الثقافي في كلتا المدينتين.

المكان: مدرسة القاسمية
المادة: هيكل من مواد مختلفة
الأبعاد: متغيرة
التاريخ: 2023

Archive: The Work of Alan Vaughan-Richards

Ola Uduku and Michael Collins's contribution to the 2023 Sharjah Triennale featured the work of the Nigerian-British architect Alan Vaughan-Richards, whose work offers a rare view into an adaptive architectural practice that responded to the culture, place, and climate of late twentieth-century Lagos. This work is particularly relevant in the context of the Al Qasimiyah School in Sharjah and provides an important counterpoint to the globalized urban development prevalent in the UAE today.

Alan Vaughan-Richards left behind an extraordinary collection of fragile drawings and material at his Lagos Island home before his untimely death in 1989. His daughter, Remi Vaughan-Richards, has preserved much of this. A 2014 collaboration led to the digitization of key drawings and photographs of his work, documenting the Vaughan-Richards family life in the 1970s. For the Sharjah Triennale, Ola Uduku and Michael Collins invited visitors to explore this archive in a redesigned space that reflects the environment of his home, showcasing his drawings, thoughts on architectural education, and the vibrant Lagos life of the 1970s that infused his work.

The installation in Sharjah focused on themes significant to Vaughan-Richards, especially those relevant to the UAE. These included his exploration of Western Nigerian forms in his architecture, as illustrated in his Oluwakitan House drawings, and his forward-thinking stance on environmental sustainability. Notably, he incorporated solar collectors in his 1960s designs and advocated for cross ventilation and natural cooling, concepts learned from his education at the Architectural Association's tropical school. The installation also highlights the contributions of his wife, Ayo Vaughan-Richards, to family life and fashion by showcasing textiles and local materials.

The installation deliberately integrated outdoor and indoor spaces, reflecting Vaughan-Richards's approach to climate-adaptive design and the incorporation of outdoor elements into Nigerian living. His own house, a continual work in progress, served as a practical application of his adaptive and transient design philosophies. The installation reimagined Vaughan-Richards's drawing office and living room with textiles, printed canvas, and indigo-dyed cotton. Envisioned as a nomadic, wearable archive, the installation's garments are intended to travel globally.

Complementing the installation, Remi Vaughan-Richards presented a series of contemporary films showing her father's works in present-day Lagos. These were accompanied by a map identifying locations from Vaughan-Richards and Akinsemoyin's seminal FESTAC '77 book, *Building Lagos*.

Venue: Al Qasimiyah School
Medium: Mixed-media installation
Dimensions: Variable
Date: 2023

أولا أودوكو ومايكل كولينز

المكان: مدرسة القاسمية
المادة: هيكل من مواد مختلطة
الأبعاد: متغيرة
التاريخ: 2023

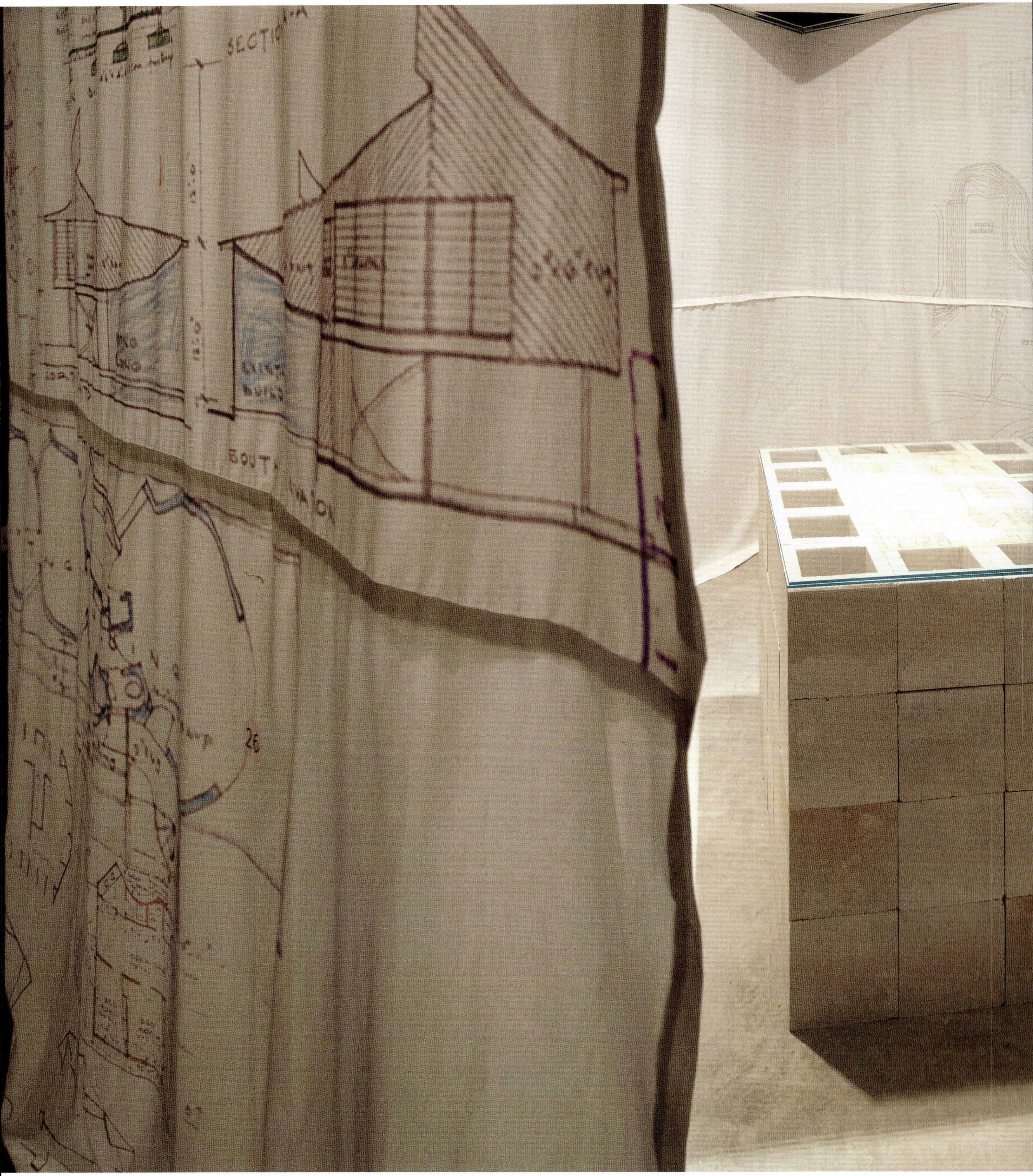

Venue: Al Qasimiyah School
Medium: Mixed-media installation
Dimensions: Variable
Date: 2023

الأرشـيف: أعمـال آلان فوغـان ريتشـــاردز

في إطار المساهمة التي قدمتها أولا أودوكو ومايكل كولينز في ترينالي الشارقة 2023، برزت أعمال المهندس المعماري النيجيري البريطاني آلان فوغان ريتشاردز، بنظرتها النادرة على أحد أشكال الممارسة المعمارية المتكيفة مع ثقافة لاغوس وموقعها ومناخها في أواخر القرن العشرين. ويكتسب هذا العمل أهمية خاصة في سياق المدرسة القاسمية في الشارقة من حيث صورته المناقضة للنمو الحضري المعولم الذي يسود في دولة الإمارات العربية المتحدة اليوم.

ترك آلان فوغان ريتشاردز إثر وفاته المفاجئة في عام 1989 مجموعة استثنائية من الرسومات والمواد الهشة في منزله في جزيرة لاغوس، وقد حافظت ابنته ريمي فوغان ريتشاردز على الكثير من هذه التركة، إلى أن أفضى عمل تعاوني عام 2014 إلى إصدار نسخ رقمية من أبرز رسوماته وصوره التي توثق حياة عائلة فوغان ريتشاردز في سبعينيات القرن العشرين. وفي ترينالي الشارقة، دعا كل من أولا أودوكو ومايكل كولينز الزوار إلى استكشاف هذا الأرشيف في مساحة أعيد تصميمها لتحاكي بيئة منزله وتستعرض رسوماته وأفكاره عن التعليم المعماري والحياة اللاغوسية النابضة بالحياة في سبعينيات القرن العشرين التي تغلغلت تأثيراتها في أعماله.

ركز التجهيز الفني المعروض في الشارقة على مواضيع مهمة لفوغان ريتشاردز ومناسبة لسياق دولة الإمارات العربية المتحدة، من ضمنها استكشافه للأشكال النيجيرية الغربية في هندسته المعمارية، مثل رسومات "منزل أولواكيتان"، وموقفه التقدمي من الاستدامة البيئية. والجدير بالذكر أنه أدرج مجمعات الطاقة الشمسية في تصاميمه خلال ستينيات القرن العشرين ودعا إلى التهوية المتقاطعة والتبريد الطبيعي، وهي مفاهيم تعلمها من دراسته في المدرسة الاستوائية التابعة للجمعية المعمارية. كما سلط هذا التجهيز الضوء أيضًا على مساهمات زوجته أيو فوغان ريتشاردز في الحياة العائلية والأزياء من خلال عرض المنسوجات والمواد المحلية.

وقد تعمّد التجهيز الفني دمج المساحات الخارجية والداخلية معًا بطريقة تعكس مقاربة فوغان ريتشاردز للتصميم المتكيف مع المناخ وسعيه إلى إدخال العناصر الخارجية في الحياة النيجيرية. فمنزله الذي لا يزال في تطور مستمر يمثل تطبيقًا عمليًا لفلسفته في التصميم التكيفي والعابر. فقد أعيد تصوير مكتب الرسم وغرفة المعيشة في منزل آلان فوغان ريتشاردز من خلال المنسوجات والأقمشة المطبوعة والقطن المصبوغ باللون النيلي، ومن المقرر أن تكون الملابس والأزياء المعروضة بمثابة أرشيف متنقل من الملابس سيسافر إلى جميع أنحاء العالم.

ومن باب المساهمة في التجهيز الفني، قدمت ريمي فوغان ريتشاردز سلسلة من الأفلام المعاصرة التي تعرض أعمال والدها الحالية في لاغوس، مع تحديد مواقعها على خريطة مقتبسة من كتاب فوغان ريتشاردز وأكينسيموين المؤثر الذي صدر بمناسبة مهرجان فيستاك 1977 بعنوان "بناء لاغوس".

المكان: مدرسة القاسمية
المادة: هيكل من مواد مختلطة
الأبعاد: متغيرة
التاريخ: 2023

We Rest at the Bird's Nest

Mechanical and unambiguous, Sharjah's industrial zone thrives on self-organizing, moving parts. Its metabolism begins amid piles of automotive waste, which make their way along tracts of dusty roads on bicycles for sorting, cleaning, and repurposing. Storefronts, each displaying and selling a single product—lights, steering wheels, oil filters—find new uses and purposes. The metabolism of the industrial zone is seemingly relentless, where men are strung together as on conveyor belts, transforming the region's waste into products that start anew in the cycle of product life. Yet, within this animated system, the question "Where does life happen?" echoes in every empty lot and unoccupied interstitial space.

Life happens here: in the corner of an automotive shop within a cage, against the backdrop of a welding workshop, and in an alleyway lined with potted plants. These spaces, though sparse, serve as points of rest where "life happens." Here, birds become cherished pets in cages, serving as dependents to be cared for. Here, the industrial community spends its rest tending and admiring birds, a slow process offering a natural contrast to a mechanical landscape. "We Rest at the Bird's Nest" investigates what happens when space is intentionally adapted to acknowledge these individual moments of rest, creating a collective point of reprieve.

In this space, nothing is wasted. The design draws from materials native to the industrial area: neat rows of scrap metal, heaps of paper, and mounds of vegetative waste contribute to the pungent, organic smell so foreign to the mechanical scape, a distinct, albeit unusual, connection between the external and internal spaces of the industrial zone. This cyclical relationship between the city and its industrial counterpart underscores the transformative power of waste, shaping the methodology by which this space is composed.

In Industrial Area 5, seating arrangements in circular patterns are nested inside resting rooms, which encircle an open atrium stretching up to the sky. Birdcalls filter down from small openings above, inviting the familiar feathered residents to a place where there is rest. Rows of small dwellings made from paper and grass offer sanctuaries and meeting grounds for the region's birds. This layered form, a mixture of organic waste and scaffolding found in the area, suggests its lifespan abides by the ephemeral nature of ecology and construction.

Eventually, the structure will either reintegrate into the industrial zone's natural digestion or perhaps find a new beginning. This space acts as a model for collective respite by reinforcing the simplest habits of rest, care, and observation in the heart of a mechanical landscape.

Venue: Industrial Area 5
Medium: Scaffolding, recycled cardboard, flour, dried grass
Dimensions: Variable
Date: 2023

المكان: المنطقة الصناعية 5
المادة: سقالات، كرتون معاد تدويره، طحين، عشب مجفف
الأبعاد: متغيرة
التاريخ: 2023

Venue: Industrial Area 5
Medium: Scaffolding, recycled cardboard, flour, dried grass
Dimensions: Variable
Date: 2023

نستريح عند عش الطيور

تعج المنطقة الصناعية في الشارقة بحركة ميكانيكية دؤوبة، فهنا تتحرك الآلات ذاتيًا وسط أكوام من خردة السيارات شقت طريقها إلى المكان عبر طرقات مترية للدراجات الهوائية لتخضع للفرز والتنظيف وإعادة الاستخدام. واجهات المتاجر تعرض وتبيع بضاعة فريدة من مصابيح وعجلات قيادة ومرشحات زيت وُجدت لها استخدامات وأغراض جديدة. يبدو أن الحركة في المنطقة الصناعية لا تعرف الهوادة؛ يتعاون الرجال معًا مثل الأحزمة الناقلة لتحويل نفايات المنطقة إلى منتجات تبدأ من جديد في دورة حياة المنتج. ومع ذلك، داخل هذا النظام المتحرك، يتردد صدى السؤال "أين تحدث الحياة؟" في كل قطعة خالية وكل هامش غير مأهول.

هنا تحدث الحياة: في زاوية متجر للسيارات داخل قفص، على خلفية ورشة لحام، في زقاق تصطف على جانبيه أواني النباتات. المساحات قليلة ولكنها مناسبة لأخذ قسط من الراحة حيث "تحدث الحياة". هنا تصبح الطيور حيوانات أليفة محبوبة داخل أقفاص بحاجة لمن يعتني بها. هنا يقضي المجتمع الصناعي استراحته في تقديم العناية وإظهار الإعجاب بوتيرة بطيئة تعكس تباينًا طبيعيًا مع المشهد الميكانيكي. يبحث مشروع "نستريح عند عش الطيور" في ما يحدث عندما يتم تكييف الفضاء عمدًا لأخذ لحظات الراحة الفردية هذه بعين الاعتبار في فسحة استراحة جماعية.

في هذا الفضاء، لا شيء يضيع. يعتمد التصميم على مواد موجودة في المنطقة الصناعية: صفوف منسقة من الخردة المعدنية وأكوام من الورق وتلال من النفايات النباتية تعبق برائحة عضوية لاذعة غريبة جدًا على المشهد الميكانيكي وتنشئ اتصالًا متميزًا، وإن كان غير عادي، بين المساحات الخارجية والداخلية للمنطقة الصناعية. تؤكد هذه العلاقة الدورية بين المدينة ونظيرتها الصناعية على القوة التحويلية للنفايات، مؤثرة في المنهجية التي يتكون منها هذا الفضاء.

في المنطقة الصناعية 5، تتوزع المقاعد بأنماط دائرية معششة في غرف الاستراحة التي تنتشر حول ردهة مفتوحة ممتدة نحو السماء. وتتسرب زقزقة الطيور من الفتحات الصغيرة في الأعلى، داعية القاطنين المريشين إلى مكان يستريحون فيه. وصفوف المساكن الصغيرة المصنوعة من الورق والعشب تمنح طيور المنطقة ملاذات ومساحات التقاء، فيما يتجلى من الطبقات المتعددة، التي تمتزج فيها النفايات العضوية والسقالات المعثور عليها في المنطقة، أن العمر الافتراضي لهذه الأشكال يلتزم بالطبيعة الزائلة للبيئة والبناء.

في نهاية المطاف، سيعود الهيكل للتحلل طبيعيًا في المنطقة الصناعية أو ربما يجد بداية جديدة، فهو نموذج للراحة الجماعية كونه يبرز أبسط عادات الراحة والرعاية والملاحظة في قلب المناظر الطبيعية الميكانيكية.

المكان: المنطقة الصناعية 5
المادة: سقالات، كرتون معاد تدويره، طحين، عشب مجفف
الأبعاد: متغيرة
التاريخ: 2023

Time Transitions

It is undeniable that the past exists in the present as a complex matrix of intertwined realities. Inhabiting contemporary ruins compels us to urgently reconsider how we occupy and interact with urban spaces. As critical as developing sustainable solutions is the recognition of when to refrain from building or demolishing. Today, one of the greatest challenges in architecture is adapting existing buildings to meet new demands.

"Time Transitions" is an intervention at the entrance of the Old Al Jubail Vegetable Market in Sharjah. It reinstates the once-obscured view from the old market to the sea and the port area, a view lost after the construction of its modern counterpart across the street. Drawing inspiration from traditional wind towers, this intervention marks the location of the old market's place in the urban landscape and breathes new life into recently abandoned architecture. These wind towers, a form of vernacular Arabic technology, have fallen into disuse in the UAE due to modern air conditioning systems, much like the old market itself. Through a symbolic representation of wind towers, this project redefines form and function, transforming the market into an inhabited public space that is both parasitic and transitional. To balance the connection between earth and sky, demolition waste collected near the market is incorporated into the structure, elevating these remnants to the status of archaeological artifacts from a nonlinear timeline. The intervention seeks to explore the tension between old and new, inside and outside, and the times of demolition and construction, abundance and scarcity, while celebrating the culture of reuse and adaptation to local conditions.

The scaffolding tower, assembled and dismantled with ease, serves as a potent symbol of the transience and the necessity of adaptation. The installation is an invitation to think deeply about the importance of regenerative architecture that values cultural traditions and advocates for policies that reintegrate deserted urban spaces back into the cityscape. The installation intends to encourage dialogue, reflection, and action towards a more sustainable and equitable future from a new but ancestral perspective.

Above all, "Time Transitions" aims to provoke reflection on the epistemology of architecture and to suggest that both material and immaterial ruins play a fundamental role in rethinking our possible futures amid a dystopian present.

Venue: Old Al Jubail Vegetable Market
Medium: Scaffolding
Dimensions: 200 m^2
Date: 2023

المكان: سوق الجبيل القديم للخضار
المادة: سقالات
الأبعاد: 200 م^2
التاريخ: 2023

Venue: Old Al Jubail Vegetable Market
Medium: Scaffolding
Dimensions: 200 m^2
Date: 2023

التحولات الزمنية

لا يخفى أن الماضي قابع في الحاضر مثل مصفوفة معقدة من الحقائق المتشابكة. فالإقامة في الآثار المعاصرة تجبرنا على إعادة النظر بشكل عاجل في كيفية احتلالنا للمساحات الحضرية وتفاعلنا معها. وما لا يقل أهمية عن تطوير الحلول المستدامة هو الاعتراف بالوقت الذي يجب فيه الامتناع عن البناء أو الهدم. وأحد أكبر التحديات التي تواجه الهندسة المعمارية اليوم هو تكييف المباني القائمة بشكل يلبي المتطلبات الجديدة.

"التحولات الزمنية" هو تدخل معماري عند مدخل سوق الجبيل القديم للخضار في الشارقة، يعيد للسوق القديمة إطلالتها على البحر ومنطقة الميناء بعد أن فقدتها مع إقامة سوق حديثة في الجهة المقابلة من الشارع. وقد اتخذ هذا المشروع المستوحى من البراجيل التقليدية موقعه في السوق القديمة ضمن المشهد الحضري ليبث حياة جديدة في عمارٍ أصبح مهجورًا منذ زمن ليس ببعيد. فالبراجيل لم تعد تستخدم في دولة الإمارات بسبب أنظمة تكييف الهواء الحديثة، تمامًا مثل السوق القديمة نفسها. لهذا سعى المشروع إلى تمثيلها بشكل رمزي من أجل وضع تصور جديد لشكلها ووظيفتها، فحولها إلى مساحة عامة غريبة وانتقالية في آن؛ كما أعاد استخدام مخلفات هدم جُمعت بالقرب من السوق ليرتقي بها إلى مكانة قطع أثرية لا تتبع مسارًا زمنيًا مستقيمًا، من أجل تحقيق التوازن في العلاقة بين الأرض والسماء. وبالفعل، يسعى هذا التدخل المعماري إلى استكشاف التجاذبات بين القديم والجديد، والداخل والخارج، وزمن الهدم وزمن البناء، والوفرة والندرة، مع الاحتفال بثقافة إعادة الاستخدام والتكيف مع الظروف المحلية.

ترمز السقالات، التي يمكن تجميعها وتفكيكها بسهولة، إلى ضرورة التغير والحاجة إلى التكيف، وتدعو إلى التأمل في أهمية هندسة التجديد التي تُقدّر التقاليد الثقافية وتناصر السياسات الرامية إلى إعادة دمج المساحات الحضرية المهجورة في نسيج المدينة. فهذا التجهيز الفني يسعى إلى تشجيع الحوار والتفكير والعمل من أجل مستقبل أكثر استدامة وإنصافًا من منظور جديد ولكن متوارث.

وفي المقام الأول، يهدف مشروع "التحولات الزمنية" إلى استحثاث التفكر في نظرية المعرفة في الهندسة المعمارية، والإشارة إلى أن الآثار المادية وغير المادية على حد سواء تؤدي دورًا أساسيًا في تصور مستقبلنا المحتمل من موقعنا الراهن في حاضر يسود فيه الخلل.

المكان: سوق الجبيل القديم للخضار
المادة: سقالات
الأبعاد: 200 م^2
التاريخ: 2023

EARTH TO EARTH

Identity and Belonging
Dabbagh Architects' exploration of architectural themes such as context, identity, and belonging is evident in their existing body of work, with projects like the Mleiha Archaeological Centre (2016), Mohammed Abdulkhaliq Gargash Mosque (2021), and Al Ain Museum (2024). These projects underscore the idea that when a building creates a dialogue with its setting, it can support the community's connection to the place, the land, and the community's heritage.

Our Relationship with the Natural World
Not long ago, our grandparents were closely connected to the land.
The fishermen and the pearl divers knew the sea intimately as they navigated across it.
The shepherds knew the mountains and their different terrains.
The Bedouins understood the desert; they could read the sky.

But within a short span of time, in our race towards progress and modernity, we adopted foreign architecture that brought with it foreign materials. These have since shaped our modern landscape and our cities. And within this new environment, unfamiliar to our psyche, we adopted foreign values.

We quickly lost our connections to the Earth and to the Sky.
We also forgot the stories that they carried.

Reconnection
"Earth to Earth" is a piece of research into the inherent and collective memories held in materials: the Earth and the palm tree. It is an invitation to remember our lost connections, to remember our stories.

Materiality and Memory
"From the earth we created you, and into it we will return you, and from it we will extract you another time."—Holy Quran, Sūrat Tāhā, verse 55.

Mud, a blend of both earth and water, embodies the duality of these two elements: solidity and fluidity, motion and stillness, permanence and impermanence. Mud's ability to dissolve and reform creates its physical circularity, while harboring embodied memories of all past forms, offering a generational circularity that taps into our collective memory of the past and triggers a collective imagination for the future.

The palm tree once symbolized our livelihood and prosperity. Every part of it was precious, from its fruit for nourishment to its leaves for weaving and fronds for creating shelter. The seating, made of Desert Board crafted from discarded palm fronds, carries the memory of the palm and features a slatted form reminiscent of palm leaves.

The Visitor Experience
The installation's enclosed court provides an intimate experience of the form. It features two curved mudbrick walls forming a semi-enclosed space embodying dualities and relationships between opposites: earth and water, solidity and fluidity, motion and stillness, memory and imagination, eternal and ephemeral, and ultimately life and death.

Visitors are invited to experience the structure in various ways: circling the curved walls of the exterior, entering the central semi-enclosed space, or pausing to listen to recited poetry by Sumaya Dabbagh, inviting reflection and contemplation in the liminal space between memory and imagination—an invitation to remember.

Venue: Al Qasimiyah School
Medium: Mud brick, mud plaster, reconstituted palm frond boards (Desert Board)
Dimensions: 230 m^2
Date: 2023

المكان: مدرسة القاسمية
المادة: طوب طيني، جص طيني، ألواح سعف النخيل المعاد تشكيلها (لوح صحراوي)
الأبعاد: 230 م^2
التاريخ: 2023

Venue: Al Qasimiyah School
Medium: Mud brick, mud plaster, reconstituted palm frond boards (Desert Board)
Dimensions: 230 m^2
Date: 2023

من التراب إلى التراب

الهوية والانتماء
يتجلى اهتمام مكتب الدباغ للعمارة بالمواضيع المعمارية مثل السياق والهوية والانتماء في أعماله الحالية التي تضم مشاريع مثل مركز مليحة للآثار (2016) ومسجد محمد عبد الخالق قرقاش (2021) ومتحف العين (2024). إذ تؤكد هذه المشاريع أن المبنى، عندما ينشئ حوارًا مع محيطه، يوطد رابط المجتمع بالمكان والأرض والتراث.

علاقتنا مع العالم الطبيعي
منذ وقت ليس ببعيد، كان أجدادنا على ارتباط وثيق بالأرض.
كان الصيادون وغواصو اللؤلؤ يعرفون البحر عن كثب أثناء الإبحار فيه.
عرف الرعاة الجبال وتضاريسها المختلفة.
فهم البدو الصحراء وقرأوا السماء.

ولكن في غضون فترة قصيرة من الزمن، في سباقنا نحو التقدم والحداثة، اعتمدنا العمارة الأجنبية التي جلبت معها مواد أجنبية، فرسمت منذ ذلك الحين معالم مناظرنا الطبيعية ومدننا الحديثة. وفي هذه البيئة الجديدة، غير المألوفة لنفوسنا، تبنينا قيمًا أجنبية.

سرعان ما فقدنا روابطنا بالأرض والسماء.
لقد نسينا أيضًا القصص التي حملتها.

إعادة الروابط
"من التراب إلى التراب" هو بحث في الذكريات المتأصلة والجماعية التي تكتنفها مواد التربة وشجرة النخيل. إنها دعوة لنتذكر روابطنا المفقودة، لنتذكر قصصنا.

المادية والذاكرة
"مِنْهَا خَلَقْنَاكُمْ وَفِيهَا نُعِيدُكُمْ وَمِنْهَا نُخْرِجُكُمْ تَارَةً أُخْرَى" - سورة طه، الآية 55

يجسد الطين المكون من التراب والماء ازدواجية هذين العنصرين، فتراه يجمع ما بين الصلابة والسيولة، والحركة والسكون، والديمومة والتغير. وفيما يستمد قدرته على التدوير من إمكانية تذويبه وإعادة تشكيله، ينطوي أيضًا على ذكريات عن جميع أشكاله الماضية، فيعزز ديمومة العلاقة بين الأجيال ويحمل في ثناياه ذكرياتٍ مشتركة ويثير تأملات جماعية للمستقبل.

كانت شجرة النخيل ترمز في الماضي إلى سبل عيشنا وازدهارنا. فكل جزء منها ثمين، من ثمارها التي نتغذى منها إلى أوراقها التي نستخدمها للنسيج والسعف الذي نبني منه المأوى. وهذا المقعد المصنوع من ألواح سعف النخيل المرمية لشركة "ديزيرت بورد" يحمل ذاكرة النخيل ويذكر شكل شرائحه بالسعف.

تجربة الزائر
يضم التجهيز الفني باحة مغلقة تسمح للزائر باختبار المكان بشكل حميم، فهو يتكون من جدارين منحنيين مبنيين بالطوب اللبن يشكلان مساحة شبه مغلقة تجسد الازدواجية والعلاقة بين الأضداد: بين التراب والماء، وبين الصلابة والسيولة، والحركة والسكون، والذاكرة والخيال، والديمومة والزوال، والأهم بين الحياة والموت.

ويدعو هذا العمل الزوار إلى اختباره بطرق مختلفة، فمن الممكن الالتفاف حول الجزء الخارجي بجداريه المنحنيين، أو دخول الفسحة المركزية شبه المغلقة، أو التوقف للاستماع إلى الإلقاء الشعري بصوت سمية الدباغ. إنها دعوة إلى التفكير والتأمل في الفضاء الحدودي بين الذاكرة والخيال.

المكان: مدرسة القاسمية
المادة: طوب طيني، جص طيني، ألواح سعف النخيل المعاد تشكيلها (لوح صحراوي)
الأبعاد: 230 م^2
التاريخ: 2023

First Rain, Brise Soleil

Produced by the Han Nefkens Foundation in collaboration with the Kochi Biennale, and with additional support from Tate St Ives.

Phan's latest moving image work, "First Rain, Brise Soleil" (2021), deepens her exploration of the Mekong region through a poetically interwoven narrative. Introduced with a quote from Edo period Japanese poet Matsuo Bashō, the film begins with the fictional story of a Vietnamese-Khmer construction worker specializing in brise-soleil, the architectural concrete lattices used for shading and ventilating buildings. These lattices, which are common across the Global South and especially in cities like Saigon, represent a blend of vernacular building techniques and traditional Vietnamese craftsmanship with modern materials associated with US influence. Through this fictional first-person narrative, the film addresses US imperialism in the region and the Cambodian–Vietnamese War from 1977 to 1991. The second half of the film, set against the backdrop of the eighteenth century's feudal wars, narrates a folkloric romance between a Vietnamese medicinal healer and a Khmer woman, centered around the symbolic significance of a durian (or "thouren") fruit, a significant product of the Mekong Delta. The film contrasts the solitude of Saigon's urban setting with the seemingly lush Mekong landscape, addressing themes of romantic love from the perspectives of several women, thus producing a narrative that transforms and flows like the river itself.

By uncovering the historical and ongoing violence and destruction in the Mekong Delta, "First Rain, Brise-Soleil" proposes a nuanced view on modernity that embraces the poetry and lyricism of indigenous knowledge and the region's fragile ecosystem.

Alongside her exhibit, Phan presents "Interventions on a Typology No. 01," a drawing of Al Qasimiyah School that seamlessly connects her interest in Modernism in the Global South to educational themes.

Venue: Al Qasimiyah School
Medium: Three-channel video installation
Duration: 16:04 min.
Date: 2021–2023

ثاو نغوين فان

المكان: مدرسة القاسمية
المادة: تجهيز فيديو ثلاثي القنوات
المدة: 16:04 دقيقة
التاريخ: 2021-2023

Venue: Al Qasimiyah School
Medium: Three-channel video installation
Duration: 16:04 min.
Date: 2021–2023

أول المطر، كاسر الشمس

"أول المطر، كاسر الشمس" (2021) هو أحدث أعمال الصور المتحركة لثاو نغوين فان، وهو من إنتاج مؤسسة هان نيفكنز بالتعاون مع بينالي كوتشي وبدعم إضافي من تايت سانت آيفز.

يعمّق هذا العمل استكشاف ثاو نغوين فان لمنطقة ميكونغ من خلال السرد الشعري المتشابك. ومع اقتباس للشاعر الياباني ماتسو باشو من فترة إيدو، يبدأ الفيلم بقصة خيالية عن عامل بناء فيتنامي-خميري متخصّص في صناعة كواسر الشمس، أي شبكات التظليل والتهوية الخرسانية التي تتسم بها المباني في جميع أنحاء الجنوب العالمي، وبخاصة المدن مثل سايغون حيث تجمع بين تقنيات البناء العامية والحرفية التقليدية الفيتنامية والمواد الحديثة التي ارتبط دخولها بالهيمنة الأمريكية. يسرد الراوي أحداث الفيلم بصيغة المتكلم ليتناول من خلالها موضوع الإمبريالية الأمريكية في المنطقة والحرب بين فيتنام وكمبوديا بين عامَي 1977 و1991. ثم ينتقل النصف الثاني من الفيلم إلى فترة الحروب الإقطاعية في القرن الثامن عشر ليروي قصة حب فولكلورية بين معالج طبي فيتنامي وامرأة من الخمير تتمحور حول الأهمية الرمزية لفاكهة الدوريان (أو ثورين) التي تنتج في دلتا نهر ميكونغ. ويقارن الفيلم بين عزلة البيئة الحضرية في سايغون والطبيعة الخصبة لنهر ميكونغ، ويعالج مواضيع الحب الرومانسي من وجهات نظر عدة نساء تجتمع في سردية واحدة تتحول وتتدفق مثل النهر نفسه.

يكشف فيلم "أول المطر، كاسر الشمس" عن العنف والدمار اللذين ما زالا مستمرين في دلتا نهر ميكونغ ليطرح رؤيةً أكثر دقة عن الحداثة تحتضن الشعر والغناء والمعارف الأهلية والنظام البيئي الهش في المنطقة.

إلى جانب هذا العمل، تقدّم الفنانة رسمًا لمدرسة القاسمية بعنوان "مداخلات حول النمط رقم 01" يربط بسلاسة اهتمامها بالحداثة في الجنوب العالمي مع مواضيع التربية والتعليم.

المكان: مدرسة القاسمية
المادة: تجهيز فيديو ثلاثي القنوات
المدة: 16:04 دقيقة
التاريخ: 2021-2023

Thomas Egoumenides

The Ship of Theseus

The paradox of the Ship of Theseus raises philosophical questions about continuity, transformation, and memory. Theseus was a legendary Greek hero who fought the Minotaur, a half-human, half-bull creature, in the labyrinth of Crete. Upon defeating it, he returned home to Athens on a ship. Over time, the ship's planks began to rot, prompting Theseus to replace them. The central question of the myth is whether the ship remains the same after all these repairs. And, if the old planks were reused to build a new vessel, which one is the true Ship of Theseus? It questions the relationship between an entity and its constitutive elements and challenges the idea of a fixed and immutable identity, referencing systems of modularity and upcycling.

"The Ship of Theseus" is an installation that challenges conventional design practices by harnessing the aesthetic potential of discarded materials, specifically used spools of thread and threaded rods. Embracing a circular economy approach, the project repurposes these materials to create architectural designs that redefine the intrinsic value of waste, symbolizing resistance to prevailing waste culture and promoting sustainability in design.

The structure showcases the versatility and modularity of threaded rods and spools, demonstrating their infinite potential and durability. Visitors engage with the installation, entering a design laboratory that encourages questioning the value and purpose of objects.

Through this creative process, "The Ship of Theseus" invites the public to reconsider the beauty and value of waste, showcasing innovative and sustainable design possibilities from materials often discarded. This fosters a shift towards environmentally conscious practices in the construction industry.

Located at the Old Al Jubail Vegetable Market, the venue enhances local relevance, providing a unique experience for visitors and promoting sustainable design ideas. Beyond the exhibition, the project's afterlife involves donating a part of the work to a local art school, fostering continued community engagement in sustainable practices. Collaborative workshops will encourage participants to create objects using reusable materials, amplifying the message of sustainability. Additionally, objects crafted from untouched materials will minimize waste, maximizing the project's positive impact.

Aligned with the curatorial theme of the Triennial, the installation exemplifies innovative responsiveness to limitations. By challenging waste norms and embracing material constraints, "The Ship of Theseus" embodies the curatorial vision, showcasing the potential beauty in waste materials and inspiring sustainable solutions.

Venue: Old Al Jubail Vegetable Market
Medium: Plastic thread spools, metal threaded rods
Dimensions: Variable
Date: 2023

المكان: سوق الجبيل القديم للخضار
المادة: بكرات خيوط بلاستيكية، قضبان معدنية ملولبة
الأبعاد: متغيرة
التاريخ: 2023

Venue: Old Al Jubail Vegetable Market
Medium: Plastic thread spools, metal threaded rods
Dimensions: Variable
Date: 2023

سفينة ثيسيوس

تثير مفارقة سفينة ثيسيوس أسئلة فلسفية حول الاستمرارية والتحول والذاكرة. وثيسيوس هو بطل يوناني أسطوري حارب مخلوقًا نصف بشري ونصف ثور يعرف بالمينوتور في متاهة جزيرة كريت، إلى أن هزمه وعاد إلى أثينا على متن سفينة. ومع الوقت، بدأت ألواح السفينة بالتعفن، ما دفع ثيسيوس إلى استبدالها. والسؤال المركزي للأسطورة هو ما إذا كانت السفينة لا تزال على حالها بعد كل هذه التصليحات؛ وإذا أعيد استخدام الألواح القديمة لبناء سفينة جديدة، فأي منهما هي سفينة ثيسيوس الحقيقية؟ من هذا المنطلق، يثير المشروع التساؤلات حول العلاقة بين الكيان وعناصره المكونة ويتحدى فكرة الهوية الثابتة وغير القابلة للتغيير مشيرًا إلى أنظمة النمطية والتدوير.

يتحدى عمل "سفينة ثيسيوس" ممارسات التصميم التقليدية من خلال تطويع الإمكانات الجمالية للمواد المهملة، وتحديدًا بكرات الخيوط والقضبان الملولبة المستعملة، بحيث يتبنى نهج الاقتصاد الدائري ليعيد توظيف هذه المواد في تصاميم معمارية جديدة تغير تعريف القيمة الجوهرية للنفايات في خطوة ترمز إلى مقاومة ثقافة النفايات السائدة وتعزز الاستدامة في التصميم.

يسلط هذا التجهيز الفني الضوء على تعدد استخدامات القضبان والبكرات الملولبة وأنماطها، في دلالة على إمكاناتها ومتانتها اللامتناهية. ويستطيع الزوار التفاعل معه عند دخول مختبر التصميم الذي يشجع على التشكيك في قيمة الأشياء والغرض منها.

من خلال هذه العملية الإبداعية، تدعو "سفينة ثيسيوس" الجمهور إلى إعادة النظر في جمال النفايات وقيمتها، مستعرضة إمكانيات التصميم المبتكرة والمستدامة من المواد التي غالبًا ما يتم التخلص منها، سعيًا إلى تعزيز الانتقال نحو ممارسات واعية بيئيًا في قطاع البناء.

يعزز موقع المكان في سوق الجبيل القديم للخضار أهميته المحلية، فيوفر للزوار تجربة فريدة ويروج لأفكار التصميم المستدام. وبعد انتهاء المعرض، سيتم التبرع بجزء من العمل لمدرسة فنية محلية بما يعزز المشاركة المجتمعية المستمرة في الممارسات المستدامة. وترسيخًا لرسالة الاستدامة، ستشجع ورش العمل التعاونية المشاركين على الاستفادة من المواد القابلة لإعادة الاستخدام لابتكار أشياء جديدة. بالإضافة إلى ذلك، ستسهم الأشياء المصنوعة من مواد غير مستعملة في تقليل النفايات وبالتالي تعظيم التأثير الإيجابي للمشروع.

بالتماشي مع موضوع التقييم الفني لترينالي، يشكل التجهيز مثالًا عن الاستجابة المبتكرة للقيود. فمن خلال تحدي الأعراف المرتبطة بالنفايات وتبني القيود المادية، يجسد عمل "سفينة ثيسيوس" الرؤية التنظيمية، مستعرضًا الجمال الذي تنطوي عليه مواد النفايات وملهمًا الحلول المستدامة.

المكان: سوق الجبيل القديم للخضار
المادة: بكرات خيوط بلاستيكية، قضبان معدنية ملولبة
الأبعاد: متغيرة
التاريخ: 2023

3-Minute Corridor

Car tires present a significant global environmental challenge, accounting for over 2 percent of all waste material collected worldwide. Annually, more than 280 million tires are discarded, with only 30 million being retreaded or reused. Wallmakers' project offers a new perspective on this waste material through adaptive construction methods. The "3-Minute Corridor" is designed as a passage carved out of waste tires that prompts visitors to reflect on the amount of waste humans produce daily—the equivalent of 684,931 tires. The pavilion is made from 1,425 tires, the number discarded globally during the three minutes it takes a visitor to walk through the passage.

The tires used in the structure have been sourced from various waste facilities in Sharjah and are filled with a material commonly found in the region—desert sand—that is generally considered unsuitable for construction. This modified form of masonry ensures that the internal space remains thermally insulated and thus cooler. While serving as a stark conceptual reminder of the immense scale of global waste, the pavilion is ultimately a symbol of hope that showcases the unique and creative possibilities of architectural design in the UAE and similar arid environments.

Venue: Al Qasimiyah School
Medium: Recycled tires, sand
Dimensions: 200 m^2
Date: 2023

المكان: مدرسة القاسمية
المادة: إطارات معاد تدويرها ورمل
الأبعاد: 200 م^2
التاريخ: 2023

Venue: Al Qasimiyah School
Medium: Recycled tires, sand
Dimensions: 200 m^2
Date: 2023

ممر الدقائق الثلاث

تعتبر إطارات السيارات تحديًا بيئيًا كبيرًا في العالم، حيث أنها تشكل أكثر من 2٪ من مجمل النفايات التي يتم جمعها في جميع أنحاء العالم. وبالفعل، يتم التخلص من أكثر من 280 مليون إطار سنويًا، ولا يعاد استخدام أو تجديد سوى 30 مليونًا منها. على هذه الخلفية، يقدم مشروع وول ميكرز منظورًا جديدًا عن هذه النفايات من خلال طرق البناء التكيفية. فقد صُمم "ممر الدقائق الثلاث" على شكل مسار منحوت من نفايات الإطارات يدفع الزوار إلى التفكير في كمية النفايات التي ينتجها البشر يوميًا – ما يعادل 684,931 إطارًا. ويتكون الجناح من 1,425 إطارًا في دلالة على عدد الإطارات التي سيتم التخلص منها في العالم خلال الدقائق الثلاث التي يستغرقها الزائر لاجتياز الممر.

تم الحصول على الإطارات المستخدمة في هذه التركيبة الفنية من مختلف مرافق النفايات في الشارقة، علمًا بأنها مليئة بمادة شائعة في المنطقة، وهي رمال الصحراء التي تعتبر عمومًا غير مناسبة للبناء. يضمن هذا الشكل المعدل من البناء بقاء المساحة الداخلية معزولة حراريًا وبالتالي أكثر برودة. وفي حين أن الجناح أشبه بتذكير مفاهيمي صارخ بالحجم الهائل للنفايات العالمية، إلا أنه في نهاية المطاف رمز للأمل ونافذة على الإمكانيات الفريدة والإبداعية للتصميم المعماري في دولة الإمارات العربية المتحدة والبيئات القاحلة المماثلة.

المكان: مدرسة القاسمية
المادة: إطارات معاد تدويرها ورمل
الأبعاد: 200 م^2
التاريخ: 2023

Extraction Politics

Extraction Politics demonstrates responses to the often tense relationship between our organizing structures, economics and ecology. Here, participants document, record, and respond to the extractive processes that underpin design. The economics of city development, the free market that encourages the movement of goods for profit, and modern society's consumerism, which has resulted in excessive waste production—all encroach detrimentally on our natural environment. The results of these encroachments will form the basis of this group of participants' exhibits, as we showcase creative solutions that are synonymous with the ideology of replenishment and renewal resulting from limited resources commonplace in the locations participants' responses come from. These exhibits will highlight the importance of responsible balance.

سياسات الاستخراج

يستعرض "سياسات الاستخراج" أعمالًا تجسد العلاقة المتوترة في أكثر الأحيان بين هياكلنا التنظيمية والاقتصاد والبيئة. هنا، يقوم المشاركون بتوثيق العمليات الاستخراجية التي يقوم عليها التصميم ويتفاعلون معها. فاقتصاديات التطوير الحضري، والسوق الحرة التي تشجع حركة البضائع من أجل الربح، والنزعة الاستهلاكية لدى المجتمع الحديث، بما تخلّفه من نفايات هائلة – تسبب مجتمعةً أخطارًا مهولة على بيئتنا الطبيعية. وتشكل تبعات هذه المخاطر أساسًا لهذه المجموعة من المعارض التي تبحث في حلول إبداعية مرادفة لأيديولوجية التجديد وإعادة التغذية الناتجة عن محدودية الموارد الشائعة في المناطق التي انبثقت منها أعمال المشاركين، فيما تسلط هذه المعروضات الضوء على أهمية التوازن المسؤول.

NOT DIGGING IN: RESISTING EXTRACTION FROM SOMEWHERE NOT CLEAR

AbdouMaliq Simone

Far from the conventional framework of coloniality, extraction has been generalized as a fundamental act of economy everywhere.

The economy as a practice of making things happen can take place anywhere; it can roam the world without being a part of it but at the same time, refigures it as vast circuits of exchange and convertible, translatable value. Extraction not only concerns the plunder or availing of resources but also the theft of autonomy and positionality. This is demonstrated in the way that we become the objects of the dreams of money, where even souls, let alone affects, cognition, and effort, are exhumed from our flesh made abstract. The capacity for seamless convertibility. Everything can become something else, to the point of a total inversion of life and death.

We might then consider Fanon's wretched, which need no mirrors for their collective efficacy, no image of a conjoined body, for it is invented in their very trembling, tentative, half-baked extension toward each other; all the incipient gatherings that shatter and scatter coherent viewpoints. If the evolutionary processes of recalibrating the organicity of the body to enhance its survivability in changing contexts are a matter of coming up with the right form, then death releases the adherence of that body to this sense of appropriateness, allowing all the other potential mutations, all that the body could have become, to now inform the enlivening of collections of disparate materials. Yet somehow the binary of the living dead or the dead who are living, the included excluded or the excluded included, remains captive, even if captivating, in the mirror.

So urban majorities (the working poor and lower middle classes) must extend their bodies, capacities, and belongings into dispersed and provisional formats. This is an unsettling where dispossessions simultaneously extend practices of inhabitation across different landscapes and modes of social cooperation and compress the horizons and thickness of collective solidarities. Here, the capacity to narrate a progression, some discernible trajectory, splinters into a plurality of contradictory stories. For the substrate of everyday social collaborations and reciprocities is twisted and turned beyond recognition yet still must be relied upon to sustain all those services (provisions of care, maintenance, delivery, and fabrication) that constitute what Tadiar (2022) calls a vital infrastructure for what capital values as lives worth living.

Let me provide an example of a kind of "design practice" from the ground—one that attempts to counter the logics of extraction. A few years ago, in the district of Ujung Padang, a working-class district in Jakarta, Anan, an imam from the autochthonous Betawi community urged fellow Betawi not to sell their land. Long averse to wage labor in a micro-refusal of Dutch coloniality, the Betawi had nothing but land, and for decades they had been selling it to raise money, subsequently finding themselves displaced to peripheral regions. Anan also advised residents not to "dig in" but to imagine other, more inventive means of securing enduring inhabitation, without specifying what this might look like. For "digging in," he said, required a great deal of effort; it meant defending ways of life, and in the process, amplifying their features in such a way that instead of valorizing what people had, such enhanced visibility might lead residents to reconsider, to wonder why they had to maintain these residences after all. In other words, Anan advised appreciating without scrutinizing; to resist sorting out what are likely mixed emotions, an interweaving of anguish and joy.

Defending property, no matter how communal in nature, usually entails a sense of proportionality, especially under Indonesian law where whoever contributes to the development of land and a subsequent house is entitled to make some kind of claim on it. Too many things are brought to the surface; too many memories, recriminations, and obligations, even among those memories replete with warm feelings. With too much baggage cluttering the surface, mobility is potentially impeded. It is not that acts of surfacing are primarily geared to covering up ambivalences, memories, and deep-seated conflicts, but rather they are practices of extending, of providing modalities of movement; to facilitate the act of going somewhere even when it is essentially being able to stay in place.

Some Betawi residents seemed to heed Anan's call. But whether there was a direct line between their actions and such a call could never be established for sure. It wasn't even possible to discern who initiated and managed what turned out to be a fundamental rearrangement of household interiors. Usually, the evacuation of a district by Betawi operated according to some kind of mimesis—i.e., someone sold a property and in a domino effect, contiguous properties were also sold. Potential buyers, who often were major developers, would convince some leading local figures of the inevitability of real estate transformations, and they would be subsequently rewarded in terms of how many of their neighbors they could convince to sell. More stringent tactics were also frequently put in motion, such as extortion and threats of violence, leading to incessant household squabbles rectified only by exasperated efforts to leave the scene. Strategic approaches to remaining in place then had to address a wide range of assaults.

On one long alley block behind Madrasa Al Ula, there was a series of fairly dilapidated attached four-story buildings, each with its own separate entrance. Twenty-three front doors ran the length of the block. Somehow, over the course of a single year, entering each door did not lead to the property to which it was expected to be nominally attached. Instead, one mounted a flight of stairs only to be met with a maze of hallways running laterally across the block, opening onto rooms 50 to 100 meters away, or to doors that opened onto open, elevated space. In fact, the entire block was simply an intricate mixture of detached living spaces with ambiguous proprietorship. A single household space claimed by any designated "household" was distributed across those of others, making it nearly impossible to determine the coherence of any contiguous space, as uses, occupations, and ultimately proprietorship were completely mixed up, as well as constantly changing as residents kept moving things and functions around at will. At the same time, there was no apparent management structure or committee overseeing any of this. Inquiries to residents about how things worked, about who was in charge, were always deflected with "Oh you better talk to so-and-so." And they would, in turn, repeat this invocation.

Such a project seemed to be a somewhat radical response to Anan's call, but no one acknowledged whether there was any connection. While never providing any rationale for this architecture, it seemed to at least tacitly address the conundrums residents faced in terms of slowing down the exigency to sell land and homes, since it would be impossible to disentangle the fluid, crisscrossing tenures at work in this arrangement. Standing on the street outside these contiguous buildings, one has no clue what takes place inside, as each building continues to look as if it is under the purview of one or two individuated households—regardless of whether they own or rent the premises. One could claim that the residents have indeed dug in for the long haul, but it is not clear just what or whom is being defended.

Across many occasions of visiting, it was not even clear whether the project sustained a stable population, as there often seemed to be new casts of characters coming and going. Here, endurance seemed to be something murky and fluid. It seemed to be a matter of surfacing an elongated repertoire of what such a built environment could represent. Were stable family units simply living across decentralized sites, or were there no tight-knit families at all, in a circulation of bodies across provisional claims and usages? While more comprehensive fieldwork might promise a clearer answer, we are not sure if there even is one, as this built environment appeared to be as much a platform of dispersal and momentary gathering as it was a strategic dissimulation undertaken to prolong the residence of an established group of neighbors. It is not clear what exactly there is to extract.

عبارة عن ممارسات توسيع وتوفير طرق للحركة، لتسهيل فعل الذهاب إلى مكان ما حتى عندما يكون المرء قادرًا فعليًا على البقاء في مكانه.

وبدا أن بعض سكان البتاوي استجابوا لنداء عنان. ولكن لم يثبت قط على وجه اليقين وجود رابط مباشر بين أفعالهم وهذا النداء. ولم يكن من الممكن حتى تمييز من الذي بدأ وأدار ما تبين أنه إعادة ترتيب جذرية للديكورات الداخلية المنزلية. وبالعادة، كان البتاوي يخلون الأحياء وفق نوع من التقليد - أي أن شخصًا ما يبيع عقارًا، وإذا بالعقارات المتجاورة تباع هي أيضًا وكأنها حجارة دومينو. ويقوم الراغبون في شراء العقارات، وهم غالبًا من كبار المطورين، بإقناع بعض الشخصيات المحلية البارزة بحتمية التحولات العقارية، ثم يكافئونهم لاحقًا على أساس عدد الجيران الذين يقنعونهم بالبيع. وكثيرًا ما تم استخدام تكتيكات أكثر صرامة، مثل الابتزاز والتهديد بالعنف، ما أدى إلى مشاحنات منزلية مستمرة لا يمكن تصحيحها إلا من خلال محاولات مستاءة لمغادرة المكان. وكان على أساليب البقاء الاستراتيجية أن تعالج مجموعة واسعة من "الاعتداءات".

في أحد الأزقة الطويلة خلف مدرسة العلا، امتدت سلسلة من المباني الملحقة المكونة من أربعة طوابق والمتهالكة إلى حد ما، ولكل منها مدخل منفصل خاص بها. ثلاثة وعشرون "بابًا أماميًا" على طول الشارع. وعلى مدار عام واحد، كان الدخول من أحد تلك الأبواب لا يؤدي، لسبب ما، إلى المنزل الذي يفترض أن يكون ملحقًا به. بدلًا من ذلك، كان على الشخص صعود السلالم حتى تقابله متاهة من الممرات التي تمتد بشكل جانبي عبر الشارع وتفضي إلى غرف تقع على بعد 50 إلى 100 متر، أو إلى أبواب تؤدي إلى مساحة مرتفعة مفتوحة. والواقع أن الشارع بأكمله كان مجرد مزيج معقد من المساحات المعيشية المنفصلة التي لا تعرف ملكيتها بوضوح. فمن الممكن لفسحة منزلية واحدة عائدة إلى "أسرة" معينة أن تمتد عبر فسحات أسر أخرى، بحيث يستحيل تقريبًا معرفة أين تبدأ وأين تنتهي أي مساحات متجاورة، إذ تختلط فيها أوجه الاستخدام والإشغال والملكية تمامًا، ناهيك من أنها تتغير باستمرار لأن السكان لم ينفكوا ينقلون الأشياء ويغيرون وظائف المساحات كيفما شاؤوا. وفي الوقت نفسه، لم يكن هناك تركيبة إدارية واضحة أو لجنة تشرف على أي من هذا كله. فإذا سئل القاطنون كيف تسير الأمور هناك أو من المسؤول، كانت هذه الاستفسارات تلقى دومًا جوابًا مبهمًا: "أوه، من الأفضل أن تتحدث إلى فلان"، ليعودوا بدورهم ويكرروا التوسل نفسه.

بدا "المشروع" استجابةً جذرية إلى حد ما لنداء عنان، لكن أحدًا لم يقر بوجود صلة به. وعلى الرغم من غياب أي أساس منطقي لهذه الهندسة المعمارية، بدت وكأنها تعالج، أقله ضمنيًا، المعضلة التي واجهها السكان من ناحية إبطاء الحاجة الملحة إلى بيع الأراضي والمنازل، لأنه سيكون من المستحيل فصل التقلب والتقاطع اللذين انطوت عليها هذه الترتيبات. فعند الوقوف في الشارع أمام هذه المباني المتجاورة، لا يمكن للمرء أن يفقه ما يحدث في الداخل، لأن كل مبنى يبدو كما لو أنه يعود لأسرة أو أسرتين فرديتين - بغض النظر عما إذا كانت تملك المبنى أو تستأجره. لا بل يمكن الادعاء أن السكان قد عملوا فعلًا على "الغرف من داخلهم" على المدى الطويل، لكن ليس من الواضح ما أو من يدافعون عنه.

وعلى مر الزيارات إلى تلك المنطقة، لم يكن من الواضح حتى ما إذا كان "المشروع" يأوي عددًا ثابتًا من السكان، إذ بدا في غالب الأحيان أن مجموعات جديدة من الأشخاص تأتي وتذهب. هنا، بدا أن الدوام والثبات أمر غامض وسلس. وبدا وكأن ما ينكشف هناك هو لائحة طويلة بما يمكن أن تمثله مثل هذه البيئة المبنية. فهل كانت الوحدات الأسرية المستقرة تعيش ببساطة في مواقع لامركزية، أم أن الأسر المتماسكة لم تكن موجودة على الإطلاق، بل كان الأمر مجرد حركة أجسام في ظل حيازات واستعمالات مؤقتة؟ صحيح أن الأعمال الأوسع على الأرض قد تعِد بإجابة أوضح، إلا أننا لسنا متأكدين من أن هذه الإجابة موجودة في الأساس، لأن هذه البيئة المبنية بدت منصة تشتت وتجمّع لحظي بقدر ما كانت صورة تصنّع استراتيجي هدفها إطالة إقامة مجموعة ثابتة من الجيران. وليس واضحًا ما الذي يمكن فعليًا استخراجه.

"لا تغرفوا من أنفسكم": كيف نقاوم الاستخراج من مكانٍ مبهم

سيمون عبد الملك

بعيدًا عن الإطار التقليدي للاستعمار، عُممت فكرة الاستخراج في كل مكان باعتبارها عملًا أساسيًا من أعمال الاقتصاد

فالاقتصاد، بوصفه ممارسة تهدف إلى تحقيق وقائع معينة، يمكن أن يحدث في أي مكان. إذ يمكنه أن يجوب العالم بدون أن يكون جزءًا منه، ولكنه في الوقت نفسه يعيد رسمه كدوائر واسعة من التبادل والقيمة القابلة للتحويل والترجمة. ولا يتعلق الاستخراج بنهب الموارد أو اغتنامها فحسب، بل يدور أيضًا حول سرقة الاستقلالية والموقف. ويتجلى ذلك في الطريقة التي نصبح بها أهدافًا لأحلام المال، فحتى النفوس تقع ضحية للاستخراج، ناهيك بالتأثير والإدراك والجهد، من جسدنا التجريدي. إنها القدرة على التحويل السلس، لكل ما يمكن أن يصبح شيئًا آخر، إلى حد الغزو الكامل للحياة والموت.

لننظر بعد ذلك إلى "معذبو الأرض" للمؤلف فانون، هؤلاء الذين لا يحتاجون إلى مرايا تعكس كفاءتهم الجماعية، ولا إلى صورة لجسم ملتصق، لأنه اختُرع في امتدادهم المرتعش والمؤقت ونصف الناضج تجاه بعضهم البعض؛ في كل التجمعات الأولية التي تحطم وتشتت وجهات النظر المتماسكة. إذا كانت عمليات التطور لإعادة معايرة عضوية الجسم من أجل تعزيز بقائه في السياقات المتغيرة هي مسألة التوصل إلى الشكل الصحيح، فالموت يحرر التزام ذاك الجسم بهذا الشعور بالملاءمة، مفسحًا المجال أمام جميع الطفرات المحتملة الأخرى، وكل ما يمكن أن يصبح عليه الجسم، لتسترشد بها الآن عملية بث الحياة في مجموعات من المواد المتباينة. غير أن ثنائية الأحياء الأموات أو الأموات الأحياء، المستبعدين المشمولين أو المشمولين المستبعدين، تبقى بطريقة أو بأخرى أسيرة المرآة، حتى لو كانت آسرة.

ولذا يتعين على الأكثريات الحضرية (أي فقراء الطبقة العاملة والطبقات المتوسطة الدنيا) أن توسع أجسادها وقدراتها وممتلكاتها إلى أشكال متفرقة ومؤقتة. هي زعزعة تقوم فيها عمليات سلب الحيازة في الوقت نفسه بتوسيع نطاق ممارسات السكن لتشمل مختلف البيئات وأنماط التعاون الاجتماعي وتضغط آفاق التضامن الجماعي وكثافته. هنا، تنقسم القدرة على سرد التقدم، أو نوع من المسار الملحوظ، إلى عدد وافر من القصص المتناقضة. ذلك أن ركيزة التعاونات والمبادلات الاجتماعية اليومية ملتوية

ومحرفة بشكل لم يعد يمكن التعرف على حقيقتها، ومع ذلك لا يزال يتعين الاعتماد عليها للحفاظ على كل تلك الخدمات (توفير الرعاية والصيانة والتسليم والتصنيع) التي تشكل ما يسميه تاديار (2022) بنية تحتية حيوية لما يقدره رأس المال كحياة تستحق العيش.

اسمحوا لي أن أقدم مثالًا عن نوع من "ممارسة التصميم" من أرض الواقع – نوع يحاول مواجهة منطق الاستخراج. قبل بضع سنوات، في منطقة للطبقة العاملة في جاكرتا تدعى أوجونغ بادانغ، كان الإمام عنان من شعب البتاوي الأصلي يثني أبناء مجتمعه عن بيع أراضيه. لطالما نفر البتاوي من العمل المأجور وكأنه اعتراض صغير من جانبهم على الاستعمار الهولندي، فكانت الأرض هي الشيء الوحيد الذي يمتلكه هذا الشعب؛ وعلى مدى عقود، كانوا يبيعونها لجمع المال، إلى أن وجدوا أنفسهم ينزحون إلى المناطق الواقعة عند الأطراف. وقد نصح عنان أيضًا السكان بعدم "الغرف من مواردهم"، بل تخيل وسائل أخرى أكثر ابتكارًا لتأمين سكن دائم، بدون تحديد ما قد يبدو عليه ذلك، لأن "الاستنزاف الداخلي"، على حد قوله، يتطلب قدرًا كبيرًا من الجهد، فهو يعني الدفاع عن أساليب الحياة، وفي طور ذلك، تعظيم خصائصها لدرجة أن هذا التصور المضخم قد يدفع الناس إلى إعادة النظر والتساؤل عن سبب اضطرارهم للحفاظ على هذه المساكن بدلًا من تقدير ما يملكونه. وبعبارة أخرى، نصح عنان بإظهار التقدير من دون التدقيق في التفاصيل، وبمقاومة الرغبة في تبويب ما يحتمل أن يكون مشاعر مختلطة، أو تشابكًا بين الألم والفرح.

عادة ما ينطوي الدفاع عن الملكية، مهما كانت طبيعته جماعية، على شعور بالتناسبية، خاصة بموجب القانون الإندونيسي حيث يحق لكل من يساهم في تطوير الأرض ثم إقامة منزل فيها أن يطالب بها نوعًا ما. تخرج أشياء كثيرة إلى الواجهة: كثير من الذكريات والاتهامات والالتزامات، حتى بين تلك الذكريات المليئة بالمشاعر الدافئة. وكل هذه الذكريات التي تطفو على السطح قد تعيق الحركة. وليس السبب هو أن فعل الظهور موجه في المقام الأول للتغطية على التناقضات والذكريات والصراعات العميقة الجذور، بل هو

WASTE: A CURATORIAL AWAKENING

Paola Antonelli

Grandmothers know best. Mine taught me, a child of doctors in comfortable Northern Italy, that nothing should go to waste.

Grandmothers know best. Mine taught me, a child of doctors in comfortable Northern Italy, that nothing should go to waste. There are delicious nuts left within the pits of the overripe apricots that just became jam, and even the lungs of the slaughtered animal are perfect in a risotto. Socks are to be mended using a wooden egg, and runs in tights stopped with a dab of soap. The first way to deal with waste, for little girls and multinational corporations alike, is to choke it.

The second is to smash it to smithereens or transform it until it becomes a new material—also a matter of course in many cultures. Nontoxic waste can in some cases find new applications and new life; some agro-waste, biowaste, and construction debris is upcycled into new building and making materials, and the universe of commercial and residential waste is ripe with possibilities. Maybe that is why I have built an allergy to the root shared by words like “consumer” and "consumption": words determine behaviors and mindless consumption is among the causes of many of our society’s ills. We should take individual and collective responsibility for the objects we adopt in our lives, and for our waste. We should eliminate the word "consumption," one act of design at a time.

An illustrated census of waste streams and their possible applications is shaped like a tree of life—a mighty oak or a banyan that can live for centuries. That is the idea at the basis of a 2023–24 exhibition at MoMA titled *Life Cycles: The Materials of Contemporary Design*,[1] which posits that any object is only a stop in the life cycle of materials, a cycle that begins at extraction and ends at disposal—meaning that in some cases, it never ends. In the same fashion, that exhibition was only a stop in my curatorial awakening to the contemplation of waste, or maybe I should say secondhand, gently used, recuperated making materials. There are many other episodes in which I participated either as initiator or contributor.

I have for instance often collaborated with Formafantasma, a.k.a. the Italian duo Simone Farresin and Andrea Trimarchi, who have dedicated much of their hybrid practice to the idea of waste, organizing symposia,[2] and producing arresting installations composed of seductive design objects made with waste, accompanied by in-depth critical investigations. A great example is *Ore Streams* (2017–2019,) their investigation of the infrastructure of electronic waste recycling and its dark networks of exploitation and pollution, carried out using resplendent examples of office furniture made from e-waste as Trojan horses.[3] I have also worked with Mae-ling Lokko (from Ghana, the Philippines, and the US) and Fernando Laposse (from Mexico and the UK,) who wield agro-waste as a tool for socioeconomic rebalancing of communities that have been left in the dust by colonial and colonial-like powers.

Having a responsible attitude towards the environment does not necessarily mean sacrificing beauty, surprise, delight. Design at all scales, from the spoon to the city,[4] comes in various degrees of quality and sensibility. It is up to us as citizens—not as consumers—to demand good, wholesome, and elegant design. That was one of the principles at the basis of a previous exhibition, the 2019 *Broken Nature*, the XXII Triennale di Milano.[5] Illustrating them with elegant ideograms by graphic artist Anna Kulachek, the curatorial team and I proposed dozens of different strategies to lead a more aware life in a world in crisis. Some of those strategies, once again, were old news, like keeping objects for longer stretches of time by buying less and better to begin with, and then maintaining and repairing them; recycling and upcycling; and using waste as a new material. Works in the exhibition ranged in scale from the mundane to the cosmic, and they dealt with waste at an equally variable scale, from the daily object to the landscape. As design permeates all of life, they were presented to the public as possible ways of being and living better together.

The city is the main theater for activism and action, of course, and the exhibition counted on Milanese citizens’ passion for design—and was curated for them.

Cities deal with waste from the top down, with legislation and infrastructure, and from the bottom up, with the behavior and demands coming from citizens. I was touched by the fact that during the run of the show, the kids that in 2019 were engaged in the Fridays for the Future protests used to gather at the Triennale and start marching from there.[6] That is how I picture my ideal role in society: my job was to stimulate citizens' natural critical defenses and activism, a curatorial immunotherapy of sorts.

In the ecosystem of architecture and design, curators are synthesizers, taking in the whole status of the discipline and rendering it for their audience, which can range from small and introspective to wide and popular. In museum exhibitions, biennials, and triennials about the contemporary, curators find opportunities to rhapsodize over—or sometimes dress down—their field, celebrate those they consider visionary or exemplary, set milestones and new baselines, even propose reboots. Together with others, these acts of reflection and dissemination are essential for the field's healthy progress, so much so that they can be considered acts of practice, not of theory.[7]

By design, I intend all its applications at all scales and in all dimensions, from architecture—of buildings, cities, and landscapes—to objects, and including information and system design, video games, and other digital manifestations. That is the principle I also adopted with my partner in crime Alice Rawsthorn when we started the podcast and Instagram platform *Design Emergency*.[8] In it, we have interviewed architects and biodesigners, practitioners engaged in luxurious interiors and in refugee camps, rewilding experts and urban planners, and of course, many designers that are enthusiastically embracing waste at all scales.

From the many interviews we conducted in four years, we learned about the way many cities and communities deal with waste. Everything counts, from better-designed trash bins to video games and, of course, infrastructure. In an episode titled "Building with Waste," architect Vinu Daniel pointedly told us: "I believe in building with what is available on the land. Laurie Baker taught me what he learned from Mahatma Gandhi: the ideal home should be made using materials located within a five-mile radius. It's about using what you have and making use of any waste."[9]

Landscape architect James Corner of Field Operations gave us a lot to ponder with a unique example of building with waste: the Freshkills Park, a serene public park in the Staten Island borough of New York City, three times as big as Central Park, which is being built in phases on what was at one point, in 1955, the biggest landfill in the world. It then was closed in 2001, and suddenly and sadly reopened to accommodate the rubble from the September 11 attacks, to give the authorities time to sort through them and gather personal effects, and sometimes also victims' remains. From consumerism and waste through death and mourning come life and health, in a beautiful cycle that fills with hope and inspiration.[10]

Sustainability is an attitude, a behavioral code that can be instilled gracefully, by design. Design is responsible not only for the objects that make the world we live in, but also for our bad behaviors. By that same token, it can have enormous influence in righting our course. Design is the enzyme that transforms revolution—in science and technology, in culture, in politics and policy—into life, helping society and individuals deal with change. It is almost invariably a positive and constructive force that provides hope, and hope is a powerful engine. Oceanographer and climate justice activist Ayana Elizabeth Johnson describes her book *What If We Get It Right?*[11] as a "provocative and joyous [volume that] maps an inspiring landscape of possible climate futures" and indeed, the question is provocative, used as we have become to dystopian visions.

With their manageable size, directly involved citizenry, and more agile, at least on paper, legislative autonomy, cities have the power to show the way forward. This dream, however, collides with the realities of many urban centers all over the world, where infrastructure management has traditionally been a challenge—and mind you, I am including in this group also many cities from the so-called First, Northern hemisphere, Western region of the world, like New York, the city where I live. For this reason, I believe in citizens, and I believe that some of the best, more transformative mayors have been citizens—scientists, doctors, and architects—that have stepped up and carried their own and their grandmothers' wisdom with them.

1. *Life Cycles: The Materials of Contemporary Design,* September 13, 2023–July 7, 2024, organized by Paola Antonelli, Senior Curator, and Maya Ellerkmann, Curatorial Assistant, Department of Architecture and Design, MoMA.

2. Panel *Prototyping Ideas: Waste* for Domus Academy at Base, Milano, March 12, 2018; and symposium *Prada Frames: Materials in Flux* at Teatro Filodrammatici, Milano, April 7–19, 2023, both curated by Formafantasma (I spoke at both).

3. *Ore Streams* was commissioned by the National Gallery Victoria for the 2017 Melbourne Triennial, and by the Triennale di Milano for the XXII Triennale, *Broken Nature,* which I curated. Formafantasma spoke about the project thus: "Something that was evident, for instance, when we did the extensive investigation of electronic waste in our previous project, *Ore Streams,* is how much knowledge is fragmented and compartmentalized. There is a lack of conversation between all the different stakeholders: designers, producers, recyclers, citizens, and law makers. Design can play a role" (Formafantasma, from my IG Live interview for *Design Emergency*, July 30, 2020).

4. *Dal cucchiaio alla città* (from the spoon to the city) is a slogan coined by Italian architect and critic Ernesto Nathan Rogers to describe the Milanese architectural and design process, which during his time encompassed all scales—and still does, unfortunately to a lesser extent. There is some disagreement about when Rogers said this, but Rogers wrote something very much like it in a 1952 editorial for *Domus*.

5. *Broken Nature: Design Takes on Human Survival,* the XXII Triennale di Milano, March 1–September 1, 2019, curated by Paola Antonelli with Ala Tannir, Laura Maeran, and Erica Petrillo.

6. "Fridays for Future, or FFF, is a youth-led and -organized global climate strike movement that started in August 2018, when 15-year-old Greta Thunberg began a school strike for climate. In the three weeks leading up to the Swedish election, she sat outside Swedish Parliament every school day, demanding urgent action on the climate crisis. She was tired of society's unwillingness to see the climate crisis for what it is: a crisis."

7. Several exhibitions in the past few years have addressed this theme—among them, for instance, *Waste Age: What can design do?* at the Design Museum in London (October 2021–February 2022), which explored the global waste crisis, and *Designing for Circularity* at the Vitra Design Museum in Weil am Rhein, Germany (February–June 2022), which examined ways to keep products and materials in use for as long as possible. In the MoMA exhibition *Emerging Ecologies: Architecture and the Rise of Environmentalism* (September 2023–January 2024) my colleagues Carson Chan, Matthew Wagstaffe, and Dewi Tan explored the birth of the environmental movement among US architects in the 1960s and 1970s. The global design conference *What Design Can Do,* [moreover] has launched a series of challenge to designers worldwide, focused on sustainability and at least in one case on waste.

8. Design critic Alice Rawsthorn and I began *Design Emergency* in 2020 to explore design's role in building a better future. *Design Emergency* is a podcast, an Instagram platform (https://www.instagram.com/design.emergency/, accessed 4/28/2024), and a book.

9. "Vinu Daniel, Building with Waste," in Alice Rawsthorn and Paola Antonelli, *Design Emergency: Building a Better Future,* Phaidon, New York 2022, 248.

10. Freshkills is scheduled to be completed in 2036.

11. Ayana Elizabeth Johnson, *What If We Get It Right? Visions of Climate Futures,* Penguin Random House, forthcoming in fall 2024. (I am one of the people interviewed for the book.)

1. "دورات الحياة: مواد التصميم المعاصر"، 13 أيلول/سبتمبر 2023 - 7 تموز/يوليو 2024، نظمتها باولا أنتونيلي، كبيرة القيّمين، ومايا إلركمان، مساعدة القيّم، من قسم الهندسة المعمارية والتصميم.

2. لجنة "أفكار النماذج الأولية: النفايات" أكاديمية دوموس في بيس، ميلانو، 12 آذار/مارس 2018؛ وندوة "إطارات برادا: المواد في حالة تغير مستمر" في تياترو فيلودراماتيسي، ميلانو، 17-19 نيسان/أبريل 2023، كلاهما برعاية فورمافنتازما (ألقيت كلمة في كليهما).

3. كلف معرض فيكتوريا الوطني بإقامة "مسارات المواد الخام" في ترينالي ملبورن 2017، وكلف ترينالي ميلانو للترينالي الثاني والعشرين، معرض "الطبيعة المكسورة"، الذي قمت بتنسيقه. تحدثت فورمافنتازما عن المشروع: "الشيء الذي كان واضحًا، على سبيل المثال، عندما أجرينا تحقيقًا مكثفًا عن النفايات الإلكترونية في مشروعنا السابق، مسارات المواد الخام، هو مقدار المعرفة المجزأة والمقسمة. هناك نقص في المحادثة بين جميع أصحاب المصلحة المختلفين: المصممين والمنتجين والقائمين بإعادة التدوير والمواطنين وصانعي القوانين. يمكن أن يؤدي التصميم (فومافنتازما، من مقابلتي على IG Live لسلسلة ديزاين إميرجنسي، 30 تموز/يوليو 2020.)

4. Dal cucchiaio alla città (من الملعقة إلى المدينة) هو شعار صاغه المهندس المعماري والناقد الإيطالي إرنستو ناثان رودجرز لوصف عملية الهندسة المعمارية والتصميم في ميلانو، والتي شملت في ذلك الوقت جميع المقاييس - ولا تزال كذلك، لكن إلى حد أقل للأسف. وثمة خلاف حول الوقت الذي صدر فيه هذا القول عن رودجرز، لكنه كتب شيئًا من هذا القبيل في افتتاحية عام 1952 لأكاديمية دوموس.

5. "الطبيعة المكسورة: التصميم يتبنى بقاء الإنسان"، ترينالي ميلانو الواحد والعشرون، 1 آذار/مارس - 1 أيلول/سبتمبر 2019، برعاية باولا أنتونيلي مع ألا تانير ولورا ميران وإيريكا بيتريلو.

6. "أيام الجمعة من أجل المستقبل، أو FFF، هي حركة إضراب مناخي عالمية يقودها وينظمها الشباب بدأت في آب/أغسطس 2018، عندما بدأت غريتا تونبرغ البالغة من العمر 15 عامًا إضرابًا مدرسيًا من أجل المناخ. في الأسابيع الثلاثة التي سبقت الانتخابات السويدية، جلست خارج البرلمان السويدي كل يوم دراسي، مطالبة باتخاذ إجراءات عاجلة بشأن أزمة المناخ. فقد سئمت من إحجام المجتمع عن رؤية أزمة المناخ على حقيقتها: أي أنها أزمة".

7. تناولت العديد من المعارض في السنوات القليلة الماضية هذا الموضوع – من بينها، على سبيل المثال، "عصر النفايات: ما الذي يمكن أن يفعله التصميم؟" في متحف التصميم في لندن (تشرين الأول/أكتوبر 2021 – شباط/فبراير 2022) الذي استكشف أزمة النفايات العالمية؛ ومعرض "التصميم من أجل الدائرية" في متحف فيترا ديزاين في فايل أم راين بألمانيا (شباط/فبراير – حزيران/يونيو 2022) الذي درس طرق الحفاظ على المنتجات والمواد قيد الاستخدام لأطول فترة ممكنة. في معرض "الإيكولوجيات الناشئة: العمارة وظهور الوعي البيئي" في متحف الفن الحديث (أيلول/سبتمبر 2023 – كانون الثاني/يناير 2024)، بحث زملائي كارسون تشان ومائيو واغستاف وديوي تان في نشأة الحركة البيئية بين المهندسين المعماريين الأمريكيين في ستينيات وسبعينيات القرن العشرين. علاوة على ذلك، أطلق مؤتمر التصميم العالمي سلسلة "ما يستطيع التصميم فعله" وهي مجموعة من التحديات الموجهة للمصممين في جميع أنحاء العالم، تركز على الاستدامة، وفي حالة واحدة على الأقل، على النفايات.

8. أطلقت أنا وناقدة التصميم أليس راوثورن منصة "ديزاين إميرجنسي" في عام 2020 لاستكشاف دور التصميم في بناء مستقبل أفضل، وهي عبارة عن بودكاست ومنصة على إنستغرام (https://www.instagram.com/design.emergency/، تم دخول الموقع في 28 نيسان/أبريل 2024) وكتاب.

9. فينو دانيال، البناء بالنفايات، في أليس راوثورن وباولا أنتونيلي، التصميم الطارئ: بناء مستقبل أفضل Design Emergency: Building a Better Future، فايدون، نيويورك 2022، ص 248.

10. من المقرر استكمال الأعمال في حديقة فريشكيلز بارك عام 2036.

11. أيانا إليزابيث جونسون، ماذا لو فهمناه بشكل صحيح؟ رؤى لمستقبل المناخ What If We Get It Right? Visions of Climate Futures، دار بينغوين راندوم هاوس، يصدر في خريف 2024 (أنا من الأشخاص الذين تمت مقابلتهم في الكتاب).

التحتية، ومن الأسفل إلى الأعلى من خلال السلوك والمطالب الصادرة عن المواطنين. وقد تأثرتُ بحقيقة أنه خلال فترة العرض، اعتاد الأطفال الذين شاركوا في احتجاجات "أيام الجمعة من أجل المستقبل" في عام 2019 على التجمع في الترينالي وبدء المسيرة من هناك.[6] هذه هي الطريقة التي أتصور بها دوري المثالي في المجتمع: أي أن وظيفتي هي تحفيز الدفاعات الناقدة الطبيعية للمواطنين ونشاطهم، وكأنه نوع من العلاج المناعي للقيّمين على المعارض.

في بيئة الهندسة المعمارية والتصميم، يضطلع القيّمون بدور التوليف، وينظرون إلى كامل الصورة وينقلونها إلى جمهورهم، سواء أكان صغيرًا يتعمق في قراءة الذات أو واسعًا وشعبيًا. في معارض المتاحف والبينالي والترينالي التي تقام للأعمال المعاصرة، يجد القيّمون فرصًا للاستفاضة في الحديث بشغف عن مجالهم – أو في بعض الأحيان التقليل من أهميته – والاحتفاء بأولئك الذين يعتبرونهم أصحاب رؤية أو مُثل عليا، ووضع معالم وخطوط أساسية جديدة، وحتى اقتراح التجديد. وتعد أعمال التفكير والنشر هذه، إلى جانب غيرها من الأعمال، ضرورية لتحقيق التقدم السليم في هذا المجال، لدرجة أنه يمكن اعتبارها أفعالًا عملية وليست نظرية.[7]

وأعني بالتصميم كل تطبيقاته على جميع المستويات وبجميع الأبعاد، من الهندسة المعمارية – للمباني والمدن والمناظر الطبيعية – إلى الأشياء، بما في ذلك المعلومات وتصميم الأنظمة وألعاب الفيديو والمظاهر الرقمية الأخرى. هذا هو المبدأ الذي اعتمدته أيضًا مع شريكتي في العمل أليس راوثورن عندما بدأنا منصة البودكاست ومنصة "ديزاين إميرجنسي" على إنستغرام،[8] حيث أجرينا مقابلات مع المهندسين المعماريين والمصممين البيولوجيين والممارسين المعنيين بالتصاميم الداخلية الفاخرة وبمخيمات اللاجئين، إلى جانب خبراء إعادة الحياة البرية والمخططين الحضريين، وبالطبع العديد من المصممين الذين يتبنون موضوع النفايات بحماسة على المستويات كافة.

ومن خلال المقابلات العديدة التي أجريناها في أربع سنوات، تعلمنا الطريقة التي تتعامل بها العديد من المدن والمجتمعات مع النفايات. كل شيء مهم، من صناديق القمامة المصممة بشكل أفضل إلى ألعاب الفيديو وبالطبع البنية التحتية. في حلقة بعنوان "البناء بالنفايات"، أخبرنا المهندس المعماري فينو دانيال بشكل قاطع: "أنا أؤمن بالبناء بما هو متاح على الأرض. علمني لوري بيكر ما تعلمه من المهاتما غاندي: المنزل المثالي يُبنى باستخدام مواد تقع ضمن دائرة نصف قطرها خمسة أميال. المقصود هو استخدام ما لديك والاستفادة من أي نفايات".[9]

في هذا السياق، أعطانا مهندس المناظر الطبيعية جيمس كورنر من مكتب "فيلد أوبرايشنز" أفكارًا كثيرة لنفكر فيها من خلال طرح مثال فريد عن البناء بالنفايات، وهو حديقة فريشكيلز بارك. هذه الحديقة العامة الهادئة في حي جزيرة ستاتن في مدينة نيويورك أكبر بثلاثة أضعاف من حديقة سنترال بارك، ويتم بناؤها على مراحل على أرض كانت في زمن ما، عام 1955، أكبر مكب نفايات في العالم، ثمّ أغلق في عامْ 2001، وفجأة وللأسف أعيد فتحه لاستيعاب الأنقاض من هجمات 11 أيلول/سبتمبر، لإعطاء السلطات الوقت لفرزها وجمع الأمتعة الشخصية، وأحيانًا رفات الضحايا. من النزعة الاستهلاكية والهدر إلى الموت والحداد تأتي الحياة والصحة، في دورة جميلة مليئة بالأمل والإلهام.[10]

الاستدامة موقفٌ ورمزٌ سلوكي يمكن غرسه بلطافة من خلال التصميم. ليس التصميم مسؤولًا عن الأشياء التي تصنع العالم الذي نعيش فيه فحسب، ولكن أيضًا عن سلوكياتنا السيئة. وعلى المنوال نفسه، قد يكون له تأثير هائل في تصحيح مسارنا. فالتصميم هو الإنزيم الذي يحول الثورة – في العلوم والتكنولوجيا والثقافة والسياسة والسياسات – إلى حياة، ليساعد المجتمع والأفراد على التعامل مع التغيير. وهو يمثّل، بشكل شبه دائم، قوة إيجابية وبناءة توفر الأمل، والأمل محركٌ قوي. تصف عالمة المحيطات والناشطة في مجال العدالة المناخية أيانا إليزابيث جونسون كتابها بعنوان "ماذا لو فهمناه بشكل صحيح؟"[11] بأنه "مجلد استفزازي ومبهج يرسم مشهدًا ملهمًا لمستقبل المناخ المحتمل"، وبالفعل، فإن السؤال استفزازيٌ إذ إننا أصبحنا معتادين على الرؤى البائسة.

ونظرًا لأن حجم المدن قابل للإدارة، وأن مواطنيها ينخرطون في نشاطاتها بشكل مباشر، وكون استقلالها التشريعي أكثر مرونة، أقله من الناحية النظرية، تتمتع المدن بالقدرة على شقّ الطريق نحو الأمام. لكن هذا الحلم يصطدم بواقع العديد من المراكز الحضرية في جميع أنحاء العالم، حيث تشكل إدارة البنية التحتية تحديًا منذ القدم – ولا بد من الإشارة إلى أنني أدرج في هذه المجموعة أيضًا العديد من مدن ما يسمى بنصف الكرة الشمالي أو الأول أو المنطقة الغربية من العالم، مثل نيويورك، المدينة التي أعيش فيها. لهذا السبب، أضع ثقتي في المواطنين، وأرى أن بعضًا من أفضل رؤساء البلديات وأكثرهم مناصرة للتغيير كانوا مواطنين – علماء وأطباء ومهندسين معماريين – أخذوا زمام المبادرة وحملوا معهم حكمتهم وحكمة جداتهم.

النفايات: صحوة القيّمين على المعارض

باولا أنتونيلي

الجدّات أدرى بالأفضل. حين كنت طفلة لوالدين طبيبين في شمال إيطاليا، علمتني جدتي أنه لا يجدر بنا أن نهدر شيئًا

فمن الممكن استخراج مكسرات لذيذة من بذور المشمش الناضج الذي أصبح للتو مربى، وحتى رئتا الحيوان المذبوح مثاليتان في طبق الريزوتو. تُرتق الجوارب باستخدام بيضة خشبية، ويوضع القليل من الصابون لوقف تمزّق الجوارب النسائية. الطريقة الأولى للتعامل مع النفايات، بالنسبة للفتيات الصغيرات والشركات العالمية على حد سواء، هي خنقها.

والطريقة الثانية هي تفتيتها أو تحويلها إلى مادة جديدة - وهي أيضًا مسألة طبيعية في العديد من الثقافات. يمكن للنفايات غير السامة في بعض الحالات أن تجد استعمالات جديدة وحياة جديدة؛ فيتم إعادة تدوير بعض النفايات الزراعية والنفايات الحيوية وحطام البناء إلى مواد جديدة للبناء والتصنيع، وعالم النفايات التجارية والسكنية زاخر بالاحتمالات. ربما هذا هو السبب في أنني نمّيت حساسية تجاه الجذر المشترك بين كلمات مثل "المستهلك" و"الاستهلاك": فالكلمات تحدد السلوكيات والاستهلاك الطائش هو من بين أسباب العديد من أمراض مجتمعنا. يجب أن نتحمل المسؤولية الفردية والجماعية عن الأشياء التي نتبناها في حياتنا، وعن نفاياتنا. ويجب أن نتخلص من كلمة الاستهلاك من خلال فعل تصميم تلو الآخر.

إن إحصاء مصادر النفايات واستعمالاتها المحتملة أشبه بشجرة الحياة – شجرة بلوط ضخمة أو شجرة بانيان تعمّر لقرون. هذه هي الفكرة التي بُني عليها معرض 2023-2024 في متحف الفن الحديث بعنوان "دورات الحياة: مواد التصميم المعاصر"،[1] والذي يفترض أن أي كائن هو مجرد محطة في دورة حياة المواد، وهي دورة تبدأ عند الاستخراج وتنتهي عند الاستخدام – ما يعني أنها في بعض الحالات لا تنتهي أبدًا. وعلى المنوال نفسه، كان هذا المعرض مجرد محطة في صحوتي كقيّمة للتأمل في النفايات، أو بالأحرى في مواد الصنع المستعملة، والمستخدمة بلطف، والمستعادة. وقد شاركت في حلقات كثيرة أخرى، إما بادرت بها بنفسي أو ساهمت فيها.

على سبيل المثال، غالبًا ما تعاونت مع فورمافنتازما، وهو استوديو الثنائي الإيطالي سيمون فارسين وأندريا تريمارشي اللذين كرسا الكثير من ممارساتهما المختلطة لفكرة النفايات، فعملا على تنظيم الندوات[2] وإنتاج تجهيزات آسرة مكونة من عناصر تصميمية مغرية مصنوعة من النفايات، بالترافق مع تحقيقات ناقدة متعمقة. ومن الأمثلة الرائعة على ذلك التحقيق الذي أجرياه بعنوان "مسارات المواد الخام" (2017-2019) للبحث في البنية التحتية لإعادة تدوير النفايات الإلكترونية وشبكاتها المظلمة من الاستغلال والتلوث، وذلك بواسطة أمثلة رائعة من أثاث المكاتب المصنوع من النفايات الإلكترونية والذي استخدمناه كأحصنة طروادة.[3] بالإضافة إلى ذلك، عملتُ مع ماي لينغ لوكو (من غانا والفلبين والولايات المتحدة) وفرناندو لابوس (من المكسيك والمملكة المتحدة) اللذين يستخدمان النفايات الزراعية كأداة لإعادة التوازن الاجتماعي والاقتصادي إلى المجتمعات التي تركتها القوى الاستعمارية والشبيهة بالاستعمار متخلّفة عن الركب.

ولا يعني الموقف المسؤول تجاه البيئة بالضرورة التضحية بالجمال وحس المفاجأة والبهجة. فالتصميم على جميع المستويات، من الملعقة إلى المدينة،[4] يأتي بدرجات مختلفة من الجودة والحساسية. ويعود إلينا نحن كمواطنين – وليس كمستهلكين – أن نطالب بتصميم جيد وصحي وأنيق. وقد كان هذا هو أحد المبادئ التي بُني عليها معرض سابق بعنوان "الطبيعة المكسورة" لعام 2019 في ترينالي ميلانو الثاني والعشرين.[5] فمن خلال رسوم فكرية أنيقة ابتكرتها فنانة الجرافيك آنا كولاشيك، اقترحتُ وفريق التقييم عشرات الاستراتيجيات المختلفة لعيش حياة أكثر وعيًا في عالم يمر بأزمة. ومرة أخرى، كانت بعض هذه الاستراتيجيات عبارة عن ممارسات قديمة، مثل الاحتفاظ بالأشياء لفترات أطول عن طريق شراء كميات أقل وأفضل في البداية، ثم صيانتها وإصلاحها، وإعادة التدوير، واستخدام النفايات كمادة جديدة. وتراوحت الأعمال في المعرض ما بين الدنيوية والكونية، وتعاملت مع النفايات على نطاق متغير بالقدر نفسه، بدءًا من الأجسام اليومية وصولًا إلى المناظر الطبيعية. ونظرًا إلى أن التصميم يتغلغل في كل جوانب الحياة، فقد عُرضت على الجمهور باعتبارها طرقًا ممكنة للوجود والعيش معًا بشكل أفضل.

بالطبع، المدينة هي المسرح الرئيسي للنشاط والعمل، وقد اعتمد المعرض على شغف مواطني ميلانو بالتصميم – وتم تنسيقه بما يتناسب معهم. فالمدن تتعامل مع النفايات من الأعلى إلى الأسفل من خلال التشريعات والبنية

Extraction Politics–Participants

Asif Khan, BUZIGAHILL, Dia Mrad, Formafantasma, Limbo Accra, Natura Futura, Olalekan Jeyifous, Yara Sharif and Nasser Golzari

سياسات الاستخراج – المشاركون

آصف خان، بوزيغاهيل، ضياء مراد، فورمافنتازما، ليمبو أكرا، ناتورا فوتورا، أولاليكان جيفوس، يارا شريف وناصر غولزاري

Kalpa

Asif Khan's film "Kalpa" is about deep time and the impermanence of life on Earth.

The film takes the audience on a journey through the evolution of life, starting with the emergence of microscopic life in Earth's primordial oceans, to the accumulation of organic matter on the seafloor and its eventual discovery as crude oil four billion years later.

The second half of the film documents the pervasive use of plastics, the resultant waste, and the consequent contamination of the ocean ecosystem by microplastics.

Despite being a cornerstone of twentieth-century economic progress, oil has also brought with it climate change, global wealth disparity, and war. Similarly, plastics, though beneficial in many ways, have caused significant harm to biological systems, societies, and the environment, the full impact of which is only now being understood.

It is a well-acknowledged fact that 99.9 percent of all species that have ever lived on Earth are now extinct. Khan's film suggests that humanity too may be approaching the end of our time on Earth, and that the beginning of a new cycle of life is an inevitable and beautiful reality of the universe we live in.

"Kalpa" is a term from ancient Indian philosophy, referring to the period of time in between the world's creation, destruction, and recreation. One Kalpa, or "day of Brahma," lasts 4.32 billion years, which is remarkably close to the estimated 4.5-billion-year age of the Earth today.

"Kalpa" is conceived as a cyclical film designed to loop continuously. The film is structured in two parts: pre- and post-human existence. At the Sharjah Architecture Triennale, each segment is projected onto opposite walls, to position visitors—and thus, human life—at the center of this narrative. A mirrored floor extends the imagery, symbolizing the latent energy of life in the Earth below.

The film begins with the Earth and Sun in juxtaposition, two spheres that act as the progenitors of life—accompanied by a single, unbroken note representing the breath of life. From the genesis of oceans and landforms, life burgeons in the form of plankton, enriching the planet for billions of years. The appearance of a human embryo, a spherical cell, marks the film's midpoint, followed by scenes of oil extraction and plastic production.

The film culminates with a living plankton struggling to consume a sphere of microplastic, which eventually kills it—a metaphor for the end of an era. As each cycle of the film fades out, we revert to the Earth and Sun, awaiting the recreation of life.

Venue: Al Qasimiyah School
Medium: Multi-channel video installation
Duration: 9 minutes
Date: 2023

المكان: مدرسة القاسمية
المادة: فيديو متعدد القنوات
المدة: 9 دقائق
التاريخ: 2023

Venue: Al Qasimiyah School
Medium: Multi-channel video installation
Duration: 9 minutes
Date: 2023

كالبا

يدور فيلم آصف خان "كالبا" حول مفهوم الزمن العميق والطابع المؤقت للحياة على الأرض.

يأخذ الفيلم الجمهور في رحلة عبر تطور الحياة، بدءًا من ظهور الحياة المجهرية في محيطات الأرض البدائية، مرورًا بتراكم المواد العضوية في قاع البحر، وصولًا إلى اكتشافها في نهاية المطاف كنفط خام بعد أربعة مليارات سنة.

يوثق النصف الثاني من الفيلم الانتشار الواسع للمنتجات البلاستيكية والنفايات الناتجة عنه، وما يترتب عن ذلك من تلوث النظام البيئي للمحيطات بسبب اللدائن الدقيقة.

على الرغم من كون النفط حجر الزاوية للتقدم الاقتصادي في القرن العشرين، إلا أنه جلب معه تغير المناخ والتفاوت في الثروة العالمية والحروب. وعلى النحور نفسه، تسبب البلاستيك، على الرغم من فوائده الكثيرة، بضرر كبير للأنظمة البيولوجية والمجتمعات والبيئة، علمًا بأن تأثيره الكامل لم يكن مفهومًا قبل اليوم.

ومن المعروف أن 99.9٪ من جميع الأجناس التي عاشت على الأرض هي اليوم منقرضة، غير أن فيلم خان يلمح إلى أن البشرية ربما تقترب هي أيضًا من نهايتها على الأرض، وأن بداية دورة جديدة من الحياة هي الحقيقة الحتمية والجميلة للكون الذي نعيش فيه.

"كالبا" هو مصطلح في الفلسفة الهندية القديمة يشير إلى الفترة الزمنية الممتدة ما بين خلق العالم وتدميره وإعادة خلقه. وتستمر دورة "كالبا" أو "يوم براهما" 4.32 مليار سنة، أي لمدة قريبة بشكل ملحوظ من عمر الأرض المقدر بنحو 4.5 مليار سنة اليوم.

"كالبا" فيلم مصمم للدوران في حلقة متواصلة ومؤلف من جزأين: قبل الوجود البشري وبعده. في ترينالي الشارقة للعمارة، يُعرض كل جزء على جدار مقابل للآخر، فيجد الزوار أنفسهم – وبالتالي الحياة البشرية – في قلب هذه السردية، حيث تعكس الأرضية المغطاة بالمرايا مشاهد الصور بشكل يرمز إلى طاقة الحياة الكامنة في الأرض تحتنا.

يبدأ الفيلم بمشهد للأرض والشمس جنبًا إلى جنب: كرتان تشكلان أسلاف الحياة – مصحوبًا بنوتة واحدة غير منقطعة تمثل نفَس الحياة. من نشأة المحيطات والتضاريس، تزدهر الحياة في شكل عوالق تثري الكوكب لمليارات السنين. ثم في منتصف الفيلم، يظهر جنين بشري بشكل خلية كروية، تليه مشاهد استخراج النفط وإنتاج البلاستيك.

يتوّج الفيلم بعوالق حية تحاول استهلاك كرة من البلاستيك الدقيق، ما يتسبب بقتلها في النهاية كدلالة مجازية على نهاية الحقبة. ومع تلاشي كل دورة من الفيلم، نعود إلى مشهد الأرض والشمس بانتظار إعادة خلق الحياة.

المكان: مدرسة القاسمية
المادة: فيديو متعدد القنوات
المدة: 9 دقائق
التاريخ: 2023

RETURN TO SENDER

The terminus of the fast fashion supply chain is in the Global South: in secondhand clothing markets, water bodies, landfills, deserts, forests, and on beaches. In 2023, disturbing images of fast fashion dumpsites in Kenya, Ghana, and Chile went viral. Waste colonialism is no longer a secret.

In their Kampala studio, BUZIGAHILL redesigns secondhand clothes—fast fashion refuse from Europe and North America—through complex, labour-intensive upcycling processes. In a defiant act they call "RETURN TO SENDER," their redesigned garments are sold back to their origins in the Global North.

The once prosperous Ugandan textile industry has suffered significantly since the 1970s, unable to recover from the shocks of market liberalization and globalization to provide jobs, textiles, and clothing for Uganda's 47 million people. Local textiles and fashion have been replaced by the influx of secondhand clothes and cheap, synthetic replicas from the Global North, undercutting Ugandan design and production due to their low prices and variety and posing threats to local economies and the environment.

For the Triennial, BUZIGAHILL reconstructed their production studio and performed the act of RETURN TO SENDER, drawing the audience into the complex world of clothing production. This act of rebellion highlights the ingenuity with which Sub-Saharan Africans repurpose waste from the Global North. For the performance, bales of unwashed secondhand clothing were sourced from a sorting center in Sharjah, where migrant workers unpack, sort, and repack unwanted clothes from Europe.

Sharjah plays a key role in the geographic and financial webs of the secondhand clothing industry. The UAE's Free Zones are strategic hubs from which secondhand traders sort and distribute clothing to Africa and South Asia, while higher-quality vintage items are rerouted to Europe or Japan.

In Uganda, the practice of transforming waste into resources is well-established, as evidenced by roofing made from flattened USA oil tins and slippers made of discarded car tires. The concept of circularity, only recently embraced in developed markets, is a longstanding lifestyle in many Sub-Saharan African environments. Through their upcycling efforts, BUZIGAHILL showcases their creativity, technical finesse, and the ability to participate in the global discourse of art and fashion by producing a critical, sought-after product. Their work signifies a collective refusal to remain stuck at the end of the secondhand supply chain—they are RETURNING TO SENDER.

Venue: Al Qasimiyah School
Medium: Mixed-media installation, live performance
Dimensions and duration: Variable
Date: 2023

المكان: مدرسة القاسمية
المادة: تجهيز متعدد الوسائط، عرض مباشر
الأبعاد: متغير الأبعاد والمدة
التاريخ: 2023

Venue: Al Qasimiyah School
Medium: Mixed-media installation, live performance
Dimensions and duration: Variable
Date: 2023

مرتجع إلى المرسِل

تنتهي سلسلة توريد الأزياء السريعة في الجنوب العالمي، سواء داخل أسواق الملابس المستعملة أو في المسطحات المائية أو في مطامر النفايات أو الصحاري أو الغابات أو على الشواطئ. وقد انتشرت عام 2023 صور مقلقة لمكبات نفايات الأزياء السريعة في كينيا وغانا وتشيلي، بحيث بات استعمار النفايات تعبيرًا شائعًا ومعروفًا.

في الاستوديو القائم في كمبالا، تعيد "بوزيغاهيل" تصميم الملابس المستعملة – من نفايات الموضة السريعة الآتية من أوروبا وأمريكا الشمالية – بواسطة عمليات معقدة وكثيفة العمالة لإعادة تدويرها، ثم تعود وتبيع الملابس بتصميمها الجديد إلى أصولها في الشمال العالمي في تحدٍّ يسمونه "مرتجع إلى المرسل".

والواقع أن صناعة النسيج الأوغندية التي ازدهرت بشكل كبير في الماضي تعاني بشدة منذ سبعينيات القرن العشرين بسبب عجزها عن التعافي من صدمات تحرير الأسواق والعولمة لتتمكن من توفير فرص العمل والمنسوجات والملابس لـ47 مليون نسمة في أوغندا. فالملابس المستعملة والمقلدة الرخيصة التي يتم تصنيعها في شمال الكرة الأرضية حلت محل الأقمشة والأزياء المحلية، ما قوّض التصميم والإنتاج الأوغنديين بسبب انخفاض أسعارها وتنوعها، وشكل تهديدًا للاقتصادات المحلية والبيئة على حد سواء.

تشارك "بوزيغاهيل" في الترينالي من خلال استوديو يحاكي ورشة عملها الأصلية في كمبالا، حيث تؤدي خطوات عملية "مرتجع إلى المرسل" بشكل يجذب الجمهور إلى عالم إنتاج الملابس المعقد. يسلط هذا العمل المتمرد الضوء على براعة الأفارقة بجنوب الصحراء في استخدام النفايات الآتية من الشمال العالمي لأغراض مستجدة. وقد تم الحصول من أجل العرض على بالات من الملابس المستعملة غير المغسولة استُقدمت من مركز فرز في الشارقة حيث يقوم العمال المهاجرون بتفريغ الملابس غير المرغوب فيها والمصدرة من أوروبا وفرزها وإعادة تعبئتها.

وجدير بالذكر أن الشارقة تؤدي دورًا رئيسيًا في الشبكات الجغرافية والمالية لقطاع الملابس المستعملة. فالمناطق الحرة في الإمارات العربية المتحدة تعدّ مراكز استراتيجية يقوم منها تجار السلع المستعملة بفرز وتوزيع الملابس إلى أفريقيا وجنوب آسيا، في حين تصدِّر المنتجات القديمة ذات الجودة العالية إلى أوروبا أو اليابان.

في أوغندا، يعتبر تحويل النفايات إلى موارد عادةً راسخة، وفق ما يتضح من الأسقف المصنوعة من علب الزيت الأمريكية المسطحة والنعال المصنوعة من إطارات السيارات المرمية. إن مفهوم التدوير، الذي لم تتبناه الأسواق المتقدمة إلا مؤخرًا، هو أسلوب حياة قائم منذ مدة طويلة في العديد من بيئات أفريقيا جنوب الصحراء الكبرى. ومن خلال جهود إعادة التدوير، تستعرض "بوزيغاهيل" إبداعها وبراعتها التقنية وقدرتها على المشاركة في الخطاب العالمي للفن والموضة عبر صنع منتج حيوي ومطلوب، حيث يعبّر عملها عن رفض جماعي للبقاء في قعر سلسلة توريد السلع المستعملة – عبر إعادتها إلى المرسل.

المكان: مدرسة القاسمية
المادة: تجهيز متعدد الوسائط، عرض مباشر
الأبعاد: متغير الأبعاد والمدة
التاريخ: 2023

Power Shifts

"Power Shifts" is a photographic installation that explores the visible signs of Lebanon's economic collapse through aerial imagery of Beirut, highlighting solar panels on buildings as markers of changing socioeconomic conditions. The installation aims to engage viewers in critical discourse regarding the intricate interplay between the built environment, energy systems, and societal dynamics.

This piece is an extension of Dia Mrad's earlier project "Utilities," which investigated the layers of Lebanon's economic collapse and its material manifestations across the city's urban fabric. Focusing on the three most impacted infrastructural dimensions—the electricity grid, the water supply, and the banking sector—the work seeks to excavate the built environment and document the many artifacts of the economic crisis.

Traditionally, an artifact is considered a man-made object that reveals a way of life in a specific place at a specific point in time. According to this view, the economic crisis in Beirut would be attached, inscribed, or embodied in objects like solar panels; however, the crisis would remain abstracted and distinct from the objects themselves, rendering them a mere illustration of socioeconomic phenomena. This installation uses images to capture and isolate these contemporary artifacts, not for the sake of contextualization but to consider them as more than simply a representation or manifestation. Through this work, the artist explores how these artifacts are the economic crisis, blurring the lines between the signifier and the signified.

In "Power Shifts," the focus on solar panels is expanded into a complete experience, presenting an accumulation of aerial images of the rooftops of Beirut. The images are placed horizontally on pedestals extruded from the floor, simulating a top-down perspective of the city while highlighting the spatial misplacement of an infrastructural element from ground level to the top of buildings. "Power Shifts" confronts Lebanon's most pressing issues, specifically the economic collapse and its impact on the urban landscape and energy infrastructure. It highlights the shift toward sustainable energy solutions born from necessity, illustrating how solar panels have become a necessary response to the crisis.

Venue: Al Qasimiyah School
Medium: Inkjet prints on archival cotton paper
Dimensions: Variable
Date: 2023

المكان: مدرسة القاسمية
المادة: مطبوعات بنفث الحبر على ورق قطني أرشيفي
الأبعاد: متغيرة
التاريخ: 2023

Venue: Al Qasimiyah School
Medium: Inkjet prints on archival cotton paper
Dimensions: Variable
Date: 2023

الطاقة المتحولة

"الطاقة المتحولة" هو تجهيز فوتوغرافي يستكشف مظاهر الانهيار الاقتصادي في لبنان من خلال الصور الجوية لمدينة بيروت، مسلطًا الضوء على ألواح الطاقة الشمسية التي انتشرت على المباني للدلالة على تغير الظروف الاجتماعية والاقتصادية في البلاد. ويسعى التجهيز الفني إلى إشراك المشاهدين في الخطاب النقدي المتعلق بالتفاعل المعقد بين البيئة المبنية وأنظمة الطاقة والديناميكيات المجتمعية.

يشكل هذا العمل امتدادًا لمشروع "مرافق" الذي أنجزه ضياء مراد سابقًا في سعيه إلى البحث في طبقات الانهيار الاقتصادي في لبنان ومظاهره المادية عبر النسيج الحضري للمدينة. وانطلاقًا من التركيز على أبعاد البنية التحتية الثلاثة الأكثر تضررًا من الأزمة – أي شبكة الكهرباء وإمدادات المياه والقطاع المصرفي – يسعى العمل إلى الغوص في البيئة المبنية وتوثيق العديد من تحف الأزمة الاقتصادية.

والتحف هي بالعادة قطعة من صنع الإنسان تكشف عن طريقة حياة في مكان معين في وقت محدد. من وجهة النظر هذه، تصبح ألواح الطاقة الشمسية عنصرًا يترافق مع الأزمة الاقتصادية في بيروت أو يطبعها أو يجسدها. غير أن الأزمة تبقى مجردة ومتميزة عن الأشياء نفسها، ما يجعلها مجرد صورة عن الظواهر الاجتماعية والاقتصادية. بالتالي، يستخدم هذا التجهيز الصور لتجسيد وعزل هذه التحف المعاصرة، ليس من أجل وضعها في سياقها ولكن لاعتبارها أكثر من مجرد تمثيل أو مظهر. ومن خلال هذا العمل، يستكشف الفنان كيف أن هذه التحف هي تجسيد للأزمة الاقتصادية نفسها، طامسًا الخطوط الفاصلة بين الدال والمدلول.

في "الطاقة المتحولة"، يتسع التركيز على الألواح الشمسية ليتحول إلى تجربة كاملة تتراص فيها الصور الجوية لأسطح المنازل في بيروت. تمتد الصور أفقيًا على ركائز منبثقة من الأرض لتحاكي نظرة من الجو إلى أسفل المدينة مع تسليط الضوء على الوضع المكاني الخاطئ لبنية تحتية من مستوى الأرض إلى أعلى المباني. يتناول مشروع "الطاقة المتحولة" القضايا الأكثر إلحاحًا في لبنان، وتحديدًا الانهيار الاقتصادي وتأثيره على المشهد الحضري والبنية التحتية للطاقة. كما يضيء على الانتقال نحو حلول الطاقة المستدامة التي ولدت من الضرورة، موضحًا كيف أصبحت الألواح الشمسية استجابة ضرورية للأزمة.

المكان: مدرسة القاسمية
المادة: مطبوعات بنفث الحبر على ورق قطني أرشيفي
الأبعاد: متغيرة
التاريخ: 2023

Cambio

"Cambio," derived from the medieval Latin "cambium," meaning "change, exchange," is an ongoing investigation conducted by Formafantasma, first presented at Serpentine Galleries in London in 2020, into the extraction, production, and distribution of wood products.

The industry's tentacular supply chain has grown out of the nineteenth century's colonial bioprospecting to engulf the entire biosphere. "Cambio" is an attempt to expand our understanding of what design can be beyond the finished object and its disciplinary boundaries: forestry techniques and timber legislation then become tools for designing a better future for our forests; scientific knowledge goes hand in hand with environmental activism in fighting illegal logging, and the equilibrium of transnational geopolitics is redefined in the struggle between conservation and consumption.

The three videos on view are extracted from this multidisciplinary exhibition, which aims to question the role that design can play in translating emerging environmental awareness into informed, collaborative responses. "Cambio" also exhibits a physical component, "Stool 60 Villi," a project that is the first outcome of the ongoing collaboration between Formafantasma and Finnish furniture company Artek. The stool highlights the impact of climate change on the forest and the evolving consequences on wood products. Distinctive features such as bark striations, dark stains, wood knots, and the trails left by colonizing insects due to climate change, are becoming increasingly prevalent in timber. Instead of side-stepping this material's shifts, the stool embraces these features, using more of the tree and maximizing opportunities for carbon dioxide capture. This significant change in wood selection criteria establishes new benchmarks for systemic change within the furniture industry.

Venue: Al Qasimiyah School
Medium: Three-channel video installation
Duration: Variable
Date: 2020–ongoing

المكان: مدرسة القاسمية
المادة: فيديو ثلاثي القنوات
المدة: متغير المدة
التاريخ: 2020 – مستمر

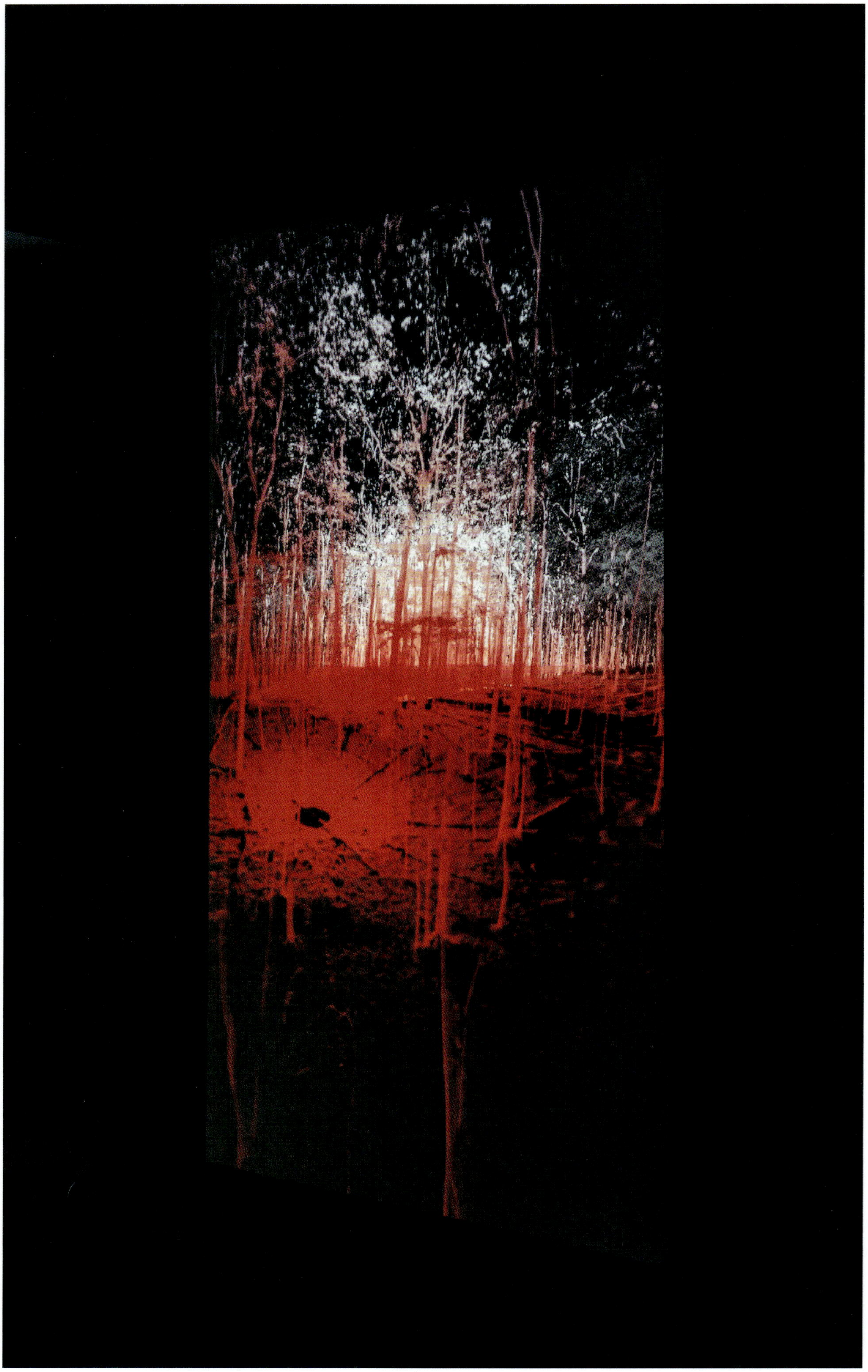

Venue: Al Qasimiyah School
Medium: Three-channel video installation
Duration: Variable
Date: 2020–ongoing

كامبيو

تشتق "كامبيو" من كلمة "كامبيوم" اللاتينية التي تعود إلى العصور الوسطى وتعني "التغيير والتبادل". والمشروع عبارة عن عمل استكشافي مستمر عرضه استوديو "فورمافنتازما" للمرة الأولى في معرض سربنتين غاليري بلندن عام 2020 ويواصل البحث في استخراج المنتجات الخشبية وإنتاجها وتوزيعها.

نمت سلسلة التوريد الجائرة لهذا القطاع نتيجة التنقيب الأحيائي الاستعماري في القرن التاسع عشر، لتهيمن على المحيط الحيوي بأكمله. "كامبيو" هو محاولة لتوسيع فهم ماهية التصميم بعيدًا عن المنتج النهائي ومحدودية الاختصاص، بحيث تصبح تقنيات الحراجة وتشريعات قطع الأخشاب أدوات لتصميم مستقبل أفضل لغاباتنا. وهنا تتضافر المعرفة العلمية مع النشاط البيئي لمكافحة قطع الأشجار غير القانوني، ويعاد تعريف توازن الجغرافيا السياسية العابرة للحدود الوطنية في الصراع بين الاستهلاك والحفاظ على البيئة.

إن مقاطع الفيديو الثلاثة المعروضة هنا مقتطفة من هذا المعرض المتعدد التخصصات الذي يهدف إلى إثارة التساؤلات حول دور التصميم في ترجمة الوعي البيئي الناشئ إلى استجابات تعاونية واعية. يعرض "كامبيو" أيضًا مكونًا ماديًا هو مشروع "ستول 60 فيلي" الذي كان أول حصيلة للتعاون المستمر بين فورمافنتازما وشركة الأثاث الفنلندية "أرتك"، حيث سُلط الضوء على تأثير تغير المناخ على الغابات والعواقب المترتبة على المنتجات الخشبية. فالسمات المميزة مثل تشققات اللحاء والبقع الداكنة والعقد الخشبية والمسارات الناجمة عن الحشرات المستعمرة بسبب تغير المناخ، تزداد انتشارًا في الأخشاب. وبدلًا من تجنب هذه التحولات، يحتضن "ستول" هذه الميزات باستخدام المزيد من مكونات الشجرة وزيادة فرص التقاط ثاني أكسيد الكربون. بالنتيجة، يضع هذا التغيير الكبير في معايير اختيار الأخشاب مقاييس مرجعية جديدة للتغيير المنهجي في صناعة الأثاث.

المكان: مدرسة القاسمية
المادة: فيديو ثلاثي القنوات
المدة: متغير المدة
التاريخ: 2020 – مستمر

SUPER LIMBO

"SUPER LIMBO" is a public architecture and art pavilion resulting from the collaboration between the spatial design studio Limbo Accra and the textile/fashion design label Super Yaya, alongside architect Anne-Lise Agossa. This project was conceptualized across five cities: Accra, New York, Bahrain, Beirut, and Abidjan, and was sewn by twenty women in Karachi over a span of five weeks.

It aims to stand as an eloquent response to the many incomplete and unfinished building projects in the Global South through the occupation of Sharjah Mall. With approximately 64,753 square meters of retail, entertainment, and culinary spaces, Sharjah Mall stands as one of the Emirates' largest unfinished building projects. This vast area stands in stark contrast to the city's developed landscape. Interestingly, not abandoned, it seems to be in a long wait to capitalize on its real estate potential. Limbo Accra attempt not to celebrate its disuse, vacancy, nor the mediocrity of an established order, but rather to amplify its potential in its current state. It is within this labyrinth of liminality that "SUPER LIMBO" emerges, contributing to a narrative of resilience and adaptability.

Leveraging the significance of storytelling in desert cultures spanning West Africa to the Middle East, and its ability to invoke imagery, the "SUPER LIMBO" pavilion presents a poetic interpretation of adorning incomplete, transitional spaces by creating architecture with fabric, replacing walls with textile and doors with draped bands.

Limbo Accra have expressed their vision through the creation of a spatial software. In their pursuit of circularity, they took a particular approach. By fostering innovation through partnerships, Limbo Accra collaboratively designed a versatile material using standard untreated calico cotton. Following many hours of development between Limbo Accra and Super Yaya's studio in Beirut, the monumental piece was then manually woven with yards of toile by a team of twenty women in Karachi, Pakistan. Drawing inspiration from the elegant cascade of construction fabric enveloping yet-to-be-completed structures, signaling their transitional phases, the pavilion's shape embodies an investigation of this intermediary realm. In this way, Limbo "forms," as its own etymological origin indicates, becoming a tangible exploration of the in-between, enabling the emergence of new relationships and uses within the relic of Sharjah Mall.

Rather than take the approach of a single-use utilization of raw materials that would ultimately revert to their original state, the installation aims to maximize this opportunity by envisioning the enduring lifespan and adaptability of its spatial software. Beyond the Triennale, the pavilion's spatial software, entwined with its narrative, will live on and be repurposed into cherished objects and accessories.

As "SUPER LIMBO" emerges in the heart of Sharjah Mall, it seeks to provoke thought, inspire imagination, and evoke a collective reimagining of what once stood and what may yet come to be. Limbo Accra believe that this transformative and metaphoric encounter, together with the power of shared narratives, can create a lasting impact, not just within the confines of the Triennale, but also in the spirit and minds of all who encounter it. In the pursuit of alternative futures, the project encourages people to embrace the concept of abundant liminality—a realm teeming with untapped potential. Sharjah's inhabitants and visitors alike are invited to embark on a transformative journey that unravels the past, embraces the liminality of the present, and carves a new path into the future.

Venue: Sharjah Mall
Medium: Mixed-media installation
Dimensions: Variable
Date: 2023

المكان: الشارقة مول
المادة: تجهيز متعدد الوسائط
الأبعاد: متغيرة
التاريخ: 2023

Venue: Sharjah Mall
Medium: Mixed-media installation
Dimensions: Variable
Date: 2023

سوبر ليمبو

"سوبر ليمبو" هو جناح معماري وفني انبثق عن التعاون بين استوديو التصميم المكاني "ليمبو أكرا" وعلامة تصميم المنسوجات/الأزياء "سوبر بايا"، إلى جانب المهندسة المعمارية آن-ليز أغوسا. وقد وُضع التصور لمفهوم هذا المشروع في خمس مدن هي أكرا ونيويورك والبحرين وبيروت وأبيدجان، وقامت 20 امرأة بخياطته في كراتشي على مدى خمسة أسابيع.

يعيد هذا العمل استخدام "الشارقة مول" كردٍّ بليغ على العديد من مشاريع البناء المهجورة وغير المكتملة في الجنوب العالمي. يمتد "الشارقة مول" على مساحة تناهز 64,753 متر مربع من المتاجر ومساحات الترفيه والمطاعم، ويُعد أحد أكبر مشاريع البناء غير المكتملة في الإمارات. وتمتد هذه المنطقة الشاسعة في تناقض صارخ مع المشاهد المتطورة للمدينة، لكن المثير للاهتمام أنها ليست مهجورة بل يبدو وكأنها تنتظر للاستفادة من إمكاناتها العقارية. ولا يحاول "ليمبو أكرا" الاحتفاء بإهمالها أو شغورها أو رداءة النظام القائم، بل الإضاءة على إمكاناتها بحالتها الراهنة. ومن هذه المتاهة الحدية يخرج "سوبر ليمبو" ليسهم في سردية المرونة والقدرة على التكيف.

وانطلاقًا من أهمية السرد القصصي في الثقافات الصحراوية التي تمتد من غرب أفريقيا إلى الشرق الأوسط، وقدرته على استحضار الصور في المخيلة، يقدم جناح "سوبر ليمبو" تفسيرًا شاعريًا لتزيين المساحات الانتقالية غير المكتملة من خلال ابتكار عمل معماري بالقماش واستبدال الجدران بالأنسجة والأبواب بالأشرطة الملفوفة.

وقد عبّر استوديو "ليمبو أكرا" عن رؤيته من خلال استحداث برنامج إلكتروني مكاني وتبني مقاربة خاصة في سعيه إلى التدوير. وإيمانًا بأن الشراكات تحفز الابتكار، تعاون مع استوديو "سوبر بايا" في بيروت لتصميم مادة متعددة الاستخدامات باستخدام قطن كاليكو العادي غير المعالج، وبعد ساعات طويلة من العمل، انكب فريق من عشرين امرأة في كراتشي بباكستان على نسج القطعة الضخمة يدويًا بأمتار وأمتار من القماش. يستوحي الجناح شكله من نسيج البناء المنسدل بأناقة حول هياكل البناء غير المكتملة التي لا تزال في مراحلها الانتقالية، مجسدًا رحلة بحث في أغوار هذا المجال الوسيط. وهكذا تصبح "أشكال" ليمبو، وفق ما يبيّنه أصل الكلمة، استكشافًا ملموسًا للحد الفاصل بين شيئين تنبثق عنه علاقات واستخدامات جديدة داخل بقايا "الشارقة مول".

بدلًا من اتباع نهج يقوم على استخدام المواد الخام مرة واحدة قبل أن تعود في النهاية إلى حالتها الأصلية، يهدف هذا التجهيز الفني إلى الاستفادة من هذه الفرصة عبر تصور دوام برمجياته المكانية وقدرتها على التكيف. لذلك ستبقى البرامج المكانية للجناح، المتشابكة مع سردياتها، قائمة ما بعد الترينالي حيث سيعاد استعمالها لصنع أشياء وإكسسوارات جميلة.

يترافق ظهور "سوبر ليمبو" في قلب "الشارقة مول" مع سعي إلى إثارة الفكر وإلهام الخيال واستحضار تصور جماعي لما كان وما قد يكون. يعتقد "ليمبو أكرا" أن هذا اللقاء التحويلي والمجازي، إلى جانب قوة الروايات المشتركة، كفيل بأن يُحدث تأثيرًا دائمًا ليس في الترينالي فحسب ولكن أيضًا في روح وعقول كل من يراه. في إطار السعي وراء مستقبل بديل، يشجع المشروع الناس على تبني مفهوم الحدية الوفيرة - أي عالم يعج بالإمكانات غير المستغلة. إن سكان الشارقة وزوارها على حد سواء مدعوون للشروع في رحلة تحولية تكشف عن الماضي، وتحتضن حدية الحاضر، وتشق طريقًا جديدًا نحو المستقبل.

المكان: الشارقة مول
المادة: تجهيز متعدد الوسائط
الأبعاد: متغيرة
التاريخ: 2023

La Balsanera—Floating Productive House

Context

In Ecuador, several centuries ago, the Babahoyo River and its floating houses became one of the main collection, storage, and rest points on the commercial route of merchants and farmers between the cities of Guayaquil and Quito, using a construction system of greater resilience and adaptability over the years. Currently, the river has ceased to be a commercial fluvial route, reducing the number of floating structures from 200 to 25 and increasing its risk of extinction, despite being recognized as part of the intangible heritage of Ecuador.

In recent years, the governments in power have developed housing solutions for relocation and displacement, declaring the riverbanks as a risk zone, without considering the consequences on the sociocultural dynamics based on fishing, boat manufacturing, and fluvial transport. The inhabitants of the twenty-five remaining houses feel the need to preserve their link with their territory, despite unsatisfied basic needs and the lack of public policies that protect the floating habitat.

The objective is to propose a floating housing development model for Don Carlos, Doña Teresa, and their youngest son, a family that has inhabited the river for more than thirty years and has used the immediate ecosystem as its main resource. Carlos is dedicated to repairing wooden boats, while Teresa prepares traditional food sold to local communities. The house in which they lived was in a critical state in structure and the provision of basic services, preventing them from carrying out their livelihood activities in a dignified, efficient, and sustainable manner.

Process and Techniques

A quantification of their current living spaces and an inventory that records the furniture and its existing uses were carried out. Through interviews with Carlos and Teresa, the problems, needs, and possible solutions were examined, with the aim of reusing them.

"La Balsanera" proposes the extension of two meters on each side of the current platform (6 m x 7 m) to enhance the productive environments of the inhabitants. The structure consists of modular porticos every two meters, built with local wood, which forms a gabled truss, generating storage spaces and sufficient height to enhance ventilation and natural lighting through its wooden latticework limits. In the center, the existing arrangement of private and social spaces such as the living room, dining room, kitchen, and bedrooms is preserved, while two strips are added to the ends, one for service and the other for production, where the boat workshop, dry toilet, laundry, and shower are located. The platform ends towards the river with a productive terrace, enabling the extension of traditional food service, social gatherings, and the anchoring of tourist boats.

Management and Approach

The Triennial invited the Natura Futura studio, which in research collaboration with Juan Carlos Bamba decided to use the resources of the exhibition–which are commonly used in ephemeral constructions and later discarded–to design and build the first sustainable floating house in Babahoyo, Ecuador, that recovers the tradition of inhabiting the river.

La Balsanera explores possible floating solutions that recover local artisan techniques while promoting the active and productive participation of the occupants in vulnerable communities, where it is urgent to strengthen their resilience and sustainability to initiate the generation of public policies that allow, for the first time, the traditional habitat on the river.

Venue: Al Qasimiyah School
Medium: Mixed-media installation
Dimensions: Variable
Date: 2023

المكان: مدرسة القاسمية
المادة: تجهيز بوسائط مختلطة
الأبعاد: متغيرة
التاريخ: 2023

Venue: Al Qasimiyah School
Medium: Mixed-media installation
Dimensions: Variable
Date: 2023

لا بالسانيرا - البيت العائم المنتِج

السياق

منذ عدة قرون خلت، كان نهر باباهويو في الإكوادور ومنازله العائمة من أهم نقاط التجميع والتخزين والاستراحة للتجار والمزارعين على طول الطريق التجاري الممتد بين مدينتي غواياكيل وكيتو. وكان نظام البناء المستخدم يزداد مرونة وتكيفًا على مر السنين. غير أن النهر لم يعد اليوم طريقًا نهريًا تجاريًا، فتقلص عدد أبنيته العائمة من 200 إلى 25 فيما ارتفع خطر الانقراض، على الرغم من الاعتراف به على قائمة التراث غير المادي للإكوادور.

في خلال السنوات الأخيرة، وضعت الحكومات خططًا سكنية لنقل السكان إلى أماكن أخرى، معلنة ضفاف النهر منطقة خطر، بدون النظر في العواقب التي قد تترتب على الديناميات الاجتماعية والثقافية القائمة على صيد الأسماك وتصنيع القوارب والنقل النهري. فأصبح سكان المنازل الـ 25 المتبقية يشعرون بالحاجة إلى الحفاظ على ارتباطهم بأرضهم، على الرغم من عدم تلبية احتياجاتهم الأساسية وافتقارهم إلى السياسات العامة التي تحمي الموائل العائمة.

بالتالي، فإن الهدف هو اقتراح نموذج تطوير سكني عائم لعائلة دون كارلوس ودونيا تيريزا وابنهما الأصغر التي تسكن النهر منذ أكثر من 30 عامًا وتستخدم نظامه البيئي كمورد رئيسي لها. يكرس كارلوس جهوده لإصلاح القوارب الخشبية، بينما تقوم تيريزا بإعداد الطعام التقليدي وبيعه للمجتمعات المحلية. وقد كان المنزل الذي يعيشون فيه في حالة حرجة من حيث الهيكل وتوفير الخدمات الأساسية، ما منعهم من القيام بأنشطتهم المعيشية بطريقة كريمة وفعالة ومستدامة.

العملية والتقنيات

أجري تقدير كمي لمساحات المعيشة الحالية إلى جانب جردة بالأثاث الموجود واستخداماته الحالية. وتم الاطلاع على المشاكل والاحتياجات والحلول الممكنة بهدف إعادة استخدامها من خلال مقابلات مع كارلوس وتيريزا.

يقترح مشروع "لا بالسانيرا" توسعة منصة المنزل الحالية (6 × 7 أمتار) بمعدل مترين عند كل جانب لتحسين البيئات الإنتاجية لسكان المنزل. يتكون الهيكل من أروقة من الخشب المحلي تنقسم إلى جزء جديد كل مترين بشكل جملون، ما يوفر مساحات للتخزين والارتفاع الكافي لتعزيز التهوية والإضاءة الطبيعية عبر المشّبكات الخشبية. وفي الوسط، بقي الترتيب الحالي للغرف الخاصة والمشتركة مثل غرفة المعيشة وغرفة الطعام والمطبخ وغرف النوم كما هو، بينما أضيف قسمان إلى الأطراف، واحد للخدمة وآخر للإنتاج حيث تتواجد ورشة القوارب والمرحاض الجاف ومنطقة الغسيل والاستحمام. وتنتهي المنصة بشرفة إنتاجية مطلة على النهر توفر مساحة إضافية للطعام واللقاءات الاجتماعية ورسو القوارب السياحية.

الإدارة والنهج

دعا ترينالي استوديو "ناتورا فوتورا" إلى تصميم وبناء أول منزل عائم مستدام في باباهويو بالإكوادور، في عمل يسترجع تقليد السكن على النهر. وقد قرر الاستوديو الدخول في تعاون بحثي مع خوان كارلوس بامبا لاستعمال موارد المعرض التي يشيع استخدامها في الإنشاءات المؤقتة ويتم التخلص منها لاحقًا.

يستكشف "لا بالسانيرا" الحلول العائمة الممكنة التي تعيد إحياء التقنيات الحرفية المحلية فيما تعزز المشاركة النشطة والمنتجة للمقيمين في المجتمعات المهمشة التي هي بأمس الحاجة إلى تعزيز مرونتها واستدامتها من أجل تحفيز السياسات العامة التي تسمح، للمرة الأولى، بإقامة مساكن تقليدية على النهر.

المكان: مدرسة القاسمية
المادة: تجهيز بوسائط مختلطة
الأبعاد: متغيرة
التاريخ: 2023

Olalekan Jeyifous

SHJ 1X72 - 1X89

In response to Sharjah's evolving identity and cultural significance in the UAE, "SHJ 1X72 - 1X89" crafts a speculative retro-futurist vision conveyed through imagined architectural representations. Set apart from manifestations of urbanism that prioritize tourism, foreign investment, and incessant construction, this exploration is shaped by the region's climatic conditions and the social rhythms of its inhabitants.

In this reimagined world-space, Olalekan Jeyifous considers and reconfigures various building typologies and city planning strategies that emerged with Sharjah's rapid urbanization fuelled by the formation of the United Arab Emirates and the oil boom.

This architectural fiction unfolds within Sharjah's Bank Street—developed for the arrival of an expatriate population—and the "heritage area," the footprint of the pre-existing town fabric. Here, Modernist architecture is intertwined with historical buildings that replicate traditional architectural aesthetics. Jeyifous's interventions disrupt this amalgamation of the historical city center (currently consisting of older residential and commercial buildings from the 1960s and 1970s) and heritage buildings (that have undergone reconstruction efforts in the 1990s and 2010s). His reimagined scenography deploys an array of both traditional and regional typologies, in conjunction with Modernist forms, to reveal a tapestry of possibilities, embracing whimsy and potential over rigidity and pragmatism.

With a timeline spanning the establishment of the Department of Town Planning and Survey in 1X72 to Sharjah's prestigious hosting of the Champions Trophy in 1X89, a double round-robin cricket tournament featuring India, Pakistan, and the West Indies, this narrative presents an inventive vision for Sharjah and an alternative trajectory for the city's evolution.

Venue: Old Al Jubail Vegetable Market
Medium: 3D prints, video, photomontage, wallpaper
Dimensions: Variable
Date: 2023

المكان: سوق الجبيل القديم للخضار
المادة: مطبوعات ثلاثية الأبعاد، فيديو، مونتاج فوتوغرافي، ورق جدران
الأبعاد: متغيرة
التاريخ: 2023

Venue: Old Al Jubail Vegetable Market
Medium: 3D prints, video, photomontage, wallpaper
Dimensions: Variable
Date: 2023

"الشارقة 1X72-1X89"

استجابة لتطور هوية الشارقة وأهميتها الثقافية في دولة الإمارات العربية المتحدة، يخرج معرض "الشارقة 1X72-1X89" برؤية تأملية مستقبلية سالفة تجسدها تمثيلات معمارية متخيلة. فقد ابتعد هذا العمل الاستكشافي عن مظاهر العمران التي تعطي الأولوية للسياحة والاستثمار الأجنبي والبناء المستمر، وآثر التجاوب مع الظروف المناخية للمنطقة والإيقاعات الاجتماعية لسكانها.

يضع أولاليكان جيفوس تصورًا جديدًا لهذا الفضاء العالمي، فيعيد النظر في مختلف أنماط البناء واستراتيجيات تخطيط المدن التي ترافقت مع التوسع الحضري السريع في الشارقة نتيجة تأسيس دولة الإمارات العربية المتحدة والطفرة النفطية.

يتكشف هذا الخيال المعماري في شارع البنوك بالشارقة الذي تم تطويره لاستقبال الوافدين المغتربين، وفي "منطقة التراث" التي لا تزال تحمل بصمة نسيج المدينة القديم. هنا، تتشابك العمارة الحديثة مع المباني "التاريخية" التي تحاكي الجماليات المعمارية "التقليدية". وتأتي تدخلات جيفوس لتزعزع هذا الاندماج بين وسط المدينة التاريخي (الذي يتكون حاليًا من مبانٍ سكنية وتجارية قديمة تعود إلى ستينيات وسبعينيات القرن العشرين) والمباني التراثية (التي طالتها جهود إعادة الإعمار في التسعينيات والعقد الأول من القرن الواحد والعشرين). فالسينوغرافيا التي تصورها بحلة جديدة تستعين بمجموعة من أنماط البناء التقليدية والإقليمية إلى جانب الأشكال الحداثية للكشف عن عالم من الاحتمالات بأسلوب يعطي الطرافة والطاقات الكامنة الأولوية على الصلابة والبراغماتية.

تمتد هذه السردية منذ إنشاء دائرة التخطيط والمساحة في 1X72 وحتى استضافة الشارقة المرموقة لكأس الأبطال في 1X89 – وهي بطولة روبن مزدوجة للكريكيت تضم الهند وباكستان وجزر الهند الغربية – وتطرح رؤية مبتكرة للشارقة ومسارًا بديلًا لتطور المدينة.

المكان: سوق الجبيل القديم للخضار
المادة: مطبوعات ثلاثية الأبعاد، فيديو، مونتاج فوتوغرافي، ورق جدران
الأبعاد: متغيرة
التاريخ: 2023

Unveiling the Power of the "Invisibles": Gaza Reborn

"WE ARE ALIVE AND PERSISTENT, AND THE DREAM CONTINUES"—Mahmoud Darwish

Inspired by our work in Gaza, this exhibition aims to reconstruct the reality of a besieged and absurd landscape. We bring to the surface the world of Gazans: the "invisibles"—with their resilient practices. A world built out of urgency and scarcity seeks to challenge colonial powers and the geography of exclusion by reappropriating discarded resources.

The gallery has been transformed into an experimental laboratory. The components assembled in this lab build on our ongoing work as the Palestine Regeneration Team (PART). They are a culmination of what has been collected, used, or appropriated in collaboration with families to reconstruct fragments of their neighborhoods and homes in Gaza.

At this critical time marked by urgency and uncertainty in Gaza, the experimental lab attempts to cultivate hope, reaffirming Gaza's fundamental rights to rebuild, to home, and to resources. Rejecting settler colonial extractive practices, the lab reimagines new bone and skin to restitch Gaza and challenge the deliberate erasure of the coastal city with its culture and memories.

The displayed objects and artifacts illustrate an alternative use of materials salvaged from the ruins. These community-driven initiatives include a range of methods, from working with rammed earth to recycling crushed concrete from the rubble, repurposing reconstruction bars, and utilizing fired and unfired clay, and corrugated metal as well as recycled timber and cardboard. While the objects on their own may not make sense, in their accumulation, they construct a mosaic of an alternate reality—a world characterized by impermanence and possibility, one that is not obsessed with the image at the expense of others.

Both the installation and the film projection narrate an ephemeral landscape and an alternative expression in architecture and aesthetics that may be distinct from the dominant norms of the Global North. They demonstrate how the "culture of reuse, reappropriation and adaptation" can be realised through the accumulation of small changes.

In the context of Gaza, the beauty of impermanence stands as a testament to the power of resilience, giving rise to a new facet of the scarred landscape—a new skin that reclaims the right to the city.

The journey of our experimental lab will extend beyond this exhibition, with the aim of cultivating new possibilities for rebuilding Gaza and challenging the persistent colonial agendas that shape our world, often at the expense of the vulnerable, leaving both people and their land scarred. This work is integral to our ongoing reconstruction efforts, rooted in the principles of the right to the city and the right to landscape. These principles acknowledge the people and environments of Gaza as central participants in their own destinies and aspirations, empowered to shape their landscape and live with dignity.

Venue: Al Qasimiyah School
Medium: Mixed-media installation
Dimensions: Variable
Date: 2023

يارا شريف وناصر غولزاري

المكان: مدرسة القاسمية
المادة: تجهيز فني بوسائط مختلطة
الأبعاد: متغيرة
التاريخ: 2023

Venue: Al Qasimiyah School
Medium: Mixed-media installation
Dimensions: Variable
Date: 2023

الكشف عن قوة "اللامرئيين": غزة تولد من جديد

الكشف عن قوة "اللامرئيين"
غزة تولد من جديد

"نحن أحياء وباقون وللحلم بقية" - محمود درويش

يسعى هذا المعرض المستوحى من عملنا في غزة إلى إعادة بناء واقع المشهد المحاصر والعبثي. فقد أخرجنا إلى الملأ عالم سكان غزة "اللامرئيين" والممارسات التي يتبنونها من أجل الصمود. إنه عالم ناشئ عن الإلحاح والندرة ويتحدى القوى الاستعمارية وجغرافية الإقصاء من خلال إعادة تخصيص الموارد المهملة.

وهكذا يتحول المعرض إلى مختبر تجريبي جمّعنا فيه مكونات تعتمد على عملنا المستمر في فريق تجديد فلسطين (PART) وتتوّج كل ما تم جمعه أو استخدامه أو الاستحواذ عليه بالتعاون مع العائلات لإعادة بناء أجزاء من أحيائهم ومنازلهم في غزة.

في هذا الوقت الحرج الذي يتسم بالإلحاح وعدم اليقين في غزة، يحاول المختبر التجريبي زرع الأمل وإعادة التأكيد على حقوق غزة الأساسية في إعادة الإعمار وفي الحصول على المنازل والموارد. وهو إذ يرفض الممارسات الاستخراجية الاستعمارية الاستيطانية، يتصور عالمًا جديدًا يعيد رأب تصدعات غزة ويتصدى للجهد المتعمد لمحو ثقافة هذه المدينة الساحلية وذكرياتها.

تعكس العناصر والمصنوعات اليدوية المعروضة بديلًا عن أوجه استخدام المواد المنتشلة من تحت الأنقاض. وتشمل هذه المبادرات المجتمعية مجموعة واسعة من الأساليب تتراوح ما بين العمل بالتربة المدكوكة وإعادة تدوير الخرسانة المسحوقة من الأنقاض، وإعادة استخدام قضبان البناء واستخدام الطوب اللبن والمشوي والمعادن المموجة والأخشاب ومواد الكرتون المعاد تدويرها. ومع أن الأشياء بحد ذاتها قد لا تبدو منطقية، إلا أنها في تراكمها تبني فسيفساء لواقع بديل وعالم نابض بالتغيرات وحافل بالإمكانيات ليس مهووسًا بالصورة على حساب الآخرين.

يروي التجهيز الفني والفيلم المعروض مشهدًا زائلًا وتعبيرًا بديلًا في الهندسة المعمارية والجماليات يخالف المعايير السائدة في الشمال العالمي، ويبيّنان كيف يمكن تحقيق "ثقافة إعادة الاستخدام وإعادة التملك والتكيف" من خلال مراكمة تغييرات صغيرة.

في سياق غزة، يقف جمال المتغير شاهدًا على قوة الصمود، فيكشف عن جانب جديد من المشهد الممزق ويبث فيه حياة جديدة تستعيد حقه في المدينة.

ستمتد رحلة مختبرنا التجريبي إلى أبعد من هذا المعرض، فقد وضعنا نصب أعيننا هدف استنباط إمكانيات جديدة لإعادة بناء غزة وتحدي المخططات الاستعمارية المستمرة التي تؤثر في عالمنا - على حساب المستضعفين في غالب الأحيان - وتخلّف الجروح والأضرار في الناس وأرضهم. هذا العمل جزء لا يتجزأ من جهودنا المستمرة لإعادة الإعمار، المتجذرة في مبادئ الحق في المدينة والحق في بيئتها الطبيعية التي تعترف بالدور المحوري لسكان غزة وبيئاتهم في تقرير المصير ووضع التطلعات، لتمكينهم من رسم معالم بيئتهم والعيش بكرامة.

المكان: مدرسة القاسمية
المادة: تجهيز فني بوسائط مختلطة
الأبعاد: متغيرة
التاريخ: 2023

Intangible Bodies

"Intangible Bodies" celebrates the ephemeral nature of civilization's interaction with the natural environment. Here, participants will draw from spirituality, empathy and care, decoloniality, civic status, and futurism to engage in acts of world-building and respond to the pressing concerns of our present, sometimes blurring the lines between the intangible and the material. This strand is focused on the interstitial in our urbanism; participants will draw poetic narratives with substantive, actionable responses towards a suggestive and constructive utopian ideal. In addition, participants navigate the architecture of ephemeral structures that manifest through sociopolitical and economic constructs in our cities. They also draw inspiration from our compelling relationship with ground conditions and the association we place on it regarding progress and prosperity.

أبنية غير ملموسة

تحتفي مجموعة "أبنية غير ملموسة" بالطبيعة الزائلة لتفاعل الحضارة مع البيئة الطبيعية. هنا، يستمد المشاركون الإلهام من الروحانية والتعاطف والاكتراث وإنهاء الاستعمار والوضع المدني وحركة المستقبلية ليعيدوا تخيل العالم والاستجابة للمخاوف الملحة لحاضرنا، طامسين أحيانًا الخطوط الفاصلة بين الملموس وغير الملموس. يركز هذا التوجه على ما هو بيني في عمراننا، حيث يرسم المشاركون سرديات شعرية تنطوي على استجابات موضوعية قابلة للتنفيذ من أجل الوصول إلى نموذج مثالي ملهم وبنّاء. وانطلاقًا من علاقتهم الوثيقة بالواقع على الأرض والرابط الذي نرسيه مع التقدم والازدهار، يتفاعل المشاركون مع بنية الهياكل سريعة الزوال التي تتجلى من خلال البنى الاجتماعية والسياسية والاقتصادية في مدننا.

Geologic Bodies

Kathryn Yusoff

We cannot talk about the Earth without talking about the powers involved in its rearrangement, the geopowers whose polity is the planet. The Earth is a source of power. Reservoirs of geopowers result from the constant transformation of energy, its taking up and being held, alongside its letting go.

Into this emergent scene of geopower are architectures, built environments that act like nodes channeling and accumulating energies, spending, intensifying, and rerouting it (from the deep earth into architectures of capture and then into atmospheres and changing climates). We refer to these nodes as nation-states, regions, despots, grids, architectures of energy, besieged states, "development," oppressive regimes. Across these geosocial worlds and forms of world-making, this energy conversion is taking up spaces of death and running out of life. Sometimes this occurs through the weaponization of geology that we see in the manifestations of genocide that enforce hunger, thirst, and material submergence in the built environment, and sometimes it is the use of geology (such as seas and deserts and wastelands) as a border weapon to police racialized bodies. Sometimes it is more mundane and quotidian in the everyday violences that carry our bodies materially into being, as food, minerals, kilojoules.

The 2023 Sharjah Architecture Triennial took up discussions of geopower, the weaponization of geology, and the architectural spaces that regulate life and death. One work in particular, Cave_bureau's "Anthropocene Museum 9.0 | Sharjah Slaughterhouse Tour," served as a case study for these themes. The work draws together this history of violence on the predation of energy through the specificities of Arab trade in enslaved persons that links the east coast of Africa to the Middle East, and the commodification of the weight of animal life that constitutes the body politic of a modern city. The uneven environments of suffering and prosperity, of body-building and slaughtered life-forms draw an asymmetrical architecture. The spatial removal of slaughterhouses occurred at a very distinct time in the development of capitalism and urban space that regulated both the transgression of death and human-nonhuman relations to the outskirts of the city. The decision to black box the interdependence of animals and humans unfolds along a spatial topology of undergrounds (manifesting as marginalization and exploitation) that favors wealthy overgrounds. Herders no longer gather in the marketplace commons to sell and slaughter their animals, traversing the city with the animal life that sustains it. Now, slaughter is a private affair, hidden and spatially out of sight. There is much to say about food and colonialism, about foodways and migration spaces, about animality and the fungible processes of becoming meat, and the commodification of bodies into property. And the broader issues of the human-made cultivation of narrow forms of mammalian life for consumption, alongside the devastation and extinction of so much other diverse life, as a consequence of this hungry consumption.

One thing we might understand about bodies that their slaughter foregrounds is the debt of the emergence of other bodies through these specific energy regimes that joined human-animal life, which has geological implications and spatial erasures. As with the parallel tap of energy from deep-time underground resources, the capture and consumption of bodies (oil bodies, coal bodies) are intrinsic to how the urban evolves in its spaces of metabolization and realization. This material and psychic underdevelopment (of foreshortened life, used and commodified life, insecure migrant life etc.) accompanies "development" as an inverse erased debt relation that imbues what surfaces as wealth and power. As we enter a scientifically proclaimed Age of Geology (the Anthropocene), there is a case to be made that geology has always been the way in which life has made itself, if we can see beyond the colonial material apartheids of human, nonhuman, and inhuman.

Geology is our ancestral materiality and the cosmology of our bony structure. These geologic pacts of dependence that support both life and the accrual of geopower—racial, earth, social, geophysical—create unassailable deficits governed through the exercise of geopower. If geopower is where the sorting of life-forms is managed and mediated, it is also somewhere to look for liberatory regimes that refuse the disassociation (spatial, psychic, and historical) of architectures of displacement. If we ask, "What has built this place in which we now find ourselves?" in an expansive rather than restricted manner, our paths are multiple and have deep time tap roots and future arcs. What bodies built this space, what political bodies control it? Who and what is excluded from social and political space? Who is expelled from their territory in genocides of guilty capitulation? What shadowlands define the crisp realisation and luminosity of a creative city?

Modernity has presided over an apartheid of geologic ghosts. The exercise of power requires a geologic regime with architectural resolutions that either consecrate, reverse, or repudiate the continuance of those metabolic regimes. Thinking against the grain of architectural artifactization, Cave_bureau's slaughterhouse tour embodies and fabricates impermanence as a central claim of this space, understood both as a reflection on its spatial dimensions as a place of death and in its wider geographies of fleshy support that such death consolidates in the health of the wider city. As the layer of these commodified bodies piles up in their own stratal layer, our attention might shift to the role of biological attachments as geological forces shaping the evolution of both our and other inhuman bodies. Ore bodies, slaughtered bodies, bodies that transform geomorphology. Earth bodies, hungry bodies, thirsty bodies, clamoring bodies, water bodies, drought basins, short-time blocked-future bodies. Bodies extend themselves through the Earth in impersonal and deeply personal ways, as regimes of geopower govern that duration. In thinking with geologic bodies, we might ask from what geologies architects build (materially, conceptually, psychically, ecologically, and temporally)? What is their responsibility to mobilize and engage deep time and future (ancestral) time?

The deficit of bodies to one another exists in architectures of visibility and spatial obscurance. If every building is a mine, every city an energy rift in the fabric of the Earth and in climate futures, and urbanization itself functions as a living fossil in a geopolitics of contemporary resource strata, there is also more at stake than this inverse dialectic. Namely, the creation of ghost geologies, ghost geologies that haunt. Space is awash with consumed bodies that have delivered forms of becoming into concrete beings, from the fluvial actions of watercourses for hungry cities and pollution-rich extraction industries to the geomorphic action of hooves that trample and denude landscapes. The disruptive power of rematerializing bodies represents a different kind of architecture, a soft and transient form beyond a deathly knoll. Where a wider savannah of animals as zoogeomorphic agents, modifying soils, sediments, landforms, and evolution comes into view, alongside centuries of intensifying animal food production that has given rise to the role of animals as geomorphic engineers, which collectively organize atmospheres and ecologies curated by human needs and appetites. The importance of nonhuman and inhuman nature in urban forms and their sociability—affectual architectures of habitations and pre-inhabitants—suggests architecture has arrived at an inhuman impasse materially ghosted by climate change, biodiversity loss, planetary geoengineering, where it must begin to bear the weight of its interventions and reorganizations of bio- and geological forms of life. As colonial genres of geopower have evolved into multiracial and multiethnic modes of planetary governance, one site of dismantling in their decolonial and decarbonized resolution is through architecture and architectural life-forms. Ending complicity with certain dominant forms of obscurance in the material constitution of architectural forms by acknowledging architecture as a constitutive life-form is a way towards interventions of repair: repair that speaks to the profound obligations and ongoing renewal of harm haunting materialisms' afterlife of colonialism and modernity.

الانفصال (المكاني والنفسي والتاريخي) في بنى النزوح. إذا سألنا: "ما الذي بنى هذا المكان الذي نجد أنفسنا فيه الآن؟" بطريقة عامة وليست مقيدة، فمساراتنا متعددة ولها جذور متفرعة عميقة وأقواس مستقبلية. ما الجهات التي بنت هذا الفضاء، وما هي الهيئات السياسية التي تسيطر عليه؟ من وما المستبعد عن الفضاء الاجتماعي والسياسي؟ من الذي طُرد من أرضه في عمليات الإبادة الجماعية للاستسلام المذنب؟ ما هي أراضي الظل التي تحدّد تحقق المدينة الإبداعية وبريقها؟

لقد قادت الحداثة دفة فصل عنصري لأشباح جيولوجية. فممارسة السلطة تتطلب نظامًا جيولوجيًا مع قرارات معمارية إما تكرس أو تعكس أو تنبذ استمرارية تلك الأنظمة التحويلية. وإذا فكرنا بشكل معاكس لتيار التحف المعمارية، تجسد جولة المسلخ التي صممها مكتب "كيف_بيرو" فكرة عدم الدوام التي تشكل قوام هذه الفسحة، وتُعتبر انعكاسًا لأبعادها المكانية كمكان للموت وفي جغرافيتها الأوسع من الدعم اللحمي الذي يعززه هذا الموت في صحة المدينة الأوسع. ومع تراكم طبقة هذه الأجسام السلعية في طبقتها الطبقية الخاصة، قد يتحول انتباهنا إلى دور الارتباطات البيولوجية كقوى جيولوجية تحدد معالم تطور أجسامنا وغيرها من الأجسام اللاإنسانية. جثث خام، جثث مذبوحة، أجسام تحوّل الجيومورفولوجيا. أجسام من الأرض، أجساد جائعة، أجساد عطشى، أجساد صاخبة، مسطحات مائية، أحواض جافة، أجساد وقتها قصير ومستقبلها معلق. تمتد الأجسام عبر الأرض بطرق غير شخصية وشخصية للغاية، حيث تحكم أنظمة القوة الجيولوجية تلك المدة. عند التفكير في الأجسام الجيولوجية، قد نسأل من أي جيولوجيا يبني المهندسون المعماريون (ماديًا ومفاهيميًا ونفسيًا وبيئيًا وزمنيًا)؟ ما هي مسؤوليتهم عن التعبئة والانخراط في الوقت العميق ووقت (الأجداد) المستقبلي؟

يتواجد عجز الأجساد بعضها تجاه بعض في بنى الرؤية والغموض المكاني. إذا كان كل مبنى عبارة عن منجم، وكل مدينة عبارة عن صدع طاقة في نسيج الأرض وفي مستقبل المناخ، وكان التحضر نفسه بمثابة أحفورة حية في الجغرافيا السياسية لطبقات الموارد المعاصرة، فما هو على المحك يتعدى هذه الجدلية العكسية. إنه استحداث جيولوجيا الأشباح، جيولوجيا الأشباح التي تطارد. الفضاء مليء بالأجسام المستهلكة التي قدمت أشكالًا من التحول إلى كائنات ملموسة، من الأنشطة النهرية للمجاري المائية في المدن الجائعة وصناعات الاستخراج الغنية بالتلوث إلى العمل الجيومورفي للحوافر التي تدوس المناظر الطبيعية وتعرّيها. تمثل القوة التخريبية لإعادة تجسيد الأجسام نوعًا مختلفًا من الهندسة المعمارية، وشكلًا ناعمًا وعابرًا يتجاوز الربوة المميتة، حيث تنكشف أمام الناظر حقول من الحيوانات التي تشكل عوامل جيومورفية حيوانية، بالإضافة إلى التربة والرواسب والتضاريس والتطور، وقرون من الإنتاج الغذائي الحيواني المكثف الذي أعطى الحيوان دور المهندس الجيومورفي، لتنظيم المناخات والبيئات التي ترعاها حاجة الإنسان وشهيته. في المقابل، تشير أهمية الطبيعة غير البشرية واللاإنسانية في الأشكال الحضرية وطابعها الاجتماعي - البنى السكنية وما قبل السكنية المحملة بالعاطفة - إلى أن العمارة قد وصلت إلى مأزق غير إنساني يهدده شبح تغيّر المناخ وفقدان التنوع البيولوجي والهندسة الجيولوجية الكوكبية، حيث يتعين عليها أن تبدأ بتحمّل ثقل تدخلاتها وإعادة تنظيم أشكال الحياة الحيوية والجيولوجية. ومع تطور الأنواع الاستعمارية من القوة الجيولوجية إلى أنماط متعددة الأعراق والإثنية لحوكمة الكوكب، يمكن للهندسة المعمارية وأشكال الحياة المعمارية تفكيك عناصرها الاستعمارية وإزالة الكربون منها. إن إنهاء التواطؤ مع بعض أشكال الغموض السائدة في التكوين المادي للأشكال المعمارية من خلال الإقرار بأن العمارة هي شكل من أشكال الحياة التأسيسية هو وسيلة نحو تنفيذ تدخلات الإصلاح: الإصلاح الذي يعكس الالتزامات العميقة وتجدد الضرر المستمر الذي يطارد الحياة المادية بعد الاستعمار والحداثة.

أبنية جيولوجية

كاثرين يوسف

لا يمكننا التحدث عن الأرض من دون الحديث عن القوى المشاركة في إعادة ترتيبها، أي القوى الجيولوجية التي يقع الكوكب في صلب نظامها. فالأرض مصدر قوة. أما مخزون القوى الجيولوجية فينتج عن التحول المستمر للطاقة، أي عن استهلاكها والاحتفاظ بها وكذلك عن التخلي عنها.

في هذا المشهد الناشئ للقوة الجيولوجية، تقوم البنى المعمارية، وهي البيئات المبنية التي تشكل عُقدًا توجه وتراكم الطاقات، وتنفقها وتكثفها وتعيد توجيهها (من أعماق الأرض إلى البنى المعمارية التي تلتقطها ثم إلى الغلاف الجوي والمناخات المتغيرة). تسمي هذه العُقد دولًا قومية ومناطق وطغاة وشبكات وهياكل طاقة ودولًا محاصرة و"تنمية" وأنظمة قمعية. وفي هذه العوالم الجغرافية الاجتماعية وأشكال بناء العالم، يستحوذ تحويل الطاقة هذا على مساحات من الموت ويستنزف الحياة. ويحدث ذلك أحيانًا من خلال تحويل الجيولوجيا إلى سلاح، الذي نراه في مظاهر الإبادة الجماعية وما يتأتى عنها من جوع وعطش وغمر مادي في البيئة المبنية، وأحيانًا أخرى من خلال استخدام الجيولوجيا (مثل البحار والصحاري والأراضي البور) كسلاح حدودي لمراقبة البنى المصنفة على أساس عرقي. وفي بعض الأحيان يكون الأمر مبتذلًا أكثر ويكون طابعه يوميًا يتجسد في العنف اليومي الذي يحمل أجسادنا ماديًا إلى الوجود، مثل الطعام والمعادن ووحدات الطاقة القاتلة.

على هذه الخلفية، خاض ترينالي الشارقة للعمارة 2023 مناقشات حول القوة الجغرافية، وتسليح الجيولوجيا، والمساحات المعمارية التي تنظم الحياة والموت. وخير مثال على هذه المواضيع هو دراسة الحالة المتمثلة في "متحف الأنثروبوسين 9.0 / جولة في مسلخ الشارقة القديم" التابع لمكتب "كيف_بيرو". إذ يصوّر العمل تاريخ هذا العنف القائم على نهب الطاقة من منظور خصائص تجارة العبيد التي مارسها العرب ما بين ساحل أفريقيا الشرقي والشرق الأوسط، وتسليع ثقل الحياة الحيوانية التي تشكل الجسم السياسي للمدينة الحديثة. وإن بيئات المعاناة والازدهار غير المتساوية، وبناء الأجسام وأشكال الحياة المذبوحة، ترسم هندسة غير متماثلة. فقد أزيلت مواقع المسالخ في وقت فريد للغاية في خلال مسيرة تطور الرأسمالية والفضاء الحضري، نظّم كلًا من ظلم الموت والعلاقات بين البشري وغير البشري من خلال نقلها إلى ضواحي المدينة. يتجلى قرار إخفاء تفاصيل الترابط بين الحيوان والإنسان في مخطط مؤلف من أماكن سرية تحت الأرض (تتجلى في التهميش والاستغلال) تعطي الأفضلية للأراضي الثرية فوق الأرض. فلم يعد الرعاة يجتمعون في مشاعات السوق لبيع حيواناتهم وذبحها، عابرين المدينة بالحياة الحيوانية التي تغذيها. بل أصبح الذبح الآن شأنًا خاصًا، مخفيًا وبعيدًا عن الأنظار مكانيًا. يمكن قول الكثير عن الغذاء والاستعمار، وعن طرق الغذاء ومساحات الهجرة، والحيوانية والعمليات المثيلة لتحويلها إلى لحوم، وتسليع الأجساد لتحويلها إلى ممتلكات، ناهيك من القضايا الأكبر المتعلقة بتربية البشر لأشكال ضيقة من حياة الثدييات لغرض استهلاكها، إلى جانب تدمير وانقراض الكثير من أشكال الحياة المتنوعة الأخرى، نتيجة لهذا الاستهلاك النَّهِم.

ما قد نفهمه عن الجثث التي يسفر عنها الذبح هو الدَّين الناجم عن ظهور أجسام أخرى من خلال أنظمة الطاقة المحددة هذه التي جمعت حياة الإنسان بالحيوان، بما لذلك من تبعات جيولوجية ومحو مكاني. وكما هو الحال مع المصدر الموازي للطاقة من الموارد الجوفية العميقة، فإن الاستحواذ على الأجسام واستهلاكها (أجسام النفط وأجسام الفحم) عنصر جوهري في كيفية تطور المناطق الحضرية في مساحات المعالجة والتحقق. وهذا التخلف المادي والنفسي (الحياة المقصّرة والحياة المستعملة والسلعية وحياة المهاجرين غير الآمنة، وما إلى ذلك) يصاحب "التنمية" كعلاقة معكوسة من الديون المشطوبة تنضح بما يظهر على أنه ثروة وسلطة. ومع دخولنا عصر الجيولوجيا التي أعلنه العلماء، أي حقبة التأثير البشري أو الأنثروبوسين، لا بد من التأكيد على أن الجيولوجيا كانت دائمًا الطريقة التي صنعت بها الحياة نفسها، إذا استطعنا أن نرى ما وراء الفصل المادي الاستعماري ما بين البشري وغير البشري واللاإنساني.

الجيولوجيا هي مادية أجدادنا وعلم كونيات بنيتنا العظمية. هذه المواثيق الجيولوجية للتبعية التي تدعم في آن الحياة وتراكم القوة الجغرافية - العرقية والأرضية والاجتماعية والجيوفيزيائية - تولّد عجزًا لا يمكن تعويضه ويدار من خلال ممارسة القوة الجيولوجية. إذا كانت القوة الجيولوجية هي المكان الذي تتم فيه إدارة فرز أشكال الحياة والتوسط فيها، فهي أيضًا مكان للبحث عن الأنظمة التحررية التي ترفض

No Condition Is Permanent

Wale Lawal

"'Intangible Bodies' celebrates civilization's interaction with the natural environment. Participants drew inspiration from spirituality, empathy and care, decoloniality, civic status, and futurism to engage in acts of world-building and respond to the pressing concerns of our present, sometimes blurring the lines between the intangible and the material. This strand showcased the ephemeral nature of indigenous practice, not relating to materiality but more so to the existing systems that acknowledged the need for balance."

— Tosin Oshinowo, curator, the 2023 Sharjah Architecture Triennial

In September 2017, I visited the University of Lagos (UNILAG) alongside the Nigerian American artist Olalekan Jeyifous, the South African scholar Dr. Mpho Matsipa, and the Nigerian writer OluTimehin Kukoyi (then Adegbeye). Our visit was under the banner of Matsipa's extensive pan-African project, *African Mobilities*, which encompasses a sprawling exhibition, a multimedia archive, and a multi-city exchange. That afternoon, our task was to engage with the university students on the role of architecture, set against a series of futuristic images of Lagos by Jeyifous.

Six years later, both Jeyifous, who joined the panel, and Dr. Matsipa, who was in the audience, accompanied me at the Sharjah Architecture Triennia. There, while moderating a panel titled "The Power of the Imagination," I revisited our shared history.

What always excites people when I share the story of our afternoon at UNILAG is the revelation that Jeyifous's images of Lagos were polarizing. Perhaps expectedly so. In Nigeria, which has long aspired to Western notions of modernity, Jeyifous's vision was, after all, of a future where streets are so dense they become more vertical than horizontal (think Amos Tutuola on acid), where airways, not highways, reign supreme; where Lagos is not the next Dubai or, as statesmen once dreamed, "Africa's Big Apple," but a natural progression where air wagons shuttle between "Shanty Megastructures" built of steel, iron, mesh, and wood. This future, rendered in an architectural language so advanced, suggests Lagosians' ability to "manage" resource availability rather than mere experimental aesthetics; a future, quite pointedly, disruptively even, in which poor people exist. At one moment, a student in the audience asked Jeyifous, "Why have you imagined the future of Lagos in such an ugly manner?" Not long after, another student responded, "But who even decided this was ugly?"

In Sharjah, where architects were asked to consider the beauty of impermanence and where I was tasked with paying particular attention to participants aligned with the sub-theme of "Intangible Bodies," I found myself inevitably returning to that afternoon at UNILAG. Repeatedly, I considered the political relationship all of us considered to be of the Global South must have with *time*. The past is political—for Africans, at least, colonization ensured that, with European colonizers promoting myths of certainty by strictly regulating what could be considered knowledge, what was worth knowing and preserving, how and where it was preserved. Everything else—what they could not observe, measure or tame—they deemed uncertain, marked to be destroyed or feared.

That colonization was an act of erasure, both ideologically and of the built environment, is well documented. One of the enduring symbols of colonial erasure is the colonial archive, which, by ostensibly indicating what was considered worth preserving, hinted at what the colonizers had the power to discard. Indeed, the dawn of independence coincided with actions such as "Operation Legacy," during which European officers destroyed colonial records, ensuring they could exert control over what could be known about the colonial era. The museum has long been considered the institutional representation of such archives, and it is no surprise that today, some of the fiercest debates about decolonization concern the roles, meanings, and purposes of museums, especially those in Europe that have been criticized for holding artifacts looted from African societies.

Where museums pride themselves on their permanence, Ethiopian architect Miriam Hilawi Abraham's "Museum of Artifice" offers a compelling pushback. In her reimagining of Beite Abba Libanos, one of the medieval churches of Lalibela in Northern Ethiopia, Abraham appears to invite us to consider impermanence as a liberating alternative to erasure. The result is a facade of the ancient church made from salt that, arrestingly, "has no desire for permanence, but rather a destiny for deterioration." (The expectation is that over time, the installation will simply be dismantled and the salt repurposed.) Abraham's installation reminded me of how colonial forces often denied Africans liberation through *forced permanence*, a practice that today's museums have been criticized for continuing. It is hard not to recall Patrice Lumumba, the Congolese revolutionary, whom Belgian soldiers killed and dissolved in acid in 1961, but who could only be buried in 2022, when his only remaining body part, a tooth, was finally returned to his family. For sixty-one years, a Belgian soldier had kept Lumumba's tooth as a trophy. It also reminded me of a 2022 conversation I had with Nigerian artist Victor Ehikhamenor, on the restitution of the Benin Bronzes. "Many of the works created by our ancestors were meant to be ephemeral," he said. "They served an immediate purpose and were meant to return to the earth and regenerate afterwards. Why would anybody want to preserve a certain wooden funerary mask meant for burying a dead person?"

But colonization was also about abstraction: the pivoting and manipulation of existing systems based on what Europeans could easily measure or identify. It meant the division of kinfolk by arbitrary borders; the grouping of strangers to form nations; the prohibition of the indigenous and the elevation of the foreign; the invention of urban, rural, and the urban-rural divide, along with the concepts of formal and informal economies. This phenomenon is sensitively and delicately depicted by Sandra Paulson in "Dust as An Accidental Gift," taking us to Luanda, Angola, where a legacy of the colonial era is found in dust, serving both as a symbol and consequence of class divides. To Luanda's dust, we might add the following additional colonial legacies: neighboring countries may share a porous border but will struggle to connect due to a language divide; economic systems will need repeated recalibration or "rebasing" exercises because the entire logic upon which they were established was flawed; railways requiring uprooting because they were introduced to facilitate extraction and, thus, lead nowhere; cocoa farmers who have never seen chocolate; megacities so exclusive they have become ghost towns amid acute housing shortages.

Perhaps the most prominent legacy of the colonial era is our continued reliance on Western models, even when they do not serve us. Convincing as the West's promise of certainty has been, we find ourselves yearning for more, drawn towards the uncertain. Some have expressed this yearning through the growing distaste for European powers across the Sahel, which has seen coups emerge in Mali, Burkina Faso, and Niger; or in the forging of new relations, such as the expansion of the BRICS emerging economies bloc to include six countries, including the United Arab Emirates; or in the tendency of creatives and scholars to embrace "the old ways" we had been conditioned to fear. I found such a yearning in Bubu Ogisi's "óré ì sé àgbòn," likewise in Sandi Hilal and Alessandro Petti of DAAR's "Concrete Tent," and Yussef Agbo-Ola's "JABALA: 9 ASH CLEANSING TEMPLE," where a raffia hut, a tent in the middle of the deserted Al Madam Village, and an amorphous tent, respectively, serve as both sculpture and shelter, eliciting not only sensations of sight and touch but also of smell, of memory, of comfort, of an unknown yet familiar, weighty presence, of nostalgia.

But what about the future? Few alive today would deny that we live in the age of uncertainty, a condition, as the Kenyan architects of Cave_bureau put it, in which "everything is in flux." COVID-19 made sure of this. Despite centuries of humanity domesticating the environment, eradicating diseases, and even consuming animal species to extinction while prolonging our own lifespans, the pandemic reminded us of our own impermanence. It presented the imagination with a reality like the Ray Bradbury story in which humans no longer existed. So that after millions had died from the virus, not even the arrival of promising vaccines could alleviate our collective existential crisis. Experts suffered distrust; politics triumphed over fact. The era, we were told, of truth is over; and to live in the *post-truth* age, "Be prepared. Anything you see, take it like that," seemed the common advice. But like the pandemic, which also exposed inequality not as a bug but as a feature of our times (see our appalling distribution of coronavirus vaccines), uncertainty, even of such magnitude as to be global, is hardly ever *universal*. Africans, and indeed all those considered to be from the Global South, know too well what it means to be in the room but still left out; to be alive but dispensable. Ask African Americans, who spent the pandemic protesting to stay alive; ask the African students who were barred from leaving Ukraine after Russia's invasion in 2022; who were told, as Ukrainians were spirited across borders, that only Ukrainians were worth saving. The pandemic exposed the truth: that we have yet to witness a global crisis that lives up to the promise of being a "great equalizer." This, of course, is all by design—at least that's what the Sharjah Architecture Triennial 2023's "Intangible Bodies" participants suggest; more so, that architecture can aid us in reimagining and resolving our current crises, numerous, connected, and long-running as they are.

We only need to look at Gaza, where Israel's genocidal campaign has not only wiped out entire bloodlines of Palestinian civilians but has also, in the process, generated emissions exceeding the annual emissions of twenty countries, to observe that colonizing forces remain an ongoing existential threat. Often, colonizing forces base their actions on their ability to insist on their own permanence, the idea that they have the power to continue their oppression indefinitely. However, history shows us repeatedly the folly of such thoughts. The beauty of impermanence is that it ultimately does not discriminate. Just as DAAR's "Concrete Tent" will one day be taken over by the dunes of Al Madam Village, everything reaches a natural conclusion. For now, here we are in an era of uncertainty that may have come as a surprise to much of the world; though as anthropologist Francis Nyamnjoh reminds us, that our lives are never entirely "complete" is a familiar condition that has often been the springboard for subversive change. Indeed, the unknown has its frightful elements; after all, the Yoruba people speak of uncertainty as an existential challenge when they remind us that "àìmàsìkò ló ń dààmú èdá," that "it is uncertainty that makes humanity anxious." However, the unknown is equally the rare place in which we are free to design the world on our own terms. What gives the beauty of impermanence purpose is our openness to uncertainty. In Nigeria, we tell ourselves that no condition is permanent. In one light, it inspires hope. In another light, it is a warning.

لقد كان ذلك الاستعمار ضربًا من المحو والإلغاء، سواء من الناحية الأيديولوجية أو من ناحية البيئة المبنية، وهذا الأمر موثقٌ خير توثيق. ولعل أحد أبرز رموز هذا المحو الاستعماري هو الأرشيف الاستعماري، الذي قرر ما يعتبر جديرًا بالإبقاء، وبذلك ألمح إلى ما كان للمستعمرين السلطة لإلغائه والتخلص منه. والواقع أن فجر الاستقلال تزامن مع عمليات مثل "عملية الإرث"، التي دمر خلالها الضباط الأوروبيون السجلات الاستعمارية، بما يضمن لهم السيطرة على ما يمكن معرفته عن الحقبة الاستعمارية. ولطالما اعتُبر المتحف المؤسسة التمثيلية لمثل هذه المحفوظات، وليس من المستغرب أن بعضًا من أشرس المناقشات حول إنهاء الاستعمار تتعلق اليوم بأدوار المتاحف ومعانيها وأهدافها، بخاصة الأوروبية منها التي تعرضت للانتقادات بسبب احتفاظها بقطع أثرية منهوبة من المجتمعات الأفريقية.

وفي حين تفتخر المتاحف بديمومتها وحالتها الثابتة، يتصدى "متحف الحيل" للمهندسة المعمارية الإثيوبية ميريام حلاوي ابراهيم بشكل مقنع لهذه السردية. ففي إعادة تصورها لكنيسة بيت أبا ليبانوس التي تعود للقرون الوسطى في لاليبلا شمالي إثيوبيا، يبدو أن المهندسة تدعونا إلى التفكير في المتغير كبديل عن المحو يساهم في تحرّرنا. فقد تمثلت نتيجة عملها في واجهة للكنيسة القديمة مصنوعة من الملح، والمبهر فيها هي أن "لا رغبة لديها في الدوام، بل مصيرها التدهور". (الخطة هي أن تفكّك الواجهة ببساطة مع مرور الوقت وأن يعاد استخدام الملح لأغراض أخرى). لقد ذكرني عملها الفني هذا كيف أن القوات الاستعمارية غالبًا ما حرمت الأفارقة من التحرر من خلال الإدامة القسرية، وهي ممارسة تعرضت متاحف اليوم للانتقاد بسبب استمرارها. ومن الصعب هنا عدم تذكر باتريس لومومبا، الثوري الكونغولي، الذي قتله الجنود البلجيكيون وحللوا جسده في الحمض عام 1961، ولكنه لم يُدفن إلا في عام 2022 عندما أعيد أخيرًا الجزء الوحيد المتبقي من جسده – وهو سنّ – إلى عائلته. فعلى مدى مدة 61 عامًا، كان جندي بلجيكي قد احتفظ بسنّ لومومبا كغنيمة. وتذكرتُ أيضًا محادثة أجريتها عام 2022 مع الفنان النيجيري فيكتور إهيخامينور حول استعادة برونزيات بنين، حيث قال: "كان من المفترض أن تكون العديد من أعمال أسلافنا زائلة. فقد خدمت غرضًا آنيًا وكان يفترض أن تعود إلى الأرض وتتجدد بعد ذلك. لماذا قد يرغب أي شخص في الحفاظ على قناع جنائزي خشبي مخصص لدفن شخص ميت؟"

لكن الاستعمار ترادف أيضًا مع التجريد، أي التحوير والتلاعب بالأنظمة القائمة بناءً على ما يمكن للأوروبيين قياسه أو تعريفه بسهولة. ويعني ذلك التفرقة بين الأقارب وتقسيمهم وفق حدود تعسفية، وجمع الغرباء معًا لتشكيل أمم، وفرض حظر على السكان الأصليين وتعزيز مكانة الأجانب، واختراع مفهوم "الحضرية" و"الريفية" والفجوة بين المناطق الحضرية والريفية، إلى جانب مفاهيم "الاقتصادات" الرسمية وغير الرسمية. وقد صورت ساندرا بولسون هذه الظاهرة

لا حالة تدوم

والي لاوال

تحتفي مجموعة "أبنية غير ملموسة" بتفاعل الحضارة مع الطبيعة. هنا، يستمد المشاركون الإلهام من الروحانية والتعاطف والاكتراث وإنهاء الاستعمار والوضع المدني وحركة المستقبلية ليعيدوا تخيل العالم والاستجابة للمخاوف الملحة لحاضرنا، طامسين أحيانًا الخطوط الفاصلة بين الملموس وغير الملموس. يركز هذا التوجه على الطبيعة سريعة الزوال لممارسات الشعوب الأصلية، ليس في ارتباطها بالمادية بل في ارتباطها بالأنظمة القائمة التي اعترفت بالحاجة إلى التوازن.

— توسين أوشينوو، القيّمة، ترينالي الشارقة للعمارة 2023

في أيلول/سبتمبر 2017، زرت جامعة لاغوس برفقة الفنان الأمريكي النيجيري أولاليكان جيفوس، والباحث الجنوب أفريقي الدكتور مفو ماتسيبا، والكاتب النيجيري أولوتيميهين كوكوي (أديجي آنذاك). وجرت زيارتنا تحت راية مشروع ماتسيبا لعموم أفريقيا بعنوان "التنقل الأفريقي"، والذي اشتمل على معرض مترامي الأطراف وأرشيف متعدد الوسائط إلى جانب تبادلات بين عدة مدن. وبعد ظهر ذلك اليوم، كانت مهمتنا هي التحاور مع طلاب الجامعة حول دور الهندسة المعمارية على خلفية سلسلة من الصور المستقبلية التي صنعها جيفوس عن لاغوس.

وبعد ست سنوات، رافقني كل من جيفوس، الذي انضم إلى اللجنة، والدكتور ماتسيبا، الذي كان من بين الحضور، إلى ترينالي الشارقة للعمارة. هناك، وأثناء إدارة حلقة نقاش بعنوان "قوة الخيال"، عدتُ بالذاكرة إلى تاريخنا المشترك.

ما يثير دائمًا اهتمام الناس عندما أشارك قصة الفترة التي أمضيناها في الجامعة بعد ظهر ذلك اليوم هو الكشف عن الانقسام الذي أثارته صور جيفوس عن لاغوس. ولربما هذا الأمر متوقع. ففي نيجيريا، التي طالما تطلعت إلى المفاهيم الغربية للحداثة، تمثلت رؤية جيفوس فعليًا في مستقبل تكون فيه الشوارع كثيفة إلى حد تصبح فيه عمودية أكثر مما هي أفقية (على غرار نموذج آموس تيوتولا وأكثر)؛ وتسود فيه الممرات الهوائية، وليس الطرق السريعة؛ ولا تشكل فيه لاغوس النسخة التالية عن دبي، أو كما حلم رجال الدولة ذات مرة، "تفاحة أفريقيا الكبيرة"، إنما تمثل التطور الطبيعي للمدينة حيث تتنقل العربات الجوية بين "هياكل الصفيح العملاقة" المبنية من الفولاذ والحديد والشّباك والخشب. وهذا المستقبل، الذي عبّر عنه الفنان بلغة معمارية متقدمة جدًا، يدل على قدرة سكان لاغوس على "إدارة" توافر الموارد بدلًا من التوقف عند الجماليات التجريبية البحت. إنه مستقبل للفقراء، ولو أنه رُسم بمعالم حادة أو حتى فوضوية. وإذا بأحد الطلاب الحاضرين يسأل جيفوس: "لماذا تخيلت مستقبل لاغوس بهذه الطريقة القبيحة؟" ليجيب طالب آخر بعد مدة وجيزة: "من الذي قرر حتى أنها قبيحة؟"

في الشارقة، حيث طُلب من المهندسين المعماريين النظر في جمالية التغيير وحيث تم تكليفي بإيلاء اهتمام خاص للمشاركين الذين تنسجم أعمالهم مع الموضوع الفرعي "أبنية غير ملموسة"، لم يسعني إلا أن أسترجع ذكرى فترة ما بعد الظهر في جامعة لاغوس. لقد فكرت مرارًا وتكرارًا في العلاقة السياسية التي اعتبرنا جميعًا أنها تربط بين الجنوب العالمي والوقت. فالماضي سياسي - وهذا ما ضمنه الاستعمار، أقله بالنسبة للأفريقيين، لا سيما في ضوء ترويج المستعمرين الأوروبيين لأساطير "اليقين" من خلال التحكم بصرامة بما يمكن اعتباره معرفة، وما يستحق معرفته والحفاظ عليه، وكيف وأين يتم الحفاظ عليه. أما كل شيء آخر - أي ما لم يتمكنوا من ملاحظته أو قياسه أو ترويضه - فاعتبروه غير مؤكد وصنفوه بالقابل للتدمير أو المخيف.

عيناك. ولكن على غرار الجائحة نفسها، التي كشفت أيضًا عن انعدام المساواة ليس كخطأ ولكن كسمة من سمات عصرنا (ما عليك سوى النظر إلى طريقة توزيعنا المروعة للقاحات فيروس كورونا)، فإن حالة عدم اليقين، حتى بهذه الضخامة التي طالت العالم أجمع، نادرًا ما تكون عالمية. فالأفارقة، بل وجميع أولئك الذين يعتبرون من الجنوب العالمي، يعرفون جيدًا ما يعنيه أن تكون متواجدًا في الغرفة ويتم مع ذلك تجاهلك، ما يعنيه أن تكون على قيد الحياة ولكن يمكن الاستغناء عنك. اسأل الأمريكيين من أصل أفريقي، الذين أمضوا فترة الجائحة وهم يحتجون للبقاء على قيد الحياة. اسأل الطلاب الأفارقة الذين منعوا من مغادرة أوكرانيا بعد الغزو الروسي في عام 2022، والذين قيل لهم، فيما كان الأوكرانيون يهربون عبر الحدود، أن الأوكرانيين وحدهم هم الذين يستحقون الإنقاذ. لقد فضحت الجائحة الحقيقة: وهي أننا لم نشهد بعد أزمة عالمية ترقى إلى مستوى الوعد بأن تكون "معادلًا كبيرًا". وبالطبع، هذا كله مقصود - على الأقل هذا ما يقترحه المشاركون في "أبنية غير ملموسة" في ترينالي الشارقة للعمارة 2023. والأهم هو أن الهندسة قادرة على مساعدتنا في إعادة تصور وحل أزماتنا الحالية، مهما كانت كثيرة ومترابطة وطويلة الأمد.

ما علينا سوى النظر إلى غزة، حيث لم تقتصر تداعيات حملة الإبادة الجماعية الإسرائيلية على محو سلالات كاملة من المدنيين الفلسطينيين، بل أنتجت أيضًا، في خضم ذلك، انبعاثات تتجاوز الانبعاثات السنوية لعشرين دولة مجتمعة، في دلالة على أن القوات الاستعمارية لا تزال تشكل تهديدًا وجوديًا مستمرًا. إذ غالبًا ما تبني القوى الاستعمارية أفعالها على قدرتها على الإصرار على دوامها؛ على فكرة أنها تملك القوة اللازمة لمواصلة الاضطهاد إلى أجل غير مسمى. مع ذلك، يظهر لنا التاريخ مرارًا وتكرارًا حماقة مثل هذه الأفكار. فجمال المتغير يكمن في أنه لا يفرّق في النهاية بين أحد. ومثلما ستختفي "الخيمة الخرسانية" التي صنعها مكتب "دار" يومًا ما تحت الكثبان الرملية في قرية المدام، سيؤول كل شيء إلى نهايته الطبيعية. في الوقت الراهن، نمر اليوم بعصر من عدم اليقين الذي ربما كان ليفاجئ الكثيرين، مع أن حالة عدم اليقين بالنسبة للكثيرين منا، أي هذا الإقرار – وفق ما يذكرنا به عالم الأنثروبولوجيا فرانسيس نيامنجو – بأن حياتنا ليست "كاملة" تمامًا، هي حالة مألوفة شكلت في أكثر الأحيان نقطة انطلاق لتغيير يبدّل الأحوال ويقلب الموازين. والواقع أن المجهول له عناصره المخيفة. ففي نهاية المطاف، يتحدث شعب اليوروبا عن عدم اليقين كتحدٍّ وجودي عندما يذكرنا بأن "عدم اليقين هو الذي يجعل البشرية قلقة". غير أن المجهول هو أيضًا المكان النادر الذي نتمتع فيه بحرية تصميم العالم على هوانا. وما يعطي جمال المتغير مغزىً وهدفًا هو انفتاحنا على عدم اليقين. في نيجيريا، نقول لأنفسنا أن لا حالة تدوم. وهذا الإيمان يلهم الأمل من جهة، ويُعَد من جهة أخرى تحذيرًا.

بحساسية ودقة في "التراب هبة غير متوقعة"، حين أخذتنا إلى لواندا بأنغولا حيث عُثر على إرث من الحقبة الاستعمارية تحت التراب يعتبر رمزًا وحصيلة للانقسامات الطبقية. وإلى تراب لواندا، يمكن أن نضيف الموروثات الاستعمارية التالية: البلدان المتجاورة التي قد تتقاسم حدودًا يسهل اختراقها ولكنها تجد صعوبة في التواصل بسبب الانقسام اللغوي؛ والنظم الاقتصادية التي تحتاج إلى إعادة معايرة متكررة أو "إعادة تحديد الأساس" لأن كامل المنطق الذي أنشئت على أساسه معيبٌ؛ والسكك الحديدية التي يتعين إزالتها من أساسها لأنها بنيت لتسهيل عمليات الاستخراج، وهي بالتالي لا تؤدي إلى أي مكان؛ ومزارعو الكاكاو الذين لم يروا الشوكولاتة في حياتهم؛ والمدن الكبرى التي أصبحت حصرية لدرجة أنها تحولت إلى مدن أشباح في ظل نقص حاد في المساكن.

ولعل أبرز إرث من الحقبة الاستعمارية هو اعتمادنا المستمر على النماذج الغربية، حتى وإن لم تكن تفيدنا. وبقدر ما كان وعد الغرب باليقين مقنعًا، نجد أنفسنا نتوق إلى المزيد، منجذبين نحو عدم اليقين. وقد عبّر البعض عن هذا التوق من خلال النفور المتزايد من القوى الأوروبية في جميع أنحاء منطقة الساحل، التي شهدت ظهور انقلابات في مالي وبوركينا فاسو والنيجر؛ أو من خلال إقامة علاقات جديدة، مثل توسيع كتلة البريكس للاقتصادات الناشئة لتشمل ست دول جديدة، من بينها الإمارات العربية المتحدة؛ أو من خلال ميل المبدعين والعلماء إلى تبني "الأساليب القديمة" التي تعلّمنا الخوف منها. لقد وجدت مثل هذا التوق في "الأرض التي امتدت إلى العالم المرئي" لبوبو أوغيسي، وبالمثل في "الخيمة الخرسانية" لساندي هلال وأليساندرو بيتي من مكتب "دار"، وفي "جبالا: معبد تطهير الرماد 9" ليوسف أغبو أولا، حيث يشكل كوخ من سعف النخيل (الرافية)، وخيمة في وسط قرية المدام المهجورة، وخيمة بلا ملامح، على التوالي، منحوتة وملجأ في آن، غير مكتفية بإثارة حواس البصر واللمس وحدها بل مثيرة أيضًا حواس الشم والذاكرة والراحة، وشعورًا بوجود غير معروف إنما مألوف وثقيل، وبالحنين إلى الماضي.

ولكن ماذا عن المستقبل؟ قلةٌ ممن يعيشون اليوم ينكرون أننا نحيا في عصر المجهول وعدم اليقين؛ وهي حالة، كما وصفها المهندسون المعماريون الكينيون في مكتب "كيف ـ بيرو"، يكون فيها "كل شيء في حالة تغير مستمر". وهذا ما أكدته جائحة كوفيد-19. فعلى الرغم من قرون من ترويض البشرية للبيئة، والقضاء على الأمراض، وحتى استهلاك أنواع حيوانية إلى حين انقراضها مع إطالة أعمارنا، ذكّرنا الوباء بأننا غير دائمين. فقد قدم للخيال واقعًا، مثل قصة راي برادبري، لم يعد فيه البشر موجودين. بذلك، وبعد وفاة الملايين بسبب الفيروس، حتى اللقاحات الواعدة لم تنجح في التخفيف من حدة أزمتنا الوجودية الجماعية. وإذا بالخبراء يفقدون الثقة، والسياسة تنتصر على الحقيقة. قيل لنا إن عصر الحقيقة قد ولّى، ويجب الاستعداد للعيش في عصر ما بعد الحقيقة. وبدا أن النصيحة الشائعة هي بتصديق ما تراه

Intangible Bodies: Participants

51-1 Arquitectos, Art and Culture Development Foundation of the Republic of Uzbekistan (ACDF), Bubu Ogisi, Cave_bureau, DAAR – Sandi Hilal and Alessandro Petti, Miriam Hillawi Abraham, Sandra Poulson, Yussef Agbo-Ola

أبنية غير ملموسة–المشـــــاركون

51-1 أركيتكتوس، مؤسسة تنمية الفن والثقافة في جمهورية
أوزبكستان {ACDF}، بوبو أوغيسي، كيف_بيرو،
دار – ساندي هلال وأليساندرو بيتي، ميريام حلاوي ابراهيم،
ساندرا بولسون، يوسف أغبو أولا

Play You Are in Sharjah

The Old Al Jubail Fruit and Vegetable Market, built in the 1980s, was a busy public space connected to the neighboring bus station. The market closed in 2015, becoming an empty, isolated object. Saved from demolition, it reopened as a venue for the Sharjah Architecture Triennial in 2019, totally divorced from the bus station. The space in between was turned into an arbitrary, shadowless square. Can we reconnect the building with the bus station? Can passengers visit the Triennial while waiting . . . broadening the audience? How can this underused public space be activated?

A stingy public space is empty, noisy, shadeless, restricted, fixed, generic, boring. A generous public space is PLAYFUL!

Play You Are in Sharjah
51-1's proposal consisted of turning the square into a place for play. Games bring all ages and cultures together to socialize, compete, and have fun. Most of the population living in Sharjah is originally from those regions that invented the most popular board games. Playing is embedded in their cultural traditions:
tawle, backgammon (Mesopotamia),
pachisi, barjees, ludo (South Asia)
chess, chaturanga (South Asia)
mancala (Egypt, Ethiopia)
go (China)
dama, checkers (Middle East)
carrom (South Asia)
moksha patam, snakes and ladders (South Asia)

Equipment:
Tables (16x) two for each of the eight selected board games (two people can move each table so they can easily find a shaded spot to play).
Chairs (64x), four for every table. Chairs can be easily moved around to find a better game, shade, company, or location.
Movable shades (8x) are inserted to protect from the sun. Shades are light enough so four people can cooperate and move them around to adjust for sun movement. Additionally eight new shade-providing trees are planted.
A sign reading "PLAY YOU ARE IN SHARJAH." Its shadow aligns with the market shape at a certain time of the day, demonstrating how shade is the essential element of public space in Sharjah.

Initial Setup
Components start the day evenly distributed along the square. On Triennial opening day (11/11) at 11:00 am, the sun passes through the sign and writes PLAY on the floor. Only some tables are shaded, and players bring chairs around them to start the game. As the sun moves, players are required to move for cover, move the shade, or both. Sun movement obliges the space to be reconfigured. Users decide. Some play two-person games, some four, some just watch, some are waiting to play next, some are just waiting for their bus in the shade, some are having a coffee while commenting on the Triennial exhibition.

The positions of chairs, tables, and shades tell us stories. Every time you come, the square will be different—a magnificent ordered disorder. When the Triennial closes at night, all components are taken to its initial setup. When the sun rises, the game starts again—a wise, correct, and magnificent play gathered under the shade.

A generous public space.

Venue: Al Qasimiyah School & Old Al Jubail Vegetable Market
Medium: Public realm intervention
Dimensions: Variable
Date: 2023

المكان: مدرسة القاسمية وسوق الجبيل القديم للخضار
المادة: تدخّل في الفضاء العام
الأبعاد: متغيرة
التاريخ: 2023

Venue: Al Qasimiyah School & Old Al Jubail Vegetable Market
Medium: Public realm intervention
Dimensions: Variable
Date: 2023

العب فأنت في الشارقة

كان سوق الجبيل للخضار والفواكه، الذي بني في ثمانينيات القرن العشرين، مساحة عامة مزدحمة متصلة بمحطة الحافلات المجاورة، قبل أن يغلق في عام 2015 ليتحول إلى جسم فارغ ومعزول. غير أنه أُنقذ من الهدم عام 2019 حين أعيد افتتاحه كواحد من مواقع عرض ترينالي الشارقة للعمارة. وإذ تم فصله كليًا عن محطة الحافلات، تحولت المساحة بينهما إلى ساحة عشوائية غير مظللة. فهل نستطيع إعادة ربط المبنى بمحطة الحافلات؟ وهل يمكن للمسافرين زيارة الترينالي أثناء الانتظار ... بحيث يزداد رواج الترينالي بين جمهور أوسع؟ وكيف يمكن تفعيل هذه المساحة العامة غير المستغلة؟

هذه المساحة العامة الجرداء خاوية وصاخبة، تقل فيها الظلال وتكثر فيها القيود. إنها محدودة في ثباتها، وعمومية في طابعها، ومملة بشحها. أما المساحة العامة السخية فتحفل بالمرح والمتعة!

العب فأنت في الشارقة

اقترح استوديو "51-1 أركيتكتوس" تحويل الساحة إلى مكان للّعب تشجع الألعاب فيه على تلاقي الأشخاص من جميع الأعمار والثقافات للتخالط والتنافس والاستمتاع. والواقع أن معظم سكان الشارقة يتحدرون في الأصل من المناطق التي اخترعت أشهر ألعاب الطاولة، واللعب جزء لا يتجزأ من تقاليدهم الثقافية:

لعبة الطاولة (بلاد ما بين النهرين)
باتشيسي، برجيس، لودو (جنوب آسيا)
الشطرنج (جنوب آسيا)
المنقلة (مصر، إثيوبيا)
غو (الصين)
الداما (الشرق الأوسط)
كاروم (جنوب آسيا)
الثعابين والسلالم (جنوب آسيا)

التجهيزات المطلوبة:
طاولات (عدد 16)، اثنتان لكل لعبة من ألعاب الطاولة الثمانية المختارة (يمكن لشخصين تحريك الطاولة للعثور بسهولة على مكان مظلل للعب).
كراسي (عدد 64)، أربعة لكل طاولة. يمكن تحريك الكراسي بسهولة لإيجاد لعبة أو تظليل أو صحبة أو موقع أفضل.
مظلات متحركة (عدد 8) تحمي من أشعة الشمس وتتمتع بالخفة الكافية ليحركها أربعة أشخاص تبعًا لحركة الشمس؛ بالإضافة إلى زراعة ثماني أشجار جديدة توفر الظل.
لافتة كتب عليها "العب فأنت في الشارقة" وينسجم ظلها مع شكل السوق في وقت معين من اليوم، بما يؤكد أن الظل هو العنصر الأساسي للمساحة العامة في الشارقة.

الترتيب الأولي
في مستهل النهار، تكون المكونات موزعة بالتساوي على طول الساحة. وفي يوم افتتاح الترينالي (11/11) الساعة 11:00 صباحًا، تمر الشمس عبر اللافتة فتظهر كلمة "العب" على الأرض. تنعم بضع طاولات فقط بحماية المظلات، ويقوم اللاعبون بوضع الكراسي حولها لبدء اللعبة. عندما تتحرك الشمس، يطلب من اللاعبين التحرك للاحتماء تحت المظلة أو نقلها أو الاثنين معًا. فحركة الشمس تلزم المساحة بتغيير ترتيبها، والقرار بيد اللاعبين. فالبعض يلعب ألعابًا لشخصين، والبعض الآخر يلعب ألعابًا لأربعة؛ وبينما يكتفي البعض بالتفرج ويقف آخرون بانتظار دورهم، ينتظر البعض الآخر حافلتهم في الظل أو يحتسون القهوة أثناء التعليق على معرض ترينالي.

ترتيب الكراسي والطاولات والظلال يحكي لنا قصصًا. كلما قصدت الساحة وجدتها مختلفة في حالة من الفوضى المنظمة المدهشة. عندما يغلق المعرض في الليل، تعود كل المكونات إلى ترتيبها الأساسي. ومع إشراقة الشمس، تبدأ اللعبة من جديد - لعبة حكيمة وصحيحة ورائعة في فيء المظلات.

إنها مساحة عامة سخية.

المكان: مدرسة القاسمية وسوق الجبيل القديم للخضار
المادة: تدخّل في الفضاء العام
الأبعاد: متغيرة
التاريخ: 2023

Tashkent: Appropriating Modernism

Can modernism be seen as a set of historical styles informed by local traditions rather than a uniform, globally oriented trend? What can we learn from a specific example of Modernist architecture introduced by a centralized program of Soviet urban development in a territory that had an entirely different aesthetic experience?

The architectural heritage of Uzbekistan is a unique tradition enriched by the influences of many cultures along the Silk Road. Modern architecture from the Soviet era proposed a language of forms and materials aimed at communicating ideas of progress and renewal, seemingly applicable across places and cultural contexts. But what was it that produced the phenomenon of Tashkent modernism? How did the balance between tradition and modernism shift in the past decades, and what caused these shifts? And what in these constructions really reflects the local typology of Tashkent architecture?

Designed by architect Wael Al-Awar, "Tashkent: Appropriating Modernism" focuses on three examples of modern architecture in Tashkent: the State Museum of Arts, Chaikhana [Teahouse] Samarkand, and Restaurant Zarafshan. These projects were built between 1974 and 1976, and each has been transformed in the ensuing decades. What stood behind these transformations—and who implemented them? What can we see in the gap between the Soviet idea of what buildings in Tashkent should have looked like and how that idea was adapted?

The interventions that have taken place over these years tell an important story of the relationship between modernism and architectural tradition in Uzbekistan. These three buildings show us the possibility of looking through modernism to find a future vernacular unique to the Uzbek context. The exhibition offers a spatial experience that allows one to sense the tension between the original construction and its modified form. Visitors are invited to explore a rich slice of the social, cultural, and architectural history of Uzbekistan, broadening their ideas of heritage, conservation, and a building's lifespan.

The exhibition is part of Tashkent Modernism XX/XXI, an extensive research project initiated and commissioned by the Art and Culture Development Foundation of Uzbekistan and coordinated by Grace, a Milan-based architecture studio. The research team comprises architects, historians, and preservation experts from across the globe, including art historian and curator Boris Chukhovich, Laboratorio Permanente, and the Department of Architecture and Urban Studies at Politecnico di Milano.

Venue: Al Qasimiyah School & Old Al Jubail Vegetable Market
Medium: Mixed-media installation
Dimensions: Variable
Date: 2023

المكان: مدرسة القاسمية وسوق الجبيل القديم للخضار
المادة: تجهيز فني متعدد الوسائط
الأبعاد: متغيرة
التاريخ: 2023

Venue: Al Qasimiyah School & Old Al Jubail Vegetable Market
Medium: Mixed-media installation
Dimensions: Variable
Date: 2023

طشقند: تكييف الحداثة

هل يمكن النظر إلى الحداثة على أنها مجموعة من الأساليب التاريخية المستنيرة بالتقاليد المحلية بدلًا من اعتبارها منحىً موحدًا وعالمي التوجه؟ ما الذي يمكن أن نتعلمه من مثال معين عن العمارة الحداثية التي طرحها برنامج مركزي للتنمية الحضرية السوفياتية في منطقة كان لها تجربة جمالية مختلفة تمامًا؟

يعتبر التراث المعماري لأوزبكستان تقليدًا فريدًا من نوعه أثرته الثقافات المتنوعة التي انتشرت على طول طريق الحرير. فقد أدخلت العمارة الحديثة من الحقبة السوفياتية لغة من الأشكال والمواد تهدف إلى توصيل أفكار التقدم والتجديد التي تبدو وكأنها تنطبق على مختلف الأماكن والسياقات الثقافية. ولكن ما الذي أنتج ظاهرة الحداثة في طشقند؟ كيف تغير التوازن بين التقاليد والحداثة خلال العقود الماضية، وما سبب هذه التغيرات؟ وما الذي يعكس حقًا التصنيف المحلي لهندسة طشقند المعمارية في هذه الإنشاءات؟

يركز مشروع "طشقند: تكييف الحداثة" الذي صممه المهندس المعماري وائل الأعور على ثلاثة أمثلة عن العمارة الحديثة في طشقند، هي متحف الدولة للفنون، وشيخانة [مقهى] سمرقند، ومطعم زرافشان. تعود هذه المباني إلى عامَي 1974 و1976 ولكنها تغيرت في العقود اللاحقة. فما الذي أدى إلى هذه التغيرات – ومن نفذها؟ وماذا بوسعنا أن نرى في الفجوة ما بين التصور السوفياتي لشكل المباني في طشقند وشكلها بعد تكييفها؟

تحكي التدخلات التي حدثت خلال هذه السنوات قصة مهمة عن العلاقة بين الحداثة والتقاليد المعمارية في أوزبكستان. إذ تفتح هذه المباني الثلاثة أمامنا إمكانية البحث من منظور الحداثة عن لغة عامية مستقبلية فريدة في السياق الأوزبكي. ويقدم المعرض تجربة مكانية تتيح للناظر الشعور بالتوتر بين البناء الأصلي وشكله المعدل، ويدعو الزوار إلى استكشاف فترة غنية من التاريخ الاجتماعي والثقافي والمعماري لأوزبكستان وتعزيز درايتهم بمفاهيم التراث والحفاظ على الآثار ودورة حياة العمل المعماري.

هذا المعرض هو جزء من المشروع البحثي المكثف "حداثة طشقند XX/XXI" الذي بدأته وكلفته مؤسسة تنمية الفن والثقافة في جمهورية أوزبكستان وأجري بتنسيق من استوديو غريس المعماري في ميلانو. يتألف فريق البحث من مهندسين معماريين ومؤرخين وخبراء في الحفاظ على الآثار من جميع أنحاء العالم، من ضمنهم مؤرخ الفن والقيّم على المعارض بوريس تشوكوفيتش ولابوراتوريو بيرمانينتي وقسم الهندسة المعمارية والدراسات الحضرية في جامعة بوليتكنيكو دي ميلانو.

المكان: مدرسة القاسمية وسوق الجبيل القديم للخضار
المادة: تجهيز فني متعدد الوسائط
الأبعاد: متغيرة
التاريخ: 2023

óré ì sé agbòn

óré ì sé àgbòn, (the land that extended to the visible world)

"The spirit of human individuality is visual, oral, and musical rather than written—it can't stay still; it's constantly in motion."

The notion of what constitutes our surroundings through time has changed, and so has that of the self. "óré ì sé àgbòn" questions contemporary discourse on spirituality by transforming traditional understandings of the rules and expectations surrounding the relationship between space, body, mind, and spirit across time: past, present, and future.

This installation for the Sharjah Architecture Triennial invokes the essence of the guardian spirit, known as Djinn in Arabic and Èhì in Edo. Typically invisible, Djinns are believed to be composed of thin, subtle bodies (aḏjsām) that can change form at will. The term "Djinn" is an Arabic collective noun deriving from the Semitic root JNN (Arabic: ح / ج, jann), whose primary meaning is "to hide" or "to adapt." Some authors interpret the word to mean, literally, "beings that are concealed from the senses." In Edo culture, your Èhì symbolizes your genius or destiny, serving as a constant companion. This immersive installation turns the viewer's body into a spiritual landscape, an ever-changing energy field.

The self exists simultaneously in àgbòn (the visible world) and èrínmwìn (the spirit world, or the world of the ancestors), inhabited by one's spiritual guardian, Èhì. Power is located in one's own head (ùhúnmwùn) and in one's Èhì, with which the head collaborates. This interaction can either bring a curse or a blessing. The Èhì acts as a personal shield, like clothing. Nature, like the boundaries of land, is shaped with clear distinctions: visible and invisible, opportunity and threat, dry and wet, day and night, back and forth, intertwining reality and possibility.

Àrò-òtó (the ground's shrine), situated in the center of the installation, becomes a sanctuary for the Èhì or Djinns. Manifested through Ogisi's philosophy, this ritual space celebrates fluid ideologies through materiality. The gaze of each element of materiality in relation to ancient cosmology represents not only external deities but also divine aspects and archetypes of our unconscious, commanding the future while blending past insights with future visions through the body, mind, and spirit.

The installation spills forth a cascade of objects that calm invisible forces and powers, in the richness of ideographically emblazoned materials, murals, and icons; proclaiming the moral grandeur of the unknown, spirituality announces an important tradition of profound moral discourse and action.

Bubu Ogisi invites viewers to examine how space interacts with the spirit to demonstrate the infinite transformations and iterations of materiality. By redirecting these notions of expectations, reformulating the idea of what spirits represent through the means of material, and presenting humanity as transient, she reminds us that "all of us are ritual space. The spirits see all sides of a person."

Venue: Old Al Jubail Vegetable Market
Medium: Mixed-media installation
Dimensions: Variable
Date: 2023

المكان: سوق الجبيل القديم للخضار
المادة: تجهيز فني متعدد الوسائط
الأبعاد: متغيرة
التاريخ: 2023

Venue: Old Al Jubail Vegetable Market
Medium: Mixed-media installation
Dimensions: Variable
Date: 2023

الأرض التي امتدت إلى العالم المرئي

الأرض التي امتدت إلى العالم المرئي

"روح الفردانية البشرية هي روح بصرية وشفهية وموسيقية وليست مكتوبة - لا يمكن أن تبقى ساكنة. إنها في حالة حركة مستمرة".

لقد تغير مفهومنا لمحيطنا مثلما تغير مفهومنا للذات عبر الزمن. من هنا، يطرح مشروع "الأرض التي امتدت إلى العالم المرئي" تساؤلات عن الخطاب المعاصر حول الروحانية من خلال تغيير الفهم التقليدي للقواعد والتوقعات المحيطة بالعلاقة بين الفضاء والجسد والعقل والروح من منظور زمني: الماضي والحاضر والمستقبل.

يستحضر هذا التجهيز الفني لترينالي الشارقة للعمارة جوهر الروح الحارسة، المعروفة بالجن في اللغة العربية و"إيهي" بلغة الإيدو. والجن بالعادة كائنات غير مرئية يُعتقد أنها تتكون من أجسام رقيقة ودقيقة يمكنها تغيير شكلها حسب الرغبة. مصطلح "الجن" هو اسمٌ جامع عربي مشتق من الجذر السامي "جن" (بالعربية: ج/ج، جان)، ومعناه الأساسي هو "الاختباء" أو "التكيف". يفسر بعض المؤلفين الكلمة على أنها تعني حرفيًا "الكائنات المخفية عن الحواس". وفي ثقافة الإيدو، يرمز "إيهي" إلى عبقرية المرء أو مصيره ويلازمه على الدوام. وبذلك يحول هذا التجهيز الفني الغامر جسد المُشاهد إلى مشهد روحاني وحقل طاقة دائم التغير.

إن الذات موجودة في العالم المرئي (àgbòn) وعالم الأرواح أو الأجداد (èrínmwìn) في آن معًا، يسكنها "إيهي" باعتباره الوصي الروحي على الإنسان. تقع الطاقة في رأس المرء (ùhúnmwùn) وفي "إيهي" الذي يتعاون معه الرأس، حيث من الممكن أن يجلب هذا التفاعل إما اللعنة أو البركة. و"إيهي" أشبه بدرع شخصي مثل الملابس. تتشكل الطبيعة، مثل حدود الأرض، بفروق واضحة: المرئية وغير المرئية، الفرصة والتهديد، الجفاف والرطوبة، الليل والنهار، الذهاب والإياب، حيث يتشابك الواقع والاحتمال.

يتوسط التجهيز الفني ما يسمى بمزار الأرض (Àrò-òtó) الذي يتحول إلى موطن لـ"إيهي" أو الجن. وتتجلى مساحة الطقوس هذه من خلال فلسفة أوغيسي وتحتفل بالأيديولوجيات السائلة من خلال المادية. إن نظرة كل عنصر من العناصر المادية من حيث علاقته بعلم الكونيات القديم لا تمثل الآلهة الخارجية فحسب، بل تمثل أيضًا الجوانب الإلهية والنماذج الأصلية للاوعي لدينا، فتصيغ المستقبل وتمزج رؤى الماضي مع الرؤى المستقبلية من خلال الجسد والعقل والروح.

تنسدل من التجهيز سلسلة أشياء تهدئ القوى والطاقات غير المرئية؛ وفي وفرة المواد والجداريات والأيقونات المزينة بكتابات رمزية تجسد العظمة الأخلاقية للمجهول، تعلن الروحانية عن تقليد مهم من الخطاب والعمل الأخلاقي العميق.

تدعو بوبو أوغيسي المشاهدين إلى مراقبة كيفية تفاعل الفضاء مع الروح لإظهار التحولات والتكرارات اللانهائية للمادية. ومن خلال إعادة توجيه مفاهيم التوقعات هذه وصياغة ما تمثله الأرواح من خلال المادة وتقديم الإنسانية على أنها عابرة، تذكرنا بأن "كلنا مساحة للطقوس. فالأرواح ترى كل ما في الإنسان".

المكان: سوق الجبيل القديم للخضار
المادة: تجهيز فني متعدد الوسائط
الأبعاد: متغيرة
التاريخ: 2023

Anthropocene Museum 9.0: The Old Sharjah Slaughter-house Tour

Cave_bureau adapted the old Sharjah Slaughterhouse to stage a tour under the ninth instalment of their Anthropocene Museum research series. This work repurposed a complex and beautiful piece of industrial architecture, whose primary protagonists are the animals—cows, goats, sheep, and camels—consumed in Sharjah, often without any thought of their origins or processing. It occupies a space outside public consciousness, yet its existence is in many ways a core resource for the community's sustenance. The exhibition invited the audience to navigate the slaughterhouse as an ever-present yet seldom reflected upon municipal event space where animals are led to slaughter. The audience was corralled like the proverbial animals we are, guided through this space that is intermittently used for slaughtering animals, especially during Eid celebrations of the Islamic calendar, while the rest of the year, this service is relocated outside the city to a larger facility.

Visitors encountered a variety of ambient sounds, drawings, projections, and installations—including works by Beatrice Wanjiku, Densu Moseti, James Muriuki, Jay Patel, Joseph Kamaru KMRU, Maggie Otieno, and Ogeto Nyamwaya—that depict a world entrenched in a deranged consumerist culture that has burrowed into a nearly homogeneous, enslaved human consciousness. Globally, human-induced livestock proliferation has become the greatest biomass of mammalian life on Earth, transforming animals into commodities to be bought and sold. In equal measure, humans navigate through societal life, often oblivious to the troubling reality that, through capitalism, we, too, have been commodified. This draws a direct reference to the nearly forgotten past when African slaves were led by Arab merchants from the Indian Ocean shores to the Gulf, like livestock.

The Anthropocene Museum experience aimed to confront the voracious human appetite and the catatonic state of perpetual growth and consumption, driven by our toxic sense of self-importance. It challenges the notion that life blissfully unfolds before our eyes, pointing instead to the reality that, within the infinite universe, our presence on Earth is barely perceptible on the geological timeline. The tour was enhanced with ambient sound baths, reverse projections of Plato's allegory of the cave, and a human pen-VR experience of the Al-Faya Cave on the outskirts of Sharjah, along the Meliha Mountain ranges. This site of early human migrations from Africa subtly reminds us that the slaughterhouse, like the rest of our built environment, is essentially a modern-day cave.

The exhibition concluded as a time capsule, inviting the audience to leave an impression through an item, words, or a recording reflecting on the slaughterhouse tour. This capsule aimed to influence the project's afterlife, particularly in the slaughter off-season, as an exercise to inform the future reuse and adaptability of such spaces as geological records and territories for meaningful confrontation and reimagination.

At the heart of *The Anthropocene Museum 9.0* is the philosophical exploration of meaningful impermanence. It asserts that in life, only death is certain, while everything else is in flux. It encourages visitors to see the ever-changing landscape of life as an opportunity for growth through introspection and spiritual reconnection. It advocates for a new planetary consciousness that embraces meaningful impermanence without the necessity of constructing anything at all.

Venue: Old Slaughterhouse
Medium: Mixed-media installation
Dimensions: Variable
Date: 2023

المكان: المسلخ القديم
المادة: تجهيز فني مختلط الوسائط
الأبعاد: متغيرة
التاريخ: 2023

Venue: Old Slaughterhouse
Medium: Mixed-media installation
Dimensions: Variable
Date: 2023

متحف الأنثروبوسين 9.0: جولة في مسلخ الشارقة القديم

قام مكتب "كيف_بيرو" بتكييف مسلخ الشارقة القديم لتحويله إلى معرض في إطار الحلقة التاسعة من سلسلته البحثية "متحف الأنثروبوسين". وقد غير هذا العمل وجهة استعمال قطعة معقدة وجميلة من العمارة الصناعية أبطالها الأساسيون هم الحيوانات كالأبقار والماعز والأغنام والجمال التي يتم استهلاكها في الشارقة من دون التفكير في غالب الأحيان بمنشئها أو بعملية إنتاجها. ومع أنها تحتل مساحة خارج الوعي العام، يشكل وجودها من نواح كثيرة موردًا أساسيًا لقوت المجتمع. وقد دعا المعرض الجمهور إلى التنقل في أرجاء المسلخ بوصفه ساحة بلدية تساق إليها الحيوانات لتُذبح، ساحة حاضرة على الدوام ولكن نادرًا ما تخطر في البال. وقد تم حشد الزوار مثل الحيوانات التي يضرب بها المثل، وتم توجيههم عبر هذه المساحة التي تستخدم للذبح أحيانًا، بخاصة خلال أعياد المسلمين، بينما تنتقل هذه الخدمة بقية العام إلى منشأة أكبر خارج المدينة.

يتعرّف زوار المعرض إلى مجموعة متنوعة من الأصوات والرسومات والعروض والتجهيزات - بما في ذلك أعمال لبياتريس وانجيكو ودينسو موسيتي وجيمس موريوكي وجاي باتيل وجوزيف كامارو KMRU وماغي أوتينو وأوغيتو نياموايا - التي تصور عالمًا منغمسًا في ثقافة استهلاكية مشوشة محفورة في وعي بشري متجانس ومستعبد. فعلى الصعيد العالمي، وبفعل تربية المواشي على نطاق واسع، أصبحت هذه الحيوانات تمثل أكبر مجموعة من الثدييات على وجه الأرض وتحولت إلى سلع تباع وتشترى. وعلى المنوال نفسه، يعيش البشر حياتهم في المجتمع غافلين في غالب الأحيان عن الواقع المقلق بأن الرأسمالية حولتنا نحن أيضًا إلى سلعة. وهذه إشارة مباشرة إلى الماضي شبه المنسي حين كان التجار العرب يقودون العبيد الأفارقة من شواطئ المحيط الهندي إلى الخليج مثل الماشية.

تهدف تجربة متحف الأنثروبوسين إلى مواجهة الشراهة البشرية والحالة الجامدة للنمو والاستهلاك الدائمين، الناتجة عن إحساسنا السام بأهمية الذات. فهي تتحدى فكرة أن الحياة تتكشف بسعادة أمام أعيننا، مشيرة بدلًا من ذلك إلى حقيقة أن وجودنا على الأرض، ضمن الكون اللانهائي، هو بالكاد ملحوظ في الجدول الزمني الجيولوجي. وقد تم تعزيز الجولة في المعرض من خلال انغماسات صوتية، وعروض عكسية لقصة أفلاطون الرمزية للكهف، وتجربة بالواقع الافتراضي البشري لكهف الفاية في ضواحي الشارقة عند سلاسل جبال مليحة. يذكرنا موقع الهجرات البشرية المبكرة من أفريقيا بمهارة أن المسلخ، مثل بقية بيئتنا المبنية، هو في الأساس كهف العصر الحديث.

يختتم المعرض مثل كبسولة زمنية، فيدعو الجمهور إلى ترك انطباعهم من خلال عنصر أو كلمات أو تسجيل عن الجولة التي قاموا بها داخل المسلخ. وتهدف هذه الكبسولة إلى التأثير على الحياة التالية للمشروع، لا سيما خارج موسم الذبح، بحيث تسترشد بها أوجه الاستخدام المستقبلية وأساليب تكييف المساحات المماثلة لتكون بمثابة سجلات جيولوجية ومناطق خاصة للمواجهة الهادفة والتصورات الجديدة.

يكمن في صميم "متحف الأنثروبوسين 9.0" الاستكشاف الفلسفي لحتمية التغيير البناءة. فهو يؤكد أن لا ثابت في الحياة سوى الموت، وكل شيء آخر في حالة تغير مستمر. كما يشجع الزوار على رؤية مشهد الحياة المتغير باستمرار كفرصة للنمو من خلال التأمل الذاتي والتواصل الروحي المتجدد. إنها دعوة إلى وعي كوني جديد يحتضن التغير البنّاء بدون الحاجة إلى بناء أي شيء على الإطلاق.

المكان: المسلخ القديم
المادة: تجهيز فني مختلط الوسائط
الأبعاد: متغيرة
التاريخ: 2023

Concrete Tent

Al Madam Village, constructed in the 1970s, was intended to sedentarize and modernize a nomadic way of life—a mode of existence at odds with the formation of a new nation-state. Today, these houses stand abandoned, overtaken by shifting sands.

Situated in this context, the "Concrete Tent" emerges as an experimental architectural preservation project that grapples with the paradox of permanent temporariness. Constructed from a repurposed solid wood frame and a concrete-like appliqué, it embodies a hybrid of contrasts: a mobile tent and a concrete house; temporariness and permanence; movement and stillness; softness and hardness. Permanent temporariness is a condition of dislocation and relocation brought on by political, economic, and environmental shifts, stripping people of the chance to act and engage with the present. Trapped in a nostalgic longing for a lost past or cast forward into an idealized future, the present becomes elusive, and lives appear to be in temporary suspension.

Expanding its conceptual boundaries, one of Al Madam's Modernist buildings is cloaked in jute fabric—traditionally used in tent construction. In this context, architectural preservation is reimagined not as a pursuit of permanence but as a means of re-narrating this site as a heritage of permanent temporariness. Engaging in dialogue with the Modernist ruins, the new layer of jute is reminiscent of both ancient forms of nomadic life and the present condition of permanent temporariness experienced by today's migrant populations.

Over time, the "Concrete Tent" too will succumb to the encroaching dunes, serving as an inevitable reminder of the beauty of impermanence.

Venue: Old Slaughterhouse
Medium: Recycled wood, jute fabric
Dimensions: Variable
Date: 2023

المكان: المسلخ القديم
المادة: خشب معاد تدويره، خيش
الأبعاد: متغيرة
التاريخ: 2023

Venue: Old Slaughterhouse
Medium: Recycled wood, jute fabric
Dimensions: Variable
Date: 2023

خيمة خرسانية

أنشئت قرية المدام في سبعينيات القرن العشرين لتكون موطنًا للبدو ولتحديث طريقة حياتهم التي تتعارض مع الدولة القومية الحديثة. لكن منازلها اليوم أصبحت مهجورة تطمرها الرمال المتحركة.

في هذا السياق، يحاول مشروع "خيمة خرسانية" الحفاظ على الهندسة المعمارية متحديًا مفارقة المؤقت الدائم. فالخيمة المصنوعة من إطار خشبي صلب معاد استخدامه وزخارف شبيهة بالخرسانة تجسد التناقض بين الخيمة المتنقلة والمنزل الخرساني، بين المؤقت والدائم، والحركة والسكون، والليونة والصلابة. ديمومة المؤقت هي حالة التشرد والتنقل الناجمة عن التحولات السياسية والاقتصادية والبيئية التي تحرم الناس من فرصة التصرف والتفاعل في الحاضر، فيصبحون عالقين في الحنين إلى الماضي المفقود أو لاهثين خلف مستقبل مثالي، ويصبح الحاضر بعيد المنال، وتبدو الحياة معلقة بشكل مؤقت.

ومن أجل توسيع حدود المشروع المفاهيمية، غُلّف أحد المباني الحديثة في المدام بقماش من الخيش الذي يشيع استخدامه في بناء الخيام. في هذا السياق، تُمنح عملية الحفاظ على التراث المعماري تصورًا جديدًا ليس كمحاولة لتحقيق الديمومة ولكن كوسيلة لإعادة سرد قصة هذا الموقع كتراث مؤقت ودائم في آن. ومن خلال الانخراط في حوار مع الآثار الحداثية، تذكرنا طبقة الخيش الجديدة بالأشكال القديمة للحياة البدوية وبالحالة الراهنة للمؤقت الدائم الذي يعيشه مهاجرو اليوم.

مع الوقت، سوف ترزح "الخيمة الخرسانية" هي أيضًا تحت الكثبان الرملية الزاحفة، لتكون بمثابة تذكير لا مفر منه بجمالية المتغير.

المكان: المسلخ القديم
المادة: خشب معاد تدويره، خيش
الأبعاد: متغيرة
التاريخ: 2023

Miriam Hillawi Abraham

The Museum of Artifice

"Je bâtis à roches mon langage."
(I build my language with rocks.)

Édouard Glissant, *L'intention poétique*

"The Museum of Artifice" explores architectural conservation as a mode of storytelling and mythmaking, complicating notions of heritage and dissolving the limits of territory. Stemming from the larger project of the Abyssinian Cyber Vernaculus, the errant digital twin of the Lalibela Churches in Northern Ethiopia, the work comingles with (and at times confronts) the resident myths of heritage in Sharjah. The practice of preservation and repair is entwined with narrative. Why do we choose to demolish some structures and rebuild or preserve others? In doing so, which myths and stories are we intentionally building in order to justify the legitimacy of our past?

Originally carved from "living rock" (volcanic basalt bedrock), the medieval churches of Lalibela are a series of intricate monolithic structures connected by a network of passages, tunnels, and catacombs. Their construction is attributed to King Gebremeskel Lalibela (1181–1221), who is said to have built the churches with the aid of angels in just two decades. In spite of archaeological evidence suggesting otherwise, the divine myth still presides over the site. Yet such persistent myths are laden with intention, sometimes incidentally violent, as they are created then later invoked to reinforce sovereignty, territory, and nation-building.

Within the complex, we find Biete Abba Libanos, a partially subterranean church in the Eastern Group. Unlike the other ten churches, somewhere down the line, this specific structure was quietly repaired using uniform bricks fashioned from the original basalt rock after suffering a partial collapse. The reconstructed section almost blends seamlessly with the facade that sits at the mouth of a cave, its roof and floor melting into the strata in one continuous form. This subtle act of repair offers a sort of poetic relationship with Sharjah's Heritage Area, wherein heritage is aestheticized through materiality and the stories of our mythic past are carefully maintained through artifice.

In the "Museum of Artifice," the deceitfully authentic facade of Biete Abba Libanos is re-fabricated here using locally sourced salt blocks. Salt, at once ubiquitous and scarce, common in some contexts and precious in others, becomes the medium, the building block of this story of relation and restitution. The use of salt in this context directly relates to the Triennial's themes of scarcity and impermanence. In the same way that early settlers of Sharjah used "coral stone," salt blocks were also used in other regions of material scarcity such as the use of mortar-bonded salt blocks found in the Danakil Depression of Ethiopia.

Thus, the alien architecture arrives in Sharjah, far from its home on the other side of the Red Sea, mutating from stone to salt, carrying with it its attendant myths and specters. Under this guise, it operates as a world nested within another, singular yet porous to its surroundings. Within this space, violent dispossession is confronted through the digital fabrication and recontextualization of replicas of looted Abyssinian artifacts, specifically ecclesial instruments commonly used in the sacred rites of the Ethiopian and Eritrean Orthodox Church. The replicas featured in the work are those of artifacts still held in Western museums, which have stalled or refused restitution efforts.

Venue: Old Al Jubail Vegetable Market
Medium: Salt blocks, 3D prints, animation
Dimensions: Variable
Date: 2023

المكان: سوق الجبيل القديم للخضار
المادة: كتل من الملح، مطبوعات ثلاثية الأبعاد، رسوم متحركة
الأبعاد: متغيرة
التاريخ: 2023

Venue: Old Al Jubail Vegetable Market
Medium: Salt blocks, 3D prints, animation
Dimensions: Variable
Date: 2023

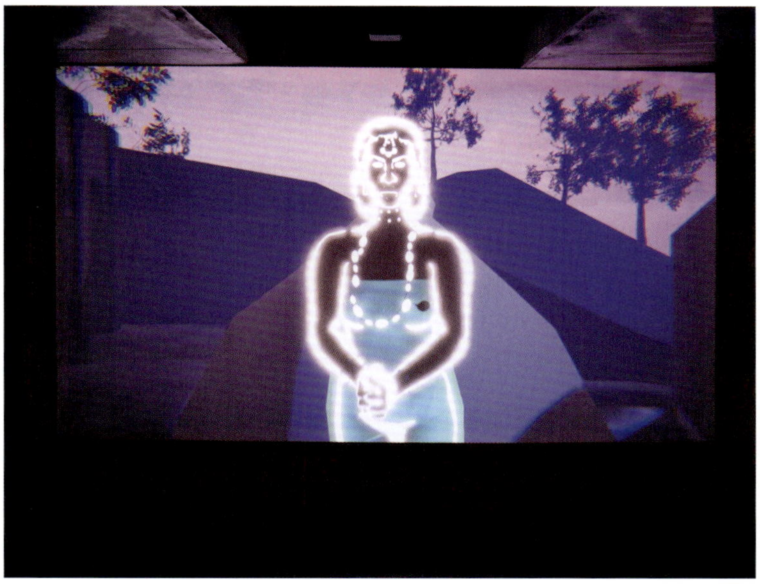

متحف الحيل

"أبني لغتي على الصخور".
إدوارد غليسان، النية الشعرية

يعاين "متحف الحيل" دور مشاريع الحفاظ على التراث المعماري في رواية القصص وصنع الأساطير، معقدًا مفاهيم التراث ومبددًا حدود الأراضي. وانطلاقًا من المشروع الرئيسي "العامية السيبرانية الحبشية" (The Abyssinian Cyber Vernaculus) – وهو التوأم الرقمي المشاكس لكنائس لاليبلا شمالي إثيوبيا – يختلط العمل مع أساطير التراث المتأصلة في الشارقة ويواجهها في بعض الأحيان، وتتشابك ممارسة الحفظ والإصلاح مع السرد. لماذا نختار هدم بعض المباني وإعادة بناء أو الحفاظ على أخرى؟ عند القيام بذلك، ما هي الأساطير والقصص التي نبنيها عمدًا من أجل تبرير شرعية ماضينا؟

نُحتت كنائس لاليبلا التي تعود إلى العصور الوسطى من "صخور حية" (حجر البازلت البركاني)، وهي عبارة عن سلسلة من الهياكل المتجانسة المعقدة المترابطة عبر شبكة من الممرات والأنفاق والسراديب. يُنسب بناؤها إلى الملك جبري مسكل لاليبلا (1181-1221) الذي يقال إنه بنى الكنائس بمساعدة الملائكة في غضون عقدين فقط. وعلى الرغم من الأدلة الأثرية التي تشير إلى خلاف ذلك، لا تزال الأسطورة الإلهية سيدة الموقف. غير أن هذه الأساطير المستمرة محملة بالنوايا، لا بل تكون عنيفة عرضيًا في بعض الأحيان، فهي تقام لتستخدم لاحقًا كذريعة لترسيخ السيادة والأراضي وبناء الأمة.

داخل المجمع، نجد كنيسة بيت أبا ليبانوس التي يمتد جزء منها تحت الأرض في المجموعة الشرقية. وعلى عكس الكنائس العشر الأخرى، تم في أحد الأيام إصلاح هذه الكنيسة بالذات بهدوء بعد تعرضها لانهيار جزئي، وذلك باستخدام طوب موحد مصنوع من صخرة البازلت الأصلية. يمتزج القسم الذي أعيد بناؤه بسلاسة شبه تامة مع الواجهة التي تقع عند مدخل الكهف، بحيث ينساب سقفها وأرضيتها ضمن الطبقات في شكل واحد متواصل. يمثل هذا الإصلاح الدقيق نوعًا من العلاقة الشعرية مع منطقة التراث في الشارقة حيث يتم إضفاء طابع جمالي على التراث من خلال المادية ويتم الحفاظ على قصص ماضينا الأسطوري بعناية من خلال الحيل.

يعيد "متحف الحيل" بناء واجهة كنيسة بيت أبا ليبانوس باستخدام كتل الملح المحلية حتى يُخيّل أنها مماثلة لنسختها الأصلية. وإذا بالملح، المنتشر والنادر في آن معًا، الشائع في بعض السياقات والثمين في سياقات أخرى، يصبح الوسيط وحجر البناء في قصة العلاقة والاسترجاع هذه. يرتبط استخدام الملح في هذا السياق ارتباطًا مباشرًا بمواضيع الترينالي المتعلقة بالندرة وعدم الثبات. مثلما استخدم المستوطنون الأوائل في الشارقة "الحجر المرجاني"، استخدمت كتل الملح أيضًا في مناطق أخرى من ندرة المواد مثل استخدام كتل الملح الممزوجة بالطين الموجودة في منخفض داناكيل في إثيوبيا.

وهكذا، تصل العمارة الغريبة إلى الشارقة، بعيدًا عن موطنها عند المقلب الآخر من البحر الأحمر، متحولة من الحجر إلى الملح، وحاملة معها الأساطير والأطياف المصاحبة لها. فتكون بهذا المظهر أشبه بعالم داخل عالم آخر، متفردة بطابعها الخاص إنما منفتحة على محيطها. في هذا الفضاء، يُجابَه الاستيلاء العنيف على التحف عن طريق ابتكار نسخ رقمية عن القطع الأثرية الحبشية المنهوبة وتكييفها مع السياق، وتحديدًا الأدوات الكنسية التي يشيع استخدامها في الطقوس المقدسة للكنيسة الأرثوذكسية الإثيوبية والإريترية. فالنسخ المعروضة في العمل تقلّد القطع الأثرية المحفوظة حتى اليوم في المتاحف الغربية التي عطلت أو أحبطت جهود استرجاعها.

المكان: سوق الجبيل القديم للخضار
المادة: كتل من الملح، مطبوعات ثلاثية الأبعاد، رسوم متحركة
الأبعاد: متغيرة
التاريخ: 2023

Dust as an Accidental Gift

"Dust as an Accidental Gift" examines the omnipresent dust in Luanda, intrinsic to its geographic setting, to reflect on the city's socioeconomic, political, cultural, and built landscape. It particularly focuses on spaces of negotiation, where knowledge is generated by experiencing and observing the thresholds of opportunity created by pavement and landscape asymmetries.

In Luanda, ubiquitous dust becomes a stable and reliable commodity through numerous economic activities aimed at erasing any traces of it. Angola's colonial past informs these survival methodologies, along with the enforcement of class division through the urban environment.

Being a harbor city, Luanda expanded from the port inland during Portuguese colonial occupation. This meant that downtown Luanda Baixa was formally built (and paved) and occupied by white Portuguese settlers. At the same time, Angolan native families resided in mostly informal and "paved by the dust" neighborhoods towards the inland. Such a divide, namely "the cement city" versus "the dust city," informed the semiotic borders that hindered class mobility for native Angolan inhabitants.

Crossing from the dust to the cement required disguising traces of dust in order to attempt bodily and, therefore, social equity, especially since public institutions, schools, banks, churches were mostly located in the cement city.

Over the centuries, activities of dust removal have prevailed as, post-independence, similar class stratification remained. Thus, the city accommodates an economy that emerges from the existence of dust.

Through these improvised occupations, mediated by people, dust can act as a propeller for mobility rather than a barrier. It dictates the choreography of urban life through the endless looped activities associated with the impossible task of erasing it.

For instance, at the intersection of an unpaved and paved road bordering Kikolo Market, on the day after rain, women set up water bowls and cans to serve as footrests. There, they offer the service of washing feet, ankles, and flip-flops up to the knee of commuters exiting the dust road, now exacerbated by the rain and turning into mud.

This particular activity relies again on the modification that rainwater does to the dust, and in that microsecond, another opportunity arises.

The assemblages of ephemeral objects, made from discarded cardboard and starch, form an uneven walkway that defines the installation as a passage. Such a space of movement prompts the bodies in motion to question their ability to navigate the non-paved, the non-space; uninhabitable. Meanwhile, excerpts of projected footage from Luanda's dust and mud roads provide an immersive context to the experience of navigating between soft and hard surfaces, relatable to near-south geographies.

It's noteworthy, the significance of reused cardboard in the market, as a valuable material. Used both to display products; as a spacer; and a surface to sit or rest on.

The entrance to Kikolo Market in Luanda informs the disposition of the products, selected by their essential role in Luandans' everyday life. It suggests that life and value utilize and exist through context, rather than despite it. And that the 'uninhabitable', rather than defining space, suggests alternatively a methodology, here referencing AbdouMaliq Simone's theoretical work on near-south urban environments.

The installation explores dust as an accidental gift for the city, using this narrative to think about how something seemingly unwanted is essential in shaping continuity.

Venue: Al Qasimiyah School
Medium: Mixed-media installation
Dimensions: Variable
Date: 2023

المكان: مدرسة القاسمية
المادة: تجهيز مختلط الوسائط
الأبعاد: متغيرة
التاريخ: 2023

Venue: Al Qasimiyah School
Medium: Mixed-media installation
Dimensions: Variable
Date: 2023

التراب هبة غير متوقعة

يتمحور مشروع "التربة هبة غير متوقعة" حول الغبار والأتربة المنتشرة في كل أرجاء لواندا والمتجذرة في محيطها الجغرافي، متمعنًا في المشهد الاجتماعي والاقتصادي والسياسي والثقافي والمبني للمدينة. ويركز هذا العمل بشكل خاص على مساحات التفاوض التي تولد فيها المعرفة من خلال تجربة ومراقبة عتبات الفرص الناتجة عن عدم التناسق بين الطرق المعبّدة والمناظر الطبيعية.

في لواندا، يتحول التراب المنتشر في كل مكان إلى سلعة موثوقة تدور حولها العديد من الأنشطة الاقتصادية التي تهدف إلى محو آثاره. وفيما تعود أساليب البقاء هذه إلى ماضي أنغولا الاستعماري، فقد فرض هذا الأخير تقسيمًا طبقيًا في البيئة الحضرية.

من موقعها على البحر، تمددت لواندا من الميناء نحو الداخل خلال الاحتلال الاستعماري البرتغالي، حيث أن المستوطنين البرتغاليين البيض هم من بنوا وسط مدينة "لواندا بايشا" رسميًا (وعبّدوه) وسكنوا فيه. في الوقت نفسه، أقامت الأسر الأنغولية الأصلية في أحياء غير رسمية بغالبها، و"عبّدت بالتراب" الأحياء السكنية باتجاه المناطق الداخلية. فكان من شأن هذا الانقسام بين "مدينة الإسمنت" و"مدينة التراب" أن رسم الحدود السيميائية التي أعاقت تنقل الأنغوليين الأصليين بين الطبقات الاجتماعية.

يتطلب العبور من التراب إلى الأسمنت إخفاء آثار الغبار في محاولة لتحقيق العدالة الجسدية، وبالتالي العدالة الاجتماعية، سيما وأن المؤسسات العامة والمدارس والمصارف والكنائس كانت تقع بمعظمها في مدينة الأسمنت.

على مر القرون، انتشرت أنشطة إزالة التراب لكن التقسيم الطبقي نفسه استمر بعد الاستقلال. وبذلك يكون اقتصاد المدينة قد انبثق عن التراب.

من خلال هذه المهن المرتجلة التي استحدثها الناس، قد يشكل التراب دافعًا للتنقل بدلاً من أن يكون حاجزًا. فهو يصمم إيقاع الحياة الحضرية من خلال خطوات متكررة إلى ما لا نهاية ترتبط بالمهمة المستحيلة المتمثلة في محوه.

فعند التقاطع بين الطريق المعبّد وغير المعبد عند الحدود مع سوق كيكولو على سبيل المثال، وفي اليوم الذي يلي تساقط المطر، تضع النساء أوعية المياه والصفائح كمساند للقدمين، وهناك يقدّمن خدمة غسل القدمين والكاحلين والنعال، وصولاً حتى ركبة المسافر الخارج من طريق التراب التي يكون وضعها قد تفاقم الآن بسبب المطر فتحول التراب إلى طين.

هنا أيضًا يعتمد هذا النشاط بالذات على التغيير الذي يطرأ على التراب نتيجة الأمطار، وفي ذاك الجزء الصغير من الثانية، تنشأ فرصة أخرى.

تشكل مجموعات الأشياء الزائلة، المصنوعة من قطع مرمية من الورق المقوى والنشا، ممرًا غير مستوٍ يبيّن أن التجهيز الفني هو فعليًا ممر. وهذا الفضاء من الحركة يحثّ الأجسام المتحركة على التشكيك في قدرتها على التنقل في الفضاء غير المعبّد: اللافضاء الذي لا يصلح للسكن. في الوقت نفسه، تضفي اللقطات المأخوذة للطرق الترابية والطينية في لواندا شعورًا أعمق بالسياق وتجربة التنقل بين الأسطح اللينة والصلبة وارتباطاتها بجغرافية "الجنوب الأدنى".

والجدير بالذكر هو أن الورق المقوى المعاد استخدامه يعتبر مادة قيّمة لها أهميتها في السوق، فهو يستخدم لعرض المنتجات ويستعمل أيضًا كفاصل أو كسطح للجلوس أو الاستراحة.

تتوضح كيفية توزع وترتيب المنتجات منذ دخول سوق كيكولو في لواندا، فقد تم اختيارها على أساس دورها الأساسي في الحياة اليومية لسكان لواندا. إنها توحي بأن الحياة والقيمة تنشآن من السياق، وليس على الرغم منه. وأن "الذي لا يصلح للسكن" لا يعرّف الفضاء بل يقترح منهجية بديلة، في إشارة إلى العمل النظري لعبد الملك سيمون حول البيئات الحضرية في "الجنوب الأدنى".

يستكشف هذا التجهيز الفني التراب بوصفه هدية غير متوقعة للمدينة، مستخدمًا هذه السردية للتفكير في كيفية تحول ما يبدو غير مرغوب إلى شيء ضروري للاستمرارية.

المكان: مدرسة القاسمية
المادة: تجهيز مختلط الوسائط
الأبعاد: متغيرة
التاريخ: 2023

JABALA: 9 ASH CLEANSING TEMPLE

"JABALA: 9 ASH CLEANSING TEMPLE" is a living architectural entity for honouring nonhuman life and endangered species in the womb of a sacred mountain. It celebrates ephemeral rituals across architecture, performance, and art within Bedouin, Yoruba, and Cherokee communities that respect the natural world and practice environmental consecration. Jute, hemp, and cotton yarns knitted into fabric were chosen for their skin-like quality, porousness, and scalability. These organic fibers are interlaced together and attached to a wooden frame tied with camel wool, a nod to the traditional tent constructions of Bedouin cultures. This structure becomes a stage for collective aromatic rituals of bakhoor, inviting visitors to partake in breathing ceremonies within its sacred structure.

The temple also serves as a reflective commentary on the impact of climate change on Sharjah's biodiversity. To offer these species presence in the temple, each individual fabric component forms an architectural organism or "skin" of a different plant or animal species that is endangered in the region. The knitted motifs in the fabrics also reflect cosmological belief systems of these cultures, representing spirits, ancestors, and the natural forces essential to human existence. The temple's exterior is inspired by the Jebel Akhdar Mountains, mimicking their silhouette and the geological layers that compose the regional landscape.

Following its tenure in Sharjah, the temple is destined for the Amazonian forest, where it will merge with the natural environment, offering a sacred space for human and nonhuman contemplation of our shared world.

Ephemeral in nature, this architectural structure celebrates earth's unique ability to create life through decay and reincarnation. It is designed to degrade and return, one day, to the soil or the forest. It can be taken apart, moved, adapted, and reassembled, echoing the long-standing traditions of nomadic architecture from the region. It facilitates dialogue between the migratory architectures of Africa, Native American Indians, and the UAE, inviting visitors to experience the perspectives and beauty of nonhuman entities and sacred landscapes. This element of contemplation is induced by the collective ritual of burning of bakhoor and incense, which, alongside a sound work, deepens the contemplative aspect of the space. Agbo-Ola's sound art, influenced by his research into rituals, shamanism, and healing practices, seeks to forge deeper connections to our ecological environments through an experimental blend of orchestral sound and spatial acoustics, simulating the intricate, multilayered auditory interplay between botanical, geological, and unseen elements of our environment.

Venue: Al Qasimiyah School
Medium: Wood, metal, jute, camel wool, clay, organic cotton, pigment, herbs, stone, incense
Dimensions: 11 × 5 × 3.5 m
Date: 2023

المكان: مدرسة القاسمية
المادة: خشب، معدن، خيش، صوف الإبل، طين، قطن عضوي، صبغة، أعشاب، حجر، بخور
الأبعاد: 11 × 5 × 3.5 مـ
التاريخ: 2023

Venue: Al Qasimiyah School
Medium: Wood, metal, jute, camel wool, clay, organic cotton, pigment, herbs, stone, incense
Dimensions: 11 × 5 × 3.5 m
Date: 2023

جبالا: 9 معبد تطهير الرماد

"جبالا: 9 معبد تطهير الرماد" هو صرح معماري حي يكرّم الحياة غير البشرية والأنواع المهددة بالانقراض في رحم جبل مقدس. يحتفي بالطقوس الزائلة في الهندسة المعمارية والأداء والفن داخل المجتمعات البدوية واليوروبا والشيروكي التي تحترم العالم الطبيعي وتمارس التكريس البيئي. وقد تم اختيار القماش المحاك من خيوط الخيش والقنب والقطن لجودتها الشبيهة بالجلد ومساميتها وقابلية توسيعها. تتشابك هذه الألياف العضوية لإنشاء إطار خشبي يربط به صوف الإبل، في إشارة إلى الخيام التقليدية في ثقافات البدو. فيصبح هذا الهيكل مسرحًا لطقوس البخور العطرية الجماعية، ويدعو الزوار للمشاركة في احتفالات الاستنشاق داخل جدرانه المقدسة.

يحث المعبد أيضًا على التأمل في تأثير تغير المناخ على التنوع البيولوجي في الشارقة. فكل نسيج هنا يستعرض الأجناس الموجودة في المعبد هو كائن معماري أو "جلد" لنوع نباتي أو حيواني مهدد بالانقراض في المنطقة. تعكس الزخارف المحبوكة في الأقمشة أيضًا المعتقدات الكونية في هذه الثقافات، والتي تمثل الأرواح والأسلاف والقوى الطبيعية الأساسية للوجود البشري. الجزء الخارجي للمعبد مستوحى من جبل جيس ويحاكي صورته الظلية والطبقات الجيولوجية التي تشكل المشهد الطبيعي للمنطقة.

بعد انتهاء فترة وجوده في الشارقة، من المقرر نقل المعبد إلى غابة الأمازون حيث سيندمج مع البيئة الطبيعية ويوفر مساحة مقدسة للتأمل البشري وغير البشري في عالمنا المشترك.

يحتفل هذا الهيكل المعماري الزائل بقدرة الأرض الفريدة على خلق الحياة من خلال الاضمحلال والتناسخ. فهو مصمم للتحلل والعودة يومًا ما إلى التربة أو الغابة. يمكن تفكيكه ونقله وتكييفه وإعادة تجميعه، في ترداد لتقاليد العمارة البدوية القديمة في المنطقة. كما أنه يسهل الحوار بين أبنية الهجرة لدى الشعوب الأمريكية الأصلية وفي أفريقيا والإمارات العربية المتحدة، إذ يدعو الزوار إلى التعرف إلى وجهات نظر وجمال الكيانات غير البشرية والمناظر الطبيعية المقدسة. هذا العنصر من التأمل ناتج عن الطقوس الجماعية لحرق البخور التي تترافق مع الأصوات لتعمق الجانب التأملي للمساحة. فالفن الصوتي لأغبو أولا، المتأثر بأبحاثه في الطقوس والشامانية وممارسات الشفاء، يسعى إلى إقامة روابط أعمق مع محيطنا البيئي من خلال مزيج تجريبي من أصوات الأوركسترا والصوتيات المكانية، ومحاكاة التفاعل السمعي المعقد المتعدد الطبقات بين العناصر النباتية والجيولوجية وغير المرئية في بيئتنا.

المكان: مدرسة القاسمية
المادة: خشب، معدن، خيش، صوف الإبل، طين، قطن عضوي، صبغة، أعشاب، حجر، بخور
الأبعاد: 11 × 5 × 3.5 م
التاريخ: 2023

Pre-Opening Public Program

البرنامج العام قبل الافتتاح

September 10, 2022

SAT02 Launch: Impermanence, Adaptability, and the Potential of Contextual Architecture

A conversation between Tosin Oshinowo and Hoor Al Qasimi that unpacked the ideas behind the 2023 triennial at Al Qasimiyah School.

Following the conversation between Hoor and Tosin, the event took the format of a panel discussion moderated by Tosin Oshinowo with a selection of SAT02 participants who were undertaking their initial research trips to Sharjah.

Speakers:
Tosin Oshinowo
Hoor Al Qasimi
Papa Omotayo
Limbo Accra (Dominique Petit Frère and Emil Grip)
Abeer Seikaly
Cave_bureau
Wallmakers (Vinu Daniel)

Can the poor man's material or the impermanent material create art? Create beautiful art?
Vinu Daniel (Wallmakers)

What we quite like about the theme of impermanence and its beauty is that permanence is a bit of a myth. If geology, the entire solar system, and the universe are expanding and constantly changing on a fundamental level, it questions whether "permanence" is relevant in the world we live in today
Kabage Karanja (Cave_bureau)

If intervention doesn't happen on a global scale, especially in urban areas where 60 percent of construction happens, we fail.
Vinu Daniel (Wallmakers)

I think something really interesting about designing from scarcity is the fact that designing from scarcity tends to also be designing from the collective.
Tosin Oshinowo

10 أيلول/سبتمبر، 2022

إطلاق ترينالي الشارقة للعمارة الثاني: التغيّر، والتكيّف، وإمكانيات العمارة السياقية

حوار بين توسين أوشينوو وحور القاسمي، تناولتا فيه مختلف الأفكار التي تقف وراء ترينالي عام 2023 في مدرسة القاسمية.

وبعد الحوار الذي دار بين حور وتوسين، اتخذت الفعالية شكل حلقة نقاش أدارتها توسين أوشينوو وانضمت إليها مجموعة مختارة من المشاركين في ترينالي الشارقة للعمارة الثاني، والذين كانوا يقومون برحلاتهم البحثية الأولية إلى الشارقة.

المتحدثون:
توسين أوشينوو
حور القاسمي
بابا أوموتايو
ليمبو أكرا (دومينيك بيتي-فرير وإميل غريب)
عبير صيقلي
كيف_يرو
وول ميكرز (فينو دانيال)

هل يمكن ابتكار فن من مواد الفقراء أو المواد الزائلة؟ ابتكار فن جميل؟
فينو دانيال (وول ميكرز)

ما يعجبنا في موضوع المتغيّر وجماليته هو أن الديمومة أشبه بأسطورة. إذا كانت الأرض والنظام الشمسي بأكمله والكون عناصر تتوسع وتتغير باستمرار من حيث الأساس، فهذا يطرح التساؤل عما إذا كان مصطلح "الديمومة" مناسبًا في العالم الذي نعيش فيه اليوم.
كاباجي كارانجا (كيف_يرو)

إذا لم يحدث تدخل على نطاق عالمي، وتحديدًا في المناطق الحضرية التي تستحوذ على نسبة 60 في المئة من أعمال البناء، فهذا يعني أننا فشلنا.
فينو دانيال (وول ميكرز)

أرى أن ثمة شيء مثير جدًا للاهتمام حول الخروج بتصميم انطلاقًا من مفهوم الندرة، وهو أن التصميم الناتج عن الندرة قد يعني أيضًا التصميم الناتج عن المجموعة.
توسين أوشينوو

October 27, 2022

Lagos Symposium: Scarcity versus Abundance: Adaptability as a Creative Resource in Architecture and Design

The second public programming event for the triennial was held in the curator's home city of Lagos at Yinka Shonibare's G.A.S Foundation.

To introduce the event, a comprehensive conversation was held between Tosin Oshinowo and journalist Lola Ogunnaike, addressing the goals of the Triennial in shedding light on architectural practice and tradition from the Global South.

It then continued to a series of panel discussions, moderated by Tosin, featuring practitioners Ade Shokunbi, Taibat Lawanson, Mpho Matsipa, and Rahina Garba, Lagosian cultural innovators Ndidi Dike, Michael Elégbèdé, and Reni Folawiyo, and other members of the SAT Curatorial Advisory Board, including the director of The World Around, Beatrice Galilee, Yinka Shonibare, and SAT President Hoor Al Qasimi.

[Architectural] experimentation, obviously, has a lot to do with [. . .] responsibility. And I know that with clients, you have to lead by example. And I feel that my responsibility is to not just talk about it, but to actually do it.

Ade Shokunbi

And I think what is very clear to me [. . .] is that this binary of formal and informal, modern and traditional is not necessarily productive, but rather we should think about the question of hybridity. So how do we think about alternative and hybrid approaches to resolving questions of recycling and waste?

Mpho Matsipa

I think that this question of repairability, and mixing and matching different components, is a colonial question around ownership, property, copyright, and licence. But I think that that is actually where a lot of the struggles around our future will take place. So our capacity to disassemble and reassemble to produce elements, components, objects, usable objects, aesthetic objects is probably a key issue in how to rethink this question of waste.

Mpho Matsipa

There is a lot of alignment [with architects] with the realities and difficulties that we have in the culinary space when it comes to infrastructure [. . .] We can revisit the indigenous ways people did things. Yes, we don't have electricity constantly. Well, how did people preserve food? And how did that influence the development of our cuisine? [Culinary techniques such as] sun drying, smoking, fermentation. So really focusing on the things that are inherently ours in our expression of food, even down to the vessels that we use.

Michael Elégèdé

One of the biggest conversations that the architectural industry is having with itself is how to effectively create architecture that isn't extractive, that doesn't do harm. How do you build something that does no harm?

Beatrice Galilee

27 تشرين الأول/ أكتوبر، 2022

ندوة لاغوس: الندرة مقابل الوفرة: التكيّف، مصدرٌ للابتكار في العمارة والتصميم

أقيم حفل العام الثاني لبرامج الترينالي في مؤسسة مساحات الفنان الزائر لينكا شونيبار، التي تقع في مدينة لاغوس وهي مسقط رأس القيّمة على المعرض.

تم استهلال الحفل بحوار شامل دار بين توسين أوشينوو والصحفية لولا أوغونايكي، تناولتا فيه أهداف الترينالي في تسليط الضوء على ممارسات وتقاليد معمارية من الجنوب العالمي.

واستُكمل ذلك بسلسلة حلقات نقاش أدارتها توسين، وضمت الممارسين أديمو شكوني وطيبات لاوانسون ومفو ماتسيبا وراهينا غاربا، والمبتكرين الثقافيين من لاغوس نديدي دايك ومايكل الجبيدي ورينيه فولاويو، وأعضاء آخرين في المجلس الاستشاري لأمناء الترينالي، بمن فيهم مديرة "ذا وورلد أراوند"، بياتريس جليلي وينكا شونيبار، ورئيسة ترينالي الشارقة للعمارة، حور القاسمي.

من الواضح أن التجارب [المعمارية] لها علاقة كبيرة بـ... المسؤولية. وأعلم أنه علينا أن نمثل قدوة يحتذى بها بالنسبة إلى العملاء. وأشعر أنه من مسؤوليتي القيام بذلك وليس التحدث عنه فحسب.

أديمو شكوني

أظن أن ما أراه واضحًا كالشمس... وهو أنه لا يتعين بهذه الثنائية بين الرسمي وغير الرسمي، وبين الحديث والتقليدي، أن تكون منتجة بحال الضرورة، ولكن حريّ بنا التفكير في مسألة الخلط. إذن كيف نفكر في نهج بديلة ومختلطة لحل مسألة إعادة التدوير والنفايات؟

مفو ماتسيبا

أظن أن إمكانية التصليح ومزج مكونات مختلفة ومطابقتها هي قضية استعمارية تطال حق الملكية والممتلكات وحقوق النشر والترخيص. إلا أنني أرى أن هذا سيشكل منطلق الكثير من الصراعات حول مستقبلنا. ولذلك فإن قدرتنا على التفكيك وإعادة التجميع لإنتاج العناصر والمكونات والأجسام والأشياء القابلة للاستخدام والأشياء الجمالية هي على الأرجح قضية رئيسية في كيفية إعادة التفكير في مسألة النفايات هذه.

مفو ماتسيبا

يبدو أنه ثمة توافق كبير [مع المهندسين المعماريين] على الحقائق والصعوبات التي نواجهها في مجال الطهي عندما يتعلق الأمر بالبنية الأساسية... يمكننا إعادة النظر في الطرق التي كان يعتمدها أجدادنا للقيام بالأشياء. نعم، فالكهرباء لا تتوفر لدينا باستمرار. حسنًا، كيف كان الناس يحفظون الطعام؟ وكيف أثر ذلك على تطوّر مطبخنا؟ [تقنيات الطهي مثل] التجفيف بالشمس والتدخين والتخمير. وبذلك يجري التركيز جدًا على الأشياء التي نمتلكها بالفطرة في تعبيرنا عن الطعام، وصولًا إلى الأوعية التي نستخدمها.

مفو ماتسيبا

أكبر حديث يجريه مجال العمارة مع نفسه هو كيفية إنشاء عمارة فعالة غير قائمة على الاستخراج ولا تسبب ضررًا. كيف تبني شيئًا لا يسبب ضررًا؟

بياتريس جليلي

March 18, 2022

Communal Tectonics: Social Sustainability in the Global South

About the event: Through a conversation between curator Tosin Oshinowo and a selection of SAT02 participants, the event delved deeper into Oshinowo's curatorial framework by exploring the integral nature of communal and social engagement in spatial practice, integrating this thread with the triennial themes of adaptability and impermanence.

I don't believe in mass production or mass scale. I am very anti-capitalist, even though we all need to make money. But I also believe in this slow process of creativity, a slow process of understanding.
Bubu Ogisi

We very much believe in this open-source approach, the way that we can share that knowledge [. . .] We really believe in this idea of design for distribution. We live in an age where we can send blueprints to spaces all around the world. And if we truly want to think about scalability, then containing it and thinking about just doing it yourself is not the right way. We get the most enjoyment out of actually seeing how people have taken the idea and how they've modified it to their contexts. And then they're sending us back the ways that they've improved on it. I think that approach is the kind of way forward for scalability, and one that we're excited to continue to push and learn.
Henry Glogau

Speakers:
Tosin Oshinowo
51-1 Arquitectos
Bubu Ogisi
Henry Glogau
Hive Earth

18 آذار/مارس، 2022

فنّ البناء الجماعي: الاستدامة الاجتماعية في منطقة الجنوب العالمي

من خلال حوار دار بين القيّمة على المعرض توسين أوشينوو ومجموعة مختارة من المشاركين في ترينالي الشارقة للعمارة، تعمّقت هذه الفعالية في الإطار الذي اعتمدته أوشينوو في تنسيق المعرض، من خلال البحث في الطبيعة المتكاملة للمشاركة المجتمعية والاجتماعية في الممارسة المكانية، ما أدى إلى دمج هذا الموضوع مع موضوعَي الترينالي وهما: القدرة على التكيف والمتغيّر.

لست مقتنعةً بالإنتاج الضخم أو النطاق الواسع. أنا من أشد المعارضين للرأسمالية، مع أننا جميعًا بحاجة إلى كسب المال. ولكنني مقتنعة أيضًا بهذه العملية الإبداعية البطيئة، وهي عملية فهم بطيئة.

بوبو أوغيسي

إننا مقتنعون جدًا بهذا النهج مفتوح المصدر، والطريقة التي يمكننا من خلالها مشاركة هذه المعرفة... إننا مقتنعون حقًا بفكرة التصميم من أجل التوزيع. فنحن نعيش في عصر يمكّننا من إرسال المخططات إلى أماكن في مختلف أنحاء العالم. وإذا أردنا حقًا التفكير في التوسع، فليس من الصائب حصر ذلك والتفكير في الاكتفاء بأنفسنا للقيام بالأشياء. لا شيء يبهجنا أكثر من رؤية الطريقة التي أخذ الناس بها الفكرة، وما أدخلوه عليها من تعديلات لتلائم سياقاتهم. وبعد ذلك يرسلون إلينا الطرق التي حسنوها بها. أظن أن هذا النهج هو السبيل للتقدم نحو التوسع، وهو النهج الذي نتوق لمواصلته وتعلّمه.

هنري غلوغاو

المتحدثون:
توسين أوشينوو
51-1 أركيتكتوس
بوبو أوغيسي
هنري غلوغاو
هايف إيرث

Exhibition Design

معرض التصميم

On Designing without Depletion: A Study of Sharjah's Industrial Areas

Space Caviar

An exhibition that produces no waste—an investigation into the industrial areas of Sharjah, creating collaborations to temporarily find new uses for raw construction material as exhibition display and public space.

When we first visited Sharjah, we were interested in the city's grid structure, which is divided into different industrial areas labeled as 1, 2, 3, 4, and 5. Each area sells a different highly specific product, many of which are used and secondhand materials. For example, we came across vendors selling surplus insulation panels left over from previous projects and stored in these material storage yards. Another vendor sold old car parts—half of a car stacked in tall piles. Another rented scaffolding and wooden boards. One particularly interesting source was a company producing and selling bricks—many of which were in small quantities and colorful remnants from color testing for various architectural projects. Some bricks were considered lower quality and rejected from factory production, but to us, the difference in quality and texture was attractive. The glass on the top of the pedestals also came from one of these industrial areas. We asked the producer for their most common glass size (a shower door) and based our pedestal dimensions on this so that it could be returned to the glass industrial area after the exhibition.

We were inspired by these visits to the local industrial areas that became an important reference for the exhibition design both conceptually and physically. The sight of towers of materials and seeing how the workers creatively used them as ready-made furniture and public spaces. Bricks were transformed into seats, and stacks of insulation panels provided shade for lunch breaks. We wanted to bring that same quality to the Triennial and highlight this interesting material economy that exists adjacent to the exhibition venues. For our exhibition design, raw industrial area materials were simply reassembled, restacked, and arranged to create areas of display and public space.

Our main goal was to create an exhibition that produced no waste. To do this, we proposed collaborations between various vendors, contractors, and the Sharjah Art Foundation. Both new and used construction materials were brought to the Triennial venues, where they became part of a landscape of material storage. These materials were then repurposed to construct public spaces and displays for the public program, such as a cinema, workshop spaces, and a public arena. This collaboration drew attention to the unseen aspects of Sharjah's construction industry and, by extension, the larger UAE. We hoped to initiate conversations about the material economy that underlies the architecture we design and build. At the conclusion of the exhibition, the materials (in their original condition, uncut, etc.) were returned to their respective vendors and contractors for future construction projects. Like many of our other exhibition set-ups, we saw this as an opportunity to rethink the materials we use in exhibition design. We approached this exhibition with what we often refer to as our "hardware store model," looking to see what is locally available and renting materials for temporary exhibitions. This approach results in an alternative aesthetic that differs from what is normally seen in exhibitions. The design of an exhibition is a research process for us, and it is critical that we find ways to reduce the vast amount of waste typically produced by these events.

Each project in Sharjah is rooted in its historic and cultural context, creating collaborative installations that use local materials and knowledge. Space Caviar closely followed the development of each participant's project and encouraged them to work together towards the common goal of creating an exhibition without waste. We discussed alternatives to commonly used materials like drywall and styrofoam, and we collaborated with locally sourced materials while learning techniques and tools from the surrounding context.

This exhibition is intentionally heavy to make visible the weight of architectural materials. Far too often the materials we build with are rendered invisible and remain an externality. The exhibition was modular, unglued, and movable. It was designed to be dismantled and returned for new or original uses.

We continually redesigned the exhibition as new bricks or materials became available, which required us to readjust the pedestal module and the grid of other pedestals. The design of the supply chain, including when materials would arrive, how they would be moved throughout the space, and when they would be returned all influenced the placement of the materials. After the opening weekend events, the stage and scaffolding seating were dismantled and returned, and the courtyard design was adjusted to accommodate new programming. The remaining courtyard arena was used throughout the triennial as a pop-up cafe, workshop spaces, performance area, and a venue for talks. When the triennial concluded, all materials were returned to the various contractors and industrial areas from which they were sourced.

SAT02 exhibition design: 28,200 bricks, 115 insulation panels, 100 wooden beams, 240 sheets of plywood, 10 sheets of glass, 2 scaffold units

Exhibition Design Team:
Space Caviar (Joseph Grima, Sofia Pia Belenky, Barbara Doroszuk, Lorenzo Bondavalli)

EXIT

AL RONA
AL MILLION REST.
مطعم المليون

لقد تعمّدنا أن يكون هذا المعرض ثقيلًا لإبراز وزن المواد المعمارية. ففي كثير من الأحيان، تصبح المواد التي نبني بها غير مرئية وتبقى عنصرًا خارجيًا. أما هذا المعرض فكان مؤلفًا من وحدات مركبة بدون لاصق، فضلًا عن كونه متحركًا وقابلًا للنقل، بحيث تم تصميمه بشكل يتيح تفكيكه وإعادته إلى مصدره ليستخدم لأغراض جديدة أو أصلية.

وجدير بالذكر أننا عدّلنا تصميم المعرض كلما توفر طوب جديد أو مواد جديدة، الأمر الذي تطلب منا تعديل الوحدة المركبة للقاعدة وشبكة القواعد الأخرى. كما أننا حددنا موضع المواد وفقًا لتصميم سلسلة التوريد، بما في ذلك موعد وصول المواد، وكيفية نقلها إلى أرجاء المساحة، وموعد إعادتها. وبعد الفعاليات الافتتاحية بنهاية الأسبوع، تم تفكيك مقاعد المسرح والسقالات وإعادتها إلى مصدرها، كما تم تعديل تصميم الفناء لاستضافة البرامج الجديدة، أما المساحة المتبقية منه فاستُخدمت طوال فترة الترينالي كمقهى مؤقت ومساحات لورش عمل ومنطقة للعروض الفنية ومكان للمحادثات. مع اختتام الترينالي، أعيدت جميع المواد إلى مختلف المقاولين والمناطق الصناعية التي أخذت منها.

تصميم معرض الدورة الثانية من ترينالي الشارقة للعمارة: 28200 طوبة، 115 لوح عازل، 100 عارضة خشبية، 240 ورقة من الخشب المعاكس (بلايوود)، 10 صفائح من الزجاج، سقالتان.

فريق تصميم المعرض: سبايس كافيار (جوزيف غريما، صوفيا بيا بيلينكي، باربرا دوروسزوك، لورنزو بوندافالي)

عن التصميم بدون الاستنزاف: دراسة للمناطق الصناعية في الشارقة

سبايس كافيار

معرض لا تنتج عنه أي نفايات – تحقيق في المناطق الصناعية في الشارقة، ينبثق عنه تعاون لإيجاد استخدامات جديدة مؤقتًا لمواد البناء الخام بحيث تكون أشبه بتحفٍ معروضة ومساحة عامة.

عندما زرنا الشارقة للمرة الأولى، كنا مهتمين بهيكل شبكة المدينة الذي ينقسم إلى مناطق صناعية مختلفة مرقمة 1 و2 و3 و4 و5. تختص كل منطقة ببيع منتج مختلف عن سواها، والعديد منها يستخدم مواد مستعملة. على سبيل المثال، صادفنا باعة يبيعون ألواحًا عازلة متبقية من مشاريع سابقة ومخزنة في ساحات تخزين المواد هذه. هنا بائعٌ يبيع قطع غيار السيارات القديمة - أنصاف سيارات مكدسة في أكوام عالية – وهناك آخر يبيع سقالات مستأجرة وألواحًا خشبية. ومن أكثر ما لفت انتباهنا مواد جاءت من شركة تنتج وتبيع الطوب – إذ وجدنا الكثير منها بكميات صغيرة وفي أحجار ملونة تبقّت من اختبارات الألوان لمختلف المشاريع المعمارية. وفي حين اعتبر المصنع بعض حجارة الطوب أقل جودة وغير صالح للإنتاج، وجدنا في اختلاف جودتها وملمسها جاذبية قصوى. وحتى الزجاج الموجود على القواعد جاء من إحدى هذه المناطق الصناعية. فقد سألنا المنتِج عن الحجم الأكثر شيوعًا من الزجاج الموجود لديه (وهو باب حجرة الاستحمام) واعتمدنا على هذا المقاس لاختيار أبعاد قاعدتنا حتى نتمكن من إعادته إلى المنطقة الصناعية المختصة بالزجاج بعد المعرض.

لقد ألهمتنا هذه الزيارات إلى المناطق الصناعية المحلية، وخصوصًا منظر أبراج المواد وطريقة استخدامها بشكل خلاق من قبل العمال كأثاث جاهز وأماكن عامة، فأصبحت مرجعًا مهمًا لتصميم المعرض من الناحيتين المفاهيمية والمادية، إذ تم تحويل الطوب إلى مقاعد، فيما وفرت أكوام الألواح العازلة الظل لاستراحات الغداء. أردنا نقل مستوى الجودة نفسه إلى الترينالي وتسليط الضوء على هذا التوفير المثير للاهتمام في المواد بجوار أماكن العرض. لذلك عند تصميم معرضنا، قمنا ببساطة بإعادة تجميع المواد الخام من المنطقة الصناعية ثم تكديسها وترتيبها لإنشاء مناطق عرض ومساحة عامة.

كان هدفنا الرئيسي هو إنشاء معرض لا ينتج أي نفايات. ولهذه الغاية، اقترحنا التعاون بين مختلف البائعين والمقاولين ومؤسسة الشارقة للفنون. وأحضرنا مواد البناء الجديدة والمستعملة على حد سواء إلى مساحات الترينالي، حيث أصبحت جزءًا من مشهد تخزين المواد. ثم أعدنا استخدام هذه المواد لبناء أماكن عامة ومواقع للبرنامج العام، مثل دار سينما وورش عمل وساحة عامة. وقد لفت هذا التعاون الانتباه إلى الجوانب غير المرئية من قطاع البناء في الشارقة، وبالتالي في دولة الإمارات العربية المتحدة ككل. كنا نأمل إطلاق محادثات حول التوفير في المواد الذي يكمن وراء الهندسة المعمارية التي نصممها ونبنيها. وفي ختام المعرض، أعيدت المواد (في حالتها الأصلية، سليمةً وغير منقوصة، إلخ) إلى البائعين والمقاولين المعنيين تمهيدًا لاستخدامها في مشاريع البناء المستقبلية. وعلى غرار العديد من تجهيزات معارضنا الأخرى، رأينا في الأمر فرصة لإعادة التفكير في المواد التي نستخدمها في تصميم المعارض. لقد قاربنا هذا المعرض من منطلق ما نسميه في غالب الأحيان "نموذج متجر الأجهزة"، حيث نبحث عن المواد المتوفرة محليًا ونستأجرها لإقامة المعارض المؤقتة. وتفضي هذه المقاربة إلى جمالية بديلة تختلف عما نراه عادةً في المعارض. وبالفعل، يعد تصميم المعرض عملية بحث بالنسبة إلينا، ومن المهم أن نجد طرقًا لتقليل الكمية الهائلة من النفايات التي تنتجها عادةً هذه الفعاليات.

كل مشروع في الشارقة متجذر في سياقه التاريخي والثقافي، وهذا ما يسفر عن تجهيزات تعاونية تستخدم المواد والمعرفة المحلية. وقد واكب مكتب "سبايس كافيار" عن كثب مسيرة تطوير كل مشروع من مشاريع المشاركين وشجّعهم على العمل معًا لتحقيق الهدف المشترك بإنشاء معرض بدون نفايات. فناقشنا البدائل عن المواد الشائعة الاستخدام مثل الجدران الجافة والستايروفوم، واستعنّا بمواد محلية المصدر فيما تعلّمنا تطبيق التقنيات والأدوات من السياق المحيط.

Opening Public Program

افتتاح البرنامج العام

November 11, 2023

Keynote Conversation: Lesley Lokko and Rahul Mehrotra

Venue: Al Qasimiyah School

Lesley Lokko

One of the key things that struck me about the title of this exhibition was the word "scarcity," which usually implies a lack of something. I'd like to start this discussion by asking: Is it possible to reframe scarcity differently? That our world isn't only one of scarcity, per se, but also about abundance—maybe an abundance of imagination but a scarcity of ethics or action. What do you think? Can you articulate scarcity for me?

Rahul Mehrotra

Scarcity is sometimes defined by others. And that's highly problematic. Minimalism has become a style in the same way, and it veers away from the values that come from frugality. For example, I look at the architecture of Mahatma Gandhi. It was frugal! It implied the aesthetics of minimalism, but it was frugal. My own theory is that we embraced modernism in India because it aligned with the minimalism that Gandhi, almost by default, created as an aesthetic for our country. So frugality or subsistence are more accurate descriptions of how we might deal with resources, or even define the lack of resources and how we might create innovation because of that.

LL

Tosin's approach also makes me think about the industrial revolution. We use phrases like the Industrial Revolution, but we're not always aware of what they really mean. I keep wondering if there is another phrase that can define the moment we're now in. The words "ethical revolution" keep coming to mind. To be ethical, to work within an ethical framework, implies a certain frugality, a respect for resources, a kind of scarcity, if you like. It implies a way to think about the world and our behavior in it differently. I realize that's a rather grand statement. But what's amazing about this gathering here in Sharjah, and I felt it as soon as I arrived last night, is that I was in a different kind of space, a place that looks at the world differently. Five or ten years ago, it would have been hard to imagine an exhibition framed in this way. Now it's here. I think about the strength we can draw from platforms like this one, gatherings of ideas and people that actually force us to think about ourselves, our relationships to others, our relationship to the environment. But also, our relationship to language, and to conceptual thinking, to epistemology. These seem to me to be at the heart of a gathering like this, which is not only about an exhibition and about the work of its participants, but it's about the whole world. And that's what's really in question.

RM

I always remember your definition of an architect, and you said it's someone who creates situations.

I came to Dubai with coats and jackets because I thought I'd be in a convention center, air conditioned at twenty degrees centigrade. So this [open-air courtyard] is absolutely wonderful, and how one creates these situations. I think we are confronted now with a condition where we have to take, well, I don't even want to call them constraints. But we have to take these situations more seriously. And we've got to adapt ourselves to these conditions. You know, necessity is the mother of invention. And you're absolutely right; we have to rephrase and reformat the situations we make, the habitat we make, to live our lives, in a sense.

LL

It's a slightly tangential thought, but when I was quite small, around eight or nine years old, I used to wake up in the

middle of the night, frustrated and angry with myself for not being able to think about things beyond my imagination. I was obsessed with being able to think beyond what I already knew. Now, so many decades later, I've finally understood that architecture is the tool for doing exactly that. There's something about our training that is quite fluid and lateral, which is the opposite of what people generally think architecture is: we think of it as something stable, grounded, and rooted. But to think intelligently about scarcity, about resources, about ethics, about responsibility, about our behavior—well, that requires a different way of understanding our place in the world. And if you can't imagine it, if you can't articulate it, you will never be it. For me, language is so important here, because I don't think we yet have the language to describe the world as we wish it to be.

RM

Absolutely. And you also bring up something else that comes to mind, which is the provocation for this Triennial, which is the beauty of impermanence. Because that throws time into the equation. And so, do we have a scarcity of time? Are we running out of time, as it is often phrased? And what's interesting in the way you were describing your own memories, as a child thinking into the future, is that we are also trained to imagine the future. I think what's happened in our world today—and these are the kinds of thoughts you alluded to—is that the future has become incredibly precise.

We've been trained to speculate about the future because the future is always seen as being fluid. But now the future has become precise. We can actually predict it and don't need to speculate about it. We know, for example, that in approximately eight years, there will be a two-degree centigrade increase in temperature and what the implications will be. And simultaneously, the past has become fluid. Everyone is reinventing the past. And we can see it in all the conflicts around the world; we can see it in all the new political narratives that are being developed.

And in fact, it's stunning pedagogy that does not know how to respond. How do we prepare students for this stunning reversal of a predictable future and unpredictable past? It is complicating the role of architects and designers because it's a complete flip. And it's all happened in the last decade, I would think. So are we running out of time? And what does time mean in terms of scarcity?

LL

It's a really provocative question. Let's think about time: the time it takes to train an architect. The five years of thinking, making, testing, critiquing, thinking again. There's something about the length of time it takes that cannot be shortened because what we're asking students to do or think about is complex and profound. If we think about the time of action, that's a longer time span. At the age of sixty, I think more about the past thirty years than I do about the next thirty, which has a definite effect on the way I teach, write, and think because I am conscious of time being finite in a way that twenty years ago, I wasn't.

In terms of the limits that you're talking about—in eight years, the two-degree increase, for example—we know that this or that is going to happen. “Outside” is a pressure cooker that is so complex it requires more time on the inside—the inside of teaching, the inside of pedagogy, for example—and yet we seem to be running out of it. We're in a race against something we can't quite see, but we can certainly feel. And we're responsible! It's critical that we understand the relationship between, for example, slavery, colonialism, exploitation, conflict, and capitalism. They are part of the same attitude towards the world—that anything and everything can be used, exploited, exhausted. But what exhibitions like this one are trying to talk about is developing a different metric or a different value system that recognizes the trauma and the damage, but can also do something about it. I feel as if the past five to ten years have very much been about finding the confidence to tell a different story. But telling the story is not enough. There's a new step now that must be taken. And I'm looking to the generation behind for clues about how that happens.

RM

I think what that results in, in a positive way, is this sort of exponential expansion of our sphere of concern. It's amazing when I talk to students; their concerns are so complex, and they are just expanding exponentially.

It is most often climate change, on one end of that spectrum, which is so expansive that one can barely, as a designer, put our finger on where our instrumentality lies in checking this. But what's also happening, and this is going to be the challenge for anyone involved with pedagogy, is our sphere of influence is diminishing because we don't have the tools—we don't have the narratives or the words—to precisely intervene where we could be instrumental. And so, does one calibrate within these broader, more nuanced debates, a balance between our spheres of concern and our spheres of influence? More importantly, how we find the space, whether it's a discussion on social justice, climate, or equity—where do we, how do we find those moments where we can intervene? That is going to be a challenge for pedagogy. In fact, I think the question again, as a provocation, in the same way you provoke us with impermanence, is, should we be training another generation for certainty or for uncertainty? Architecture is premised on creating stability through material deployment and imagery, but maybe we need to be talking about uncertainty, flux, transitions, and a whole other gamut of things. And that leads us to other words, perhaps.

LL

Having taught in many different places around the world, there is something very unique about teaching on the African continent. I've spent the past five or so years thinking about why that is, and it has something to do with the role of translation. I've said it many times; I don't think there's an African alive who doesn't speak more than one language, which is probably the same here in the Middle East.

The awareness that there are official and majority languages that are not your own but that you have to master means you're constantly translating, shifting, and code-switching between one set of ideas and another. This produces a kind of confidence, an ease with uncertainty that I think is evidenced in the work of this new generation of African, Middle Eastern, diasporan practitioners.

I just went into the Sandra Poulson exhibition right there, just behind us; it's the first one I've seen. The conflation of smell, tectonics, video screens, and artifacts manages to harness very disparate ideas and somehow make something both physical and experiential out of it. It's a facility I have seen in this part of the world more than I have seen anywhere else. So, to think about scarcity, lack, frugality ... for me, they're not exactly the right words. There's an abundance of something here that I can't quite put my finger on. But when I see it, I recognize it. And it's all around. And I can't be more articulate than that.

RM

What you describe is also true for all of South Asia, where I work. And I think what you're saying is that the ability to use many languages gives you access to many cultural perspectives. And if culture consists of those implicit rules that exist in society—there's no handbook for culture—language gives one incredible access to rotate around the problem 360 degrees and see it from every perspective.

And those perspectives could be subaltern or elitist, but you're seeing them simultaneously. And then the challenge for architects is synthesis. That is, how can one make all those perspectives be on the same side of the table? And in fact, for me, when I hear a student say they're clear about something, I know they're confused. When someone's completely confused about a problem, I know they're thinking clearly because they are grappling with this multiplicity and finding ways towards synthesizing. And it is this that I think as educators we have to find a way of giving students the confidence to work around, and that brings a richness, which will hopefully result in the development of a new vocabulary, as you are aspiring to or alluding to.

LL

It's such a great point. Like many people, I imagine, I went into architecture longing for stability. I wanted to know a lot about one thing. I thought there was a depth and security there that studying literature or art wouldn't give me. There was some attraction to architecture as something very, very certain. Seven years later, I think I knew less than when I started. There was something about the inability to completely grasp architecture that kept me interested in it.

I know this is the same for many students—that tantalizing ambition to understand everything, all the variables. Yet I would say that the training you go through as an architect, which encourages you to have confidence in the most precarious of situations, is the most powerful tool of the next century.

I was recently watching Christine Amanpour and Yuval Al-Hariri on CNN talking about Palestine. Christine asked him, as somebody who deals with complexity, if it's possible to hold more than one view or position at the same time. His response was that, actually, that duality is the condition of this moment in time, where it's possible to be two contradictory things at once, to be both perpetrator and victim simultaneously.

The way we usually think about the world doesn't allow for that ambiguity. We are either this or that, more comfortable in binaries. Curiously, architecture starts out as a kind of binary; things are either inside or outside. But in the end, it's not about binaries at all. Yet somehow, the tools to understand that have to come from outside architecture. And that's always been a conundrum.

RM

I think what you're describing is very much of the Western canon, of that binary, of the building as this kind of autonomous object. I mean, in this part of the world, going eastwards to Asia, that fluidity, that ambiguity, that transient kind of nature is cultural.

It's just that we've forgotten that because we've made our conversations about architecture into a binary discussion. And I think what has sort of accelerated that process of binary formation between the hard city and the soft city.

For me, it's ironic that the biggest entrepreneurs of the digital world live in McMansions that look like last-century buildings. Is that because of the stability historic images imbue, as you're alluding to? There's something amiss here because the way the digital world or the soft city—whether it's cultural practices, whether it's the way we communicate and construct culture through digital practices—it's so nimble. It's so adaptable. It's so invisible. It's so ambiguous. It's clear and confusing at the same time.

Are we making permanent solutions for temporary problems? That should become some kind of starting point. Just look at the adaptability of the space we're in right now; it's so beautiful. This could have been a tensile structure that's removed in the evening as the courtyard cools. That's what the moguls did in India with their architecture. And so, how do we not make this permanent and impermanent—again, another binary—to dissolve completely, that is just blur into inventive ways of doing things? That should be our aspiration. And what that means for education, the vocabulary you're alluding to, is a really interesting challenge.

LL

I think it's one of the many reasons why forums and platforms like this one in Sharjah are so important because if you were to look at the conventional training of an architect, pretty much worldwide—and I can certainly say this about my continent—it doesn't differ that much from the Global North. In many parts of West Africa, certainly, we follow a curriculum that the Europeans threw away fifty years ago. So we're still reliant on imported understandings. But what I've seen in the past decade is this increasing confidence to tell a different story, which will be, and already is, transforming into canon. And that gives me goosebumps.

This is a goosebump moment, where it's not just one show, one book, one practitioner; it's a whole movement. And I'm seeing it everywhere, which is both exhilarating and slightly unnerving. Because the speed with which new ideas are transmitted is something that maybe five to ten years ago couldn't have happened in quite the same way. There are communities being made now between people here, between people on the continent, between people in the diaspora—there's a whole new vocabulary emerging, which is both timely and critical. Which, again, isn't really a question.

RM

You, in passing, use the words "Global North," and I think that's another elephant in the room, in terms of the kind of binaries we construct. And as you were saying that, I was thinking, how else could one develop those alternate binaries? How do you dissolve those binaries? Because now, in every city in the Global North, there is the city of the Global South present and vice versa. Even the contrast I see between Dubai and Sharjah is incredible. In fact, one even thinks of descriptions like "the Third World," which had amazing resonance. But it began to be used in the context of poverty and underdevelopment, rather than with the intention to show the third way of dissolving the binary between the First and the Second World—Foster Dulles' America and Stalin's Soviet Union. Now, it's contingent upon us to construct frameworks that will be more productive for the future. Not just for us as societies, but also as practitioners.

LL

When you said that, I was thinking about the pros and cons of language. The words "Third World," "developing world," "Arab world," "Islamic world," which are now just part of everyday conversation, begin to lose their specificity and meaning, becoming placeless. These worlds are both everywhere and nowhere. There's something about language's inability to fix, which architecture does. Somewhere between the "boundarylessness" of language and the real implications of form and place, the marriage between these two ideas is where architecture is going. Instead of continuing the endless conversation about whether something is architecture or not, maybe we need to start considering it as a hybrid that is also time-based. Something can be immaterial for a while. You talk about the beauty of impermanence, but maybe one way to test it is by making it permanent.

RM

That's beautifully put. Again, referring to the theme for the triennial and the discussions we're going to have in the next few days, the issues you raise are important. The value of bringing thinking around impermanence is critical. We are not asking for everything to become impermanent, but we are asking for the notion of impermanence to be used instrumentally, strategically, to allow what you're describing: the transitions. I mean, as architects, as well as society, we tend to think in terms of absolute solutions. We are trained to do that. But can we think more in terms of transitions? And that's where, I think, thinking about impermanence, reversibility, adaptability—these sorts of rubrics—can help us make those transitions. Because finally, and this is where architecture persists and often sends out incorrect signals, identity is being formed as we speak, and architecture locks it into a moment. Culture is not a category that you excavate or discern. Culture has to be constructed. Those are the implicit rules of society.

That's why they say you have to live in Dubai for three years to understand its culture. It's not a handbook that's given to you by someone in the tourism department. But architecture keeps fixing this without allowing that transfer, and that's where we get conflicted. For example, because I work in India, India's identity at the time of our independence, through the aesthetics that Gandhi brought, was the Indian identity. I mean, I couldn't say that for today's India. It's changed dramatically, but we allude to some of that, and that's incorrect.

So how do we calibrate architecture on the spectrum of what is permanent—we do need permanence—and what is reversible, impermanent, seen in time frames that are different? Why don't we, in our schools, ask second-year students to design a weekend home for a family that's going to last only twenty years? We never do that. Everyone is coming up with absolute solutions to a given problem. And that's the shift that I think we could make. I mean, the farmers' market, by default, does that. It says: okay, parking lots can be used to sell good organic vegetables for a few days a week. That's an example. We've sort of forgotten that way of thinking because absolutism is how our societies, politically and economically, through capitalism and other forms, have led us, and this is counter to what our role and values as architects and designers should be. And that's the conflict that we are all struggling with: telling different stories, finding ways to open up other ways of doing things. And I think, therefore, impermanence as a provocation can be very strategic in that conversation.

LL

One of the most powerful briefs I ever came across was the brief for the airport for Mandela's death. Someone I knew had worked on this project, and it was a bona fide brief. It was for a runway that could accommodate Air Force One, but only once, just on the occasion of his funeral. So this project was planning for an event that everybody knew would be hugely significant, so it had all the kind of armature of something phenomenally permanent, but it would only be there for this one event. And I think that the way we teach—because I am an educator, and for me, everything begins in the classroom—if we want to change the way we think, that's the battleground, that's the kind of testing ground, and in some senses, there's no better example than this. If we are really to take the question of ethics seriously, there is an ethical dimension to education that we are not addressing. And for me, it's—I don't know if "poetic justice" is exactly the right word—but it's amazing that the provocation for thinking differently has come from regions that were never expected to think differently.

RM You just made me think of something that I often quote when talking about politics and poetic justice. One of the things we studied extensively is this temporary city that happens in India for the Kumbh Mela, which is a religious Hindu festival. It happens once every twelve years, houses seven million people, and lasts only for fifty-five days. So I took my students there, and we spent time observing it because we thought we'd be inspired by the way we can look at temporary settlements. There were some priests who helped us, and on the last day, just before we were leaving, I went to this high priestess, thanked her, and told her how much we'd learned about infrastructure, temporary governance, and how this would be very useful when looking at refugee camps, and this, that, and the other. This city is on the banks of the Ganges.

She listened to me and looked at me rather oddly as I was talking about infrastructure, roads, tents, and temporary structures. She then said, "Just be blessed that the Mother Ganges let you sit in her lap for a few days," because we had lived in that city for a few days. It took the whole conversation to another level because it encompassed impermanence, spirituality, interconnectedness, and all the things that I think we urgently need to debate. It made me think about exactly what you're saying, Lesley, which is that these need completely different starting points in terms of formulation. Otherwise, if our starting points are the same, it's like asking the wrong question.

LL

There is also a question around resources, which is uppermost in my mind, having just come out of the Venice Biennale experience. On the one hand, the ideas, I think, have always been there. The talent has always been there. The mechanisms for bringing that talent to the world—and this is the stuff that happens in the hinterland of triennials and the biennale, which many of us don't see—the financial structures that allow this to happen, the administrative, logistical structures—those are the unsung heroes of moments like this because, without that investment (and I mean investment in the most basic pragmatic sense), none of these conversations can take place. And there is something about the courage it takes to marshal the resources to say something different that I really do want to applaud. That is the platform on which this generation, the next, and the one after that will stand. So there is enormous pressure on events like this to be successful and to say something, but the pressure is there because it is so important. Without these platforms, nothing changes.

RM

And I think, just as an extension of that thought, what formats like this and exhibitions, particularly the triennials and biennales, allow is for all kinds of discourse to play out. For all the discourse around their relevance in today's world with social media, their value lies in the fact that multiple media can collide, which means you begin to have collisions between different forms of expression that come from different cultural practices. You become aware—like going into that room; we suddenly felt transported just because of the smells that encompassed us. I miss the circus, which was a big deal for us growing up in places like Mumbai. Besides the cruelty to animals, which I don't support, what was wonderful about the circus is that it arrived, camped on an open space, and people went to it. Poor children became aware of rich children across the ring. You became aware of the diversity that made up your city because everyone came to see this thing. I think events like this do that: they create forms of awareness, not only in terms of different cultural expressions but also issues that you don't see as important that suddenly surface and take on a scale that makes you sit up and informs your thinking as well.

LL

I mean, you made the point earlier that culture is always a work in progress. There's no handbook for it; nobody tells you what it is. You form it; you make the road as you walk it. And I would say that my awareness of how we construct canon over the last ten years has radically changed. When I came into architecture, I thought I was coming in as a passive recipient of canon. Now I understand it completely differently: we are all, in small ways and large ways, responsible for its making. And the platforms that allow us to challenge what we think, to see things we hadn't considered, to even be corrected in our approach—these things are phenomenally important. So all this is to say that if there are questions about the relevance of biennials and triennials and exhibitions, the answer is that I think they're fundamental. They're the lifeblood of forming the new canon.

RM

And I would like to go back to Tosin, who used the word "values," and that's linked to identity construction, which you're talking about because identity is something we construct—it's not an excavated category. We construct it through what we identify with, and that's where values come in. It drives me crazy in the US when I present my work in India; I'll have people come up and ask me, "But what is Indian about your work?" First of all, I never see that being asked of an American architect when they present—no one says, "What's American about your work?"—but I'm asked that, or you'd be asked that about African work. And then it makes me think that aesthetics can be problematic.

I'd rather consider the values I'm bringing to a project—whether it's frugality, scarcity, innovation, or how I'm responding to resources—because that's what gives my work identity. It's not the aesthetics. Marc Angélil, who's a friend of many of us here, told me how they went to a settlement outside Addis Ababa to study informal settlements. And in their ten-day stay, they spent eight days measuring, drawing, and photographing the informal settlement. Anthropologists would have done the opposite: they would have spent eight days interviewing people and two days photographing it. But the architects spent eight days measuring and photographing it and left the last days for interviews. In their first interview, they learned it wasn't an informal settlement—it was a government settlement that looked like an informal settlement! We have to think beyond aesthetics. Aesthetics has become a huge baggage, whether it's minimalism or modernism. It has become a style that sets a social agenda, and this is highly problematic. The notion of impermanence also unsettles that, because one doesn't quite know what the aesthetics of impermanence are. So it becomes productive to even bring that dimension to a debate. Ultimately, that's what we are trained to do and to then responsibly impart to our students.

ترينالي
الشارقة
للعمارة ٠٢
11.11.2023
10.03.2024

ليزلي لوكو

هذه مسألة مثيرة فعلًا للجدل. لنفكر في الوقت، الوقت المطلوب لتدريب مهندس معماري، أي في السنوات الخمس من التفكير والتشكيل والاختبار والانتقاد والتفكير مجددًا. ثمة أهمية في طول المدة التي يستغرقها الأمر ولا يمكن اختزالها لأننا ما نطلب من الطلاب القيام به أو التفكير فيه معقد وعميق. وإذا فكرنا في وقت العمل، فهذه فترة زمنية أطول. وها أنا بعمر الستين أفكر في السنوات الثلاثين الفائتة أكثر مما أفكر في الثلاثين سنة القادمة، ما يؤثر قطعًا على الطريقة التي أدرّس وأكتب بها وذلك برأي لأنني أصبحت أعي أن الوقت محدود بطريقة لم أدركها منذ عشرين سنة.

وفي ما يخص الحدود التي تتحدث عنها، على سبيل المثال ارتفاع الدرجتين بعد ثماني سنوات، نعرف أن هذا أو ذاك سيحدث. فـ"العالم الخارجي" مليء بالضغوط ومعقد جدًا ويتطلب المزيد من الوقت في العالم الداخلي - داخل التدريس وداخل التربية على سبيل المثال، ومع ذلك يبدو أن وقتنا ينفد. نحن في سباق مع شيء لا يمكننا رؤيته جيدًا، ولكن يمكننا الشعور به حتمًا. ونحن مسؤولون عن ذلك! من الضروري أن نفهم العلاقة بين، على سبيل المثال، العبودية والاستعمار والاستغلال والصراع والرأسمالية، فهذه المسائل جزء من سلوك واحد تجاه العالم بأن أي شيء وكل شيء يمكن استخدامه واستغلاله واستنزافه. ولكن ما تحاول معارض مثل هذا المعرض التحدث عنه هو تطوير مقياس مختلف أو نظام قيم مختلف يعترف بالصدمة والضرر، ولكن يمكنه أيضًا فعل شيء حيال الأمر. أشعر وكأن السنوات الخمس إلى العشر الأخيرة كانت متمحورة حول إيجاد الثقة لسرد قصة مختلفة. ولكن سرد القصة لا يكفي، فثمة خطوة جديدة الآن يجب اتخاذها. وأنا أنظر إلى الجيل السابق بحثًا عن أدلة حول كيفية حدوث ذلك.

راهول ميهروترا

أظن أن ما يفضي إليه ذلك، بطريقة إيجابية، هو هذا النوع من التوسع المطرد لمجال اهتمامنا. يفاجئني أنني عندما أتحدث إلى الطلاب أرى أن مشاغلهم معقدة جدًا وتتوسع بشكل مطرد.

على أحد طرفي النطاق، غالبًا ما ينطوي الأمر على تغيّر المناخ وهو موضوع واسع لدرجة أننا كمصممين بالكاد نستطيع تحديد دورنا في معاينة ذلك. ولكن ما يحدث أيضًا، وهذا سيطرح تحديًا لكل من يشارك في التربية، هو أن مجال تأثيرنا يتضاءل لأننا لا نملك الأدوات - أي أننا لا نملك السرديات أو المصطلحات- لنتدخل تحديدًا حيث يمكننا أن نؤدي دورًا فعالًا. ولذلك، هل نقوم بالتقييم في هذه النقاشات الشاملة والمفصلة وبين مجالات اهتمامنا ومجالات تأثيرنا؟ والأهم من ذلك، كيف نجد المكان، سواء أكان نقاشًا عن العدالة الاجتماعية أو المناخ أو الإنصاف، أين أو كيف نجد تلك المناسبات التي تمكننا من التدخل؟ سيشكل ذلك تحديًا أمام التربية. وفي الواقع، على سبيل تحفيز الفكر تمامًا كما تحفزين فكرنا بشأن المتغيّر، أرى أن السؤال الذي يطرح نفسه مجددًا هو: هل علينا تدريب جيل آخر على اليقين أم الغموض؟ تقوم العمارة على تحقيق الثبات من خلال نشر المواد والصور، ولكن ربما نحتاج إلى التحدث عن الغموض والتقلب والانتقال وسلسلة كاملة من الأمور الأخرى. وهذا ربما يؤدي بنا إلى مصطلحات أخرى.

ليزلي لوكو: بعد أن قمت بالتدريس في أماكن مختلفة حول العالم، انفرد التدريس في القارة الأفريقية بشيء مميز جدًا. أمضيت السنوات الخمس الفائتة أفكر في سبب ذلك ووجدت أن الأمر يتعلق بدور الترجمة. لقد قلت ذلك مرارًا، برأيي ما من إفريقي على قيد الحياة لا يتحدث أكثر من لغة، والأمر نفسه ينطبق على الأرجح على الشرق الأوسط هنا. أن تعي أن هناك لغات رسمية ومحكية لا تمتلكها ولكن عليك إتقانها يعني أنك تقوم على الدوام بالترجمة والتبديل وتحويل اللغة بين مجموعة أفكار وأخرى. وينجم عن ذلك نوع من الثقة وراحة مع الغموض الذي تبيّن برأيي في عمل هذا الجيل الجديد من الأفارقة وشعوب الشرق الأوسط والممارسين العاملين في مجال الشتات.

لقد زرت معرض ساندرا بولسن هناك، خلفنا تمامًا، وهو أول معرض رأيته. وجدتُ أن دمج الرائحة والتكتونيات وشاشات الفيديو والتحف الفنية قادر على حشد أفكار متباينة جدًا وصنع شيء مادي وتجريبي منه. إنها براعة رأيتها في هذا الجزء من العالم أكثر من أي مكان آخر. ولذلك لا أرى أن الندرة والنقص والتقشف هي المصطلحات الصحيحة. يحدث شيء ما بوفرة هنا ولا يمكنني تحديده، ولكن عندما أراه أعرفه وهو منتشر في كل مكان. هذا أوضح ما يمكنني قوله.

راهول ميهروترا

ما تصفينه ينطبق أيضًا على جنوب آسيا حيث أعمل. وأظن أنك تقولين إن القدرة على استخدام لغات عديدة تمكّنك من الوصول إلى وجهات نظر ثقافية كثيرة. وإن كانت الثقافة تتألف من تلك القواعد الضمنية القائمة في المجتمع - فما من كتيّب للثقافة - تتيح لك اللغة فرصة رائعة للدوران حول المشكلة على 360 درجة ورؤيتها من كل جوانبها.

وقد تكون هذه الجوانب ثانوية أو أساسية، ولكنك ترينها في وقت واحد. وبالتالي التحدي الذي يواجه المهندسين المعماريين هو التوليف. أي كيف يمكن لأحدهم جمع كل هذه الجوانب في جهة واحدة؟ وفي الواقع، عندما أسمع طالبًا يقول إنه يفهم شيئًا بوضوح، أعرف أنه حائر. وعندما يشعر أحدهم بالحيرة حيال مشكلة معينة، أعرف أنه يفكر بوضوح لأنه يتخبط مع هذه التعددية وإيجاد طرق نحو التوليف. وهنا برأيي علينا نحن المعلّمون أن نجد طريقة لمنح الطلاب الثقة للعمل عليه، وهذا يضفي ثراءً سيؤدي كما آمل إلى تطوير مفردات جديدة، على النحو الذي تطمحين إليه أو تلمحين له.

ليزلي لوكو

أصبت. أتصور إنني مثل الكثيرين خضت مجال العمارة راغبةً في الاستقرار. أردت معرفة الكثير عن شيء واحد. كنت أظن أن دراسة الأدب أو الفن ستمنحني درجة من العمق والأمان. انجذبت إلى العمارة باعتبارها شيئًا يقينيًا جدًا. ولكن بعد سبع سنوات، أظن أنني كنت أعرف أقل مما عرفته عندما بدأت. كنت غير قادرة على استيعاب العمارة بشكل كامل وهذا ما أبقاني مهتمة بها. أعرف أن هذا ينطبق على الكثير من الطلاب - ذلك الطموح المربك لفهم كل شيء وكل المتغيرات. ومع ذلك، أود أن أقول إن التدريب الذي تخوضه كمهندس معماري والذي يشجعك على التحلي بالثقة في أخطر المواقف هو أقوى أدوات القرن التالي.

كنت أشاهد مؤخرًا كريستين أمانبور ويوفال هراري على قناة "سي إن إن" يتحدثان عن فلسطين. سألته كريستين باعتباره شخصًا يتعامل مع التعقيد ما إذا كان من الممكن حمل أكثر من رأي أو موقف واحد في الوقت عينه. فجاءت إجابته، في الحقيقة، بأن تلك الازدواجية هي حالة هذه المرحلة من الزمن التي يمكن فيها تناقض أمرين ليكون كلاهما الجلاد والضحية في وقت واحد. لا تفسح الطريقة التي نفكر فيها بشأن العالم المجال لمثل هذا الغموض. فنحن إما هذا أو ذاك ونجد راحتنا في الثنائيات. والغريب أن العمارة تظهر كشكل من أشكال الثنائية، فالأشياء إما داخلية أو خارجية، ولكن في النهاية، لا يتعلق الأمر بالثنائيات على الإطلاق. ومع ذلك، بطريقة ما، يجب أن تأتي الأدوات لفهم ذلك من العمارة الخارجية. ولطالما شكل ذلك معضلة.

راهول ميهروترا

أظن أن ما تتحدثين عنه يعود إلى حد كبير إلى القواعد الغربية، إلى تلك الثنائية، إلى البناء باعتباره هذا الشيء المستقل. أعني أنه في هذا الجزء من العالم، من الشرق باتجاه آسيا، تلك المرونة وذلك الغموض وتلك الطبيعة الانتقالية هي أمور ثقافية. كل ما في الأمر أننا نسينا ذلك لأننا حولنا أحاديثنا عن العمارة إلى نقاش يتمحور حول ثنائيات. وأظن أن ما سرّع ذلك هو عملية التشكيل الثنائية بين المدينة الصلبة والمدينة الرقمية.

أرى أنه من المثير للسخرية أن أكبر رواد الأعمال في العالم الرقمي يعيشون في قصور فارهة تبدو وكأنها أبنية من القرن الفائت. هل يعود ذلك إلى ثبات صبغة الصور التاريخية كما أشرتِ؟ ثمة خطب ما هنا لأن الطريقة التي يعمل بها العالم الرقمي أو المدينة الرقمية سريعة جدًا، سواء لناحية الممارسات الثقافية أو طرق التواصل أو بناء الثقافة من خلال ممارسات رقمية. وهي قابلة جدًا للتكيف وخفية جدًا وغامضة جدًا وواضحة ومربكة في الوقت عينه.

هل نجد حلولًا دائمة للمشاكل المؤقتة؟ يجب أن يشكل ذلك نقطة انطلاق. انظري فحسب إلى مدى قدرة المكان الذي نتواجد فيه حاليًا على التكيف، إنه جميل جدًا. كان

11 تشرين الثاني/ نوفمبر 2023

المحادثة الرئيسية: ليزلي لوكو وراهول ميهروترا

المكان: مدرسة القاسمية

ليزلي لوكو

أكثر ما لفت انتباهي في عنوان هذا المعرض هو كلمة "الندرة" التي توحي عادةً بالنقصان. أود أن أستهل هذا الحديث بالسؤال التالي: هل يمكن إعادة صياغة الندرة بشكل مختلف؟ لأن عالمنا لا يقتصر على الندرة بذاتها، بل هو أيضًا عالم من الوفرة، وربما تكون الوفرة في المخيلة ولكن الندرة في الأخلاق والعمل. ما رأيك؟ هل يمكنك توضيح ما هي الندرة؟

راهول ميهروترا

يقوم الآخرون أحيانًا بتعريف الندرة ويثير ذلك إشكالية كبيرة. وعلى غرار ذلك، أصبحت الحدنوية أو البساطة أسلوبًا جماليًا يبعد كل البعد عن قيَم التقشف. عندما أنظر على سبيل المثال إلى عمارة المهاتما غاندي أرى فيها هذا الحس التقشفي! فهي تنطوي على جماليات البساطة ولكنها متقشفة. وأرى من وجهة نظري أننا اعتنقنا حركة الحداثة في الهند لأنها تتوافق مع أسلوب البساطة الذي أنشأه غاندي بشكل شبه تلقائي كعنصر جمالي لبلادنا. ولذلك التقشف أو الكفاف هو خير وصف للطريقة التي ربما نتعامل بها مع الموارد أو حتى نعرّف بها نقص الموارد وكيفية تمكننا من الابتكار نتيجة ذلك.

ليزلي لوكو

يذكّرني نهج توسين أيضًا بالثورة الصناعية. نستخدم عبارات مثل "الثورة الصناعية" ولكننا لا نعي دائمًا معناها الحقيقي. وأظل أتساءل ما إذا كان هناك عبارة أخرى يمكنها تعريف المرحلة التي نعيشها الآن وما يخطر في بالي دائمًا هو عبارة "الثورة الأخلاقية". تنطوي الأخلاق والعمل ضمن إطار أخلاقي على درجة معينة من التقشف واحترام الموارد ونوع من الندرة إذا أردت. كما تنطوي على طريقة تفكير مختلفة بشأن العالم وسلوكنا فيه. أدرك أن هذا تصريح رنان. ولكن ما يذهلني باجتماعنا هنا في الشارقة، وشعرت به لحظة وصولي ليلة أمس، هو أنني في مكان مختلف يرى العالم بطريقة أخرى. لكان من الصعب منذ خمس أو عشر سنوات تخيّل معرض بهذا الشكل، والآن نراه أمامنا. أفكر في القوة التي يمكننا أن نستمدها من منصات كهذه وملتقيات أفكار وأشخاص تحضّنا على التفكير في أنفسنا وعلاقاتنا بالآخر وعلاقتنا بالبيئة، وأيضًا بعلاقتنا باللغة والمفاهيم والمعارف. وأرى أن هذه الأمور تشكل محور ملتقى من هذا النوع لا يقتصر على معرض وأعمال المشاركين فيه، بل يتعلق أيضًا بالعالم كله. وهذا هو موضوع البحث الحقيقي.

راهول ميهروترا

أتذكر دائمًا تعريفك للمهندس المعماري بأنه شخص يصنع الأوضاع.

أتيت إلى دبي محملًا بالسترات والمعاطف ظنًا مني أنني سأجلس في مركز مؤتمرات مكيّف بحرارة 22 درجة مئوية. ولكن هذه [الباحة المفتوحة] غاية في الروعة، وكيف للمرء أن يصنع هذه الأوضاع. أظن أننا الآن في مواجهة ظرف يتطلب منا، حسنًا، حتى إنني لا أسميها عقبات، ولكن علينا أخذ هذه الأوضاع على محمل الجد وعلينا أن نتأقلم مع هذه الظروف. تعرفين، الحاجة أم الاختراع وأنت محقة تمامًا، علينا إعادة صياغة وتشكيل الأوضاع التي نصنعها والمسكن الذي نبنيه وعيش حياتنا بطريقة ما.

ليزلي لوكو

هذه فكرة عرضية إلى حد ما، ولكن عندما كنت لا أزال طفلة صغيرة جدًا، في الثامنة أو التاسعة من العمر، كنت أستيقظ في منتصف الليل مستاءة وغاضبة من نفسي لعجزي عن التفكير بأمور تفوق المخيلة. كانت تأسرني فكرة التمكن من التفكير في أمور أبعد مما أعرفه. والآن بعد عشرات السنوات فهمت أخيرًا أن العمارة أداة للقيام بذلك تحديدًا. ينطوي التدريب الذي نتلقاه على شيء ما مرن جدًا ومنحرف، على خلاف ما يظنه الناس عادةً بشأن العمارة بأنها شيء ثابت وراسخ ومتأصل. ولكن لكي نفكر بذكاء في الندرة والموارد والأخلاقيات والمسؤولية وسلوكنا، هذا يتطلب طريقة أخرى في فهم مكاننا في العالم، وإن لم تستطع تخيله والتعبير عنه فلن تحققه أبدًا. وأنا أرى أن اللغة مسألة مهمة جدًا هنا، إذ أظن أننا نمتلك اللغة لوصف العالم على النحو الذي نريده له.

راهول ميهروترا

حتمًا. وذكّرتني بموضوع آخر، وهو محرّك هذا الترينالي الذي يتمثل بروعة المتغيّر. فهذا يضيف عنصر الزمن إلى المعادلة. وبذلك، هل نواجه ندرة الوقت؟ هل ينفد وقتنا كما يتحدثون عنه غالبًا؟ واللافت هو الطريقة التي وصفت بها ذكرياتك عندما كنت طفلة تفكر في المستقبل، فهل نحن نتدرب على تخيل المستقبل؟ وأظن أن ما يحدث في عالمنا اليوم، وهي الأفكار التي ألمحتِ إليها، هو أن المستقبل أصبح عملية حسابية دقيقة جدًا.

تدربنا على أن نتكهن بشأن المستقبل لأن المستقبل دائمًا ما يعتبر مرنًا، ولكن الآن أصبح المستقبل مضبوطًا. يمكننا توقّعه ولا نحتاج إلى التكهن بشأنه. فنحن نعرف على سبيل المثال أنه بعد ثماني سنوات تقريبًا سترتفع الحرارة بقدر درجتين مئويتين ونعرف تبعات ذلك. وفي الوقت ذاته، أصبح الماضي مرنًا إذ يعيد الجميع تشكيل الماضي. ويمكننا رؤية ذلك في جميع الصراعات الدائرة حول العالم وفي جميع السرديات السياسية التي يتم إعدادها حديثًا.

وفي الواقع، إنها طريقة تربية مدهشة لا تعرف كيفية الاستجابة. كيف نعدّ الطلاب لهذا الانقلاب المذهل الذي جعل المستقبل متوقعًا والماضي غير متوقع؟ وهذا يصعّب دور المهندسين المعماريين والمصممين لأنه انقلاب جذري. وبرأيي هذا كله حدث في السنوات العشر الأخيرة. إذن هل وقتنا ينفد؟ وما معنى الوقت من حيث الندرة؟

وهو أن هذه الأشياء تحتاج إلى منطلقات مختلفة تمامًا من حيث الصياغة. وإلا إذا بقيت منطلقاتنا على حالها، فهذا يشبه طرح السؤال الخطأ.

ليزلي لوكو

لدينا أيضًا مسألة الموارد، وهي من أكثر المسائل التي تشغل بالي بعد خوضي تجربة بينالي البندقية. فمن ناحية، أظن أن الأفكار كانت دائمًا موجودة وكذلك الموهبة. ولكن الآليات التي تمكننا من نقل تلك الموهبة إلى العالم، وهي ما يحدث في كواليس الترينالي والبينالي ويبقى خفيًا على الكثيرين منا، والهياكل المالية التي تتيح ذلك والهياكل الإدارية واللوجستية، هي العناصر الأساسية المجهولة في أوقات كهذه، فمن دون هذا الاستثمار (وأعني الاستثمار بالمعنى البراغماتي الفعلي)، لا يمكن لأي من هذه المحادثات أن يجري. وثمة شيء بشأن الشجاعة اللازمة لحشد الموارد لقول شيء مختلف، وهو ما أود حقًا أن أشيد به. فهذه هي المنصة التي سينطلق منها هذا الجيل والجيل القادم والجيل الذي يليه. لذا، يقع ضغط هائل على أحداث مثل هذه لتحقيق النجاح وقول شيء ما، ولكن الضغط قائم نظرًا لأهميتها. وبدون هذه المنصات، لن يتغير شيء.

راهول ميهروترا

وأظن، كامتداد لهذه الفكرة، أن ما تتيحه مثل هذه المعارض، وخاصة الترياليات والبيناليات، هو أنها تكشف جميع أنواع النقاشات. وفي ما يخص كل ما يدور من نقاش حول أهميتها في عالم اليوم مع وسائل التواصل الاجتماعي، تكمن قيمتها في إمكانية تصادم وسائل الإعلام المتعددة، ما يعني أنك تبدأين برؤية تصادمات بين أشكال مختلفة من التعبير التي تأتي من ممارسات ثقافية مختلفة. تصبحين على دراية – كما حدث عند دخول تلك الغرفة، شعرنا فجأة بأننا ننتقل بسبب الروائح التي تحيط بنا. أفتقد السيرك، الذي كنا نعتبره أمرًا مهمًا في طفولتنا في أماكن مثل مومباي. بصرف النظر عن المعاملة القاسية التي تتعرض لها الحيوانات والتي لا أؤيدها، فإن ما كان رائعًا بشأن السيرك هو أنه وصل وأقام خيمة في مكان مفتوح وذهب الناس إليه. وأصبح الأطفال الفقراء على دراية بالأطفال الأثرياء في الجهة الأخرى من الحلبة، وأصبحت تنتبهين للتنوع الذي يشكل مدينتك لأن الجميع جاء لرؤية هذا الشيء. أظن أن مثل هذه الأحداث تفعل ذلك، فهي تصنع أشكالًا من الوعي، ليس لناحية التعبيرات الثقافية المختلفة فحسب ولكن أيضًا القضايا التي لا ترينها مهمة والتي تظهر فجأة وتتخذ نطاقًا يدفعك إلى الجلوس والتفكير فيه.

ليزلي لوكو

لقد ذكرت في وقت سابق أن الثقافة هي دائمًا عمل جارٍ. لا يتوفر كتيّب لها، لا أحد يخبرك بما هيٍ. أنت تشكلها، أنت تصنع الطريق بينما تسير فيه. وأود أن أقول إن إدراكي لكيفية بناء القواعد على مدار السنوات العشر الماضية قد تغير جذريًا. عندما خضت مجال العمارة، كنت أظن أنني أتيت كمتلقٍ سلبي للقواعد. أما الآن فأفهمها بشكلٍ مختلف تمامًا: نحن جميعًا، بطرق صغيرة وكبيرة، مسؤولون عن صنعها. والمنصات التي تتيح لنا التشكيك في ما نفكر فيه ورؤية أشياء لم نأخذها في الاعتبار وحتى تصحيح نهجنا - هذه أشياء مهمة جدًا. لذا، كل هذا يعني أنه إذا كانت هناك أسئلة حول أهمية البينالي والترينالي والمعارض، فإن الإجابة هي برأيي أنها أساسية وشريان حياة لتشكيل القواعد الجديدة.

راهول ميهروترا

أود العودة إلى توسين التي استخدمت كلمة "القيم" والتي ترتبط ببناء الهوية، الأمر الذي تتحدثين عنه، لأن الهوية هي شيء نبنيه - وليست فئة مستكشفة. نحن نبنيها من خلال ما نحدده، وهنا تأتي القيم. أفقد صوابي في الولايات المتحدة عندما أعرض عملي في الهند، إذ يأتي الناس ويسألونني، "ولكن ما الذي يجعل عملك هنديًا؟" أولًا وقبل كل شيء، لم أرَ يومًا أحدًا يطرح هذا السؤال على مهندس معماري أمريكي عند عرض أعماله ويقول، "ما الذي يجعل عملك أمريكيًا؟"... ولكن يُطرح عليّ هذا السؤال، أو قد يُطرح عليك هذا السؤال بشأن عمل أفريقي. ثم يدفعني هذا إلى التفكير في أن الجماليات يمكن أن تشكل موضوع جدل. أفضل التفكير في القيم التي أضيفها إلى المشروع، سواء أكانت التقشف أو الندرة أو الإبداع أو كيفية استجابتي للموارد، لأن هذا هو ما يشكّل هوية عملي وليس الجماليات. أخبرني مارك أنجيليل، وهو صديق كثيرين منا هنا، عن ذهابهم إلى مستوطنة خارج أديس أبابا لدراسة المستوطنات غير الرسمية. وخلال إقامتهم التي استمرت عشرة أيام، أمضوا ثمانية أيام في قياس المستوطنة غير الرسمية ورسمها وتصويرها، في حين كان علماء الأنثروبولوجيا ليفعلوا العكس ويمضوا ثمانية أيام في إجراء المقابلات مع الناس ويومين في تصويرها. لكن المهندسين المعماريين أمضوا ثمانية أيام في قياس المستوطنة وتصويرها وتركوا اليومين الأخيرين لإجراء المقابلات. وفي مقابلتهم الأولى، علموا أنها ليست مستوطنة غير رسمية بل مستوطنة حكومية تبدو وكأنها غير رسمية! يتعين علينا أن نفكر في ما هو أبعد من الجماليات، فقد أصبحت الجماليات عبئًا ثقيلًا سواء أكانت في إطار البساطة أو الحداثة. أصبحت أسلوبًا يفرض أجندة اجتماعية وهذا يطرح مشكلة كبيرة. وفكرة المتغيّر تزعزع ذلك أيضًا، وذلك لأننا لا نعرف تمامًا ما هي جماليات المتغيّر. لذا، يصبح من المفيد أن نطرح هذا البعد في المناقشة. وفي نهاية المطاف، هذا هو ما تم تدريبنا على القيام به، ثم ننقله إلى طلابنا بمسؤولية.

يمكن أن يكون هذا هيكلًا قابلًا للشد تتم إزالته في المساء عند انخفاض حرارة الباحة. هذا ما فعله المغول في الهند بعمارتهم. إذن، كيف لا نجعل ذلك دائمًا وغير دائم، وهذه ثنائية أخرى مجددًا، ليختفي تمامًا ويتحول إلى طرق ابتكارية للقيام بالأشياء؟ يجب أن نصبو إلى ذلك. وهذا يشكل بالنسبة إلى التعليم والمرادفات التي تشيرين إليها تحديًا لافتًا حقًا.

ليزلي لوكو

أظن أن هذا أحد الأسباب الكثيرة التي تجعل المنتديات والمنصات كهذه المنصة في الشارقة مهمة جدًا، فإذا أردت النظر إلى التدريب التقليدي للعمارة في مختلف أنحاء العالم – ويمكنني بالتأكيد قول ذلك عن قارّتي – فهو لا يختلف كثيرًا عن الشمال العالمي. بالطبع، يجري في نواحٍ كثيرة من غرب أفريقيا اتباع منهاج تخلّى عنه الأوروبيون منذ 50 سنة. ولذلك ما زلنا نعتمد على مفاهيم مستوردة. ولكن ما رأيته في العقد الفائت هو هذه الثقة الزائدة لسرد قصة مختلفة سوف تتحول إلى قاعدة، وهذا ما يحصل أصلًا. وهذا يجعلني أشعر بقشعريرة.

هذه مرحلة مؤثرة لا تقتصر على عرض واحد أو كتاب واحد أو ممارس واحد، إنها حركة كاملة. وأرى ذلك في كل مكان، وهذا أمر مبهج ومقلق على حد سواء. فالسرعة التي تُنقل فيها الأفكار الجديدة أمر لما كان سيحدث ربما منذ خمس إلى عشر سنوات بالشكل ذاته. يتم حاليًا تشكيل مجتمعات بين الناس هنا، بين الناس على القارة، بين الناس في الاغتراب، تظهر مرادفات جديدة تمامًا، وهي حسنة التوقيت وضرورية. وهذا مجددًا ليس سؤالًا يُطرح.

راهول ميهروترا

أنت بالمناسبة تستخدمين عبارة "الشمال العالمي" وأظن أنها مشكلة أخرى واضحة لناحية الثنائيات التي نبنيها. وبينما كنت تتحدثين، كنت أفكر كيف يمكن للمرء تطوير هذه الثنائيات البديلة؟ كيف تمحين هذه الثنائيات؟ فالآن، في كل مدينة من الشمال العالمي تتوفر مدينة من الجنوب العالمي والعكس صحيح. حتى التناقض الذي أراه بين دبي والشارقة لا يصدق. وفي الواقع، حتى إن المرء يفكر في توصيفات مثل العالم الثالث، التي لها صدى مذهل. ولكن بدأ استخدامها في سياق الفقر والتخلف الإنمائي لا بنيّة إظهار الطريقة الثالثة لمحو الثنائية بين العالم الأول والعالم الثاني، أي بين أمريكا في عهد فوستر دالاس والاتحاد السوفياتي في عهد ستالين. والآن يتوقف علينا بناء الأطر التي تتمتع بمزيد من الإنتاجية للمستقبل، وليس لنا فحسب كمجتمعات بل أيضًا كممارسين.

ليزلي لوكو

عندما قلت ذلك كنت أفكر في إيجابيات وسلبيات اللغة. فأرى أن المصطلحات مثل "العالم الثالث" و"العالم النامي" و"العالم العربي" و"العالم الإسلامي"، والتي تدخل حاليًا في أحاديثنا اليومية، قد بدأت تفقد خصوصيتها ومعناها وأصبحت لا مكانية إذ تستخدم في كل مكان وزمان. اللغة تعجز عن القيام بالإصلاح ولكن هذا ما تفعله العمارة. بين "لا محدودية" اللغة والتداعيات الحقيقية للشكل والمكان، تنشأ العمارة من مزيج هاتين الفكرتين. وبدلًا من مواصلة حديث لا متناهٍ لتحديد ما إذا كان شيء ما ينتمي إلى العمارة أم لا، ربما علينا البدء بالتفكير في الأمر على أنه مزيج قائم على الوقت أيضًا. يمكن أن يكون الشيء غير مادي لبعض الوقت. تتحدث عن جمال ما هو غير دائم، ولكن ربما الطريقة الوحيدة لاختبار ذلك هي بجعله دائمًا.

راهول ميهروترا

أحسنت القول. ومجددًا، بالإشارة إلى الموضوع الخاص بالترينالي والنقاشات التي سنجريها في الأيام القليلة القادمة، ما طرحته من مسائل مهم. من الضروري الحث على التفكير في المتغيّر. لا نطلب أن يصبح كل شيء غير دائم، ولكننا نطلب استخدام فكرة المتغيّر بشكل فعال واستراتيجي لإتاحة ما تصفينه، وهي الانتقالات. أعني أننا نحن كمهندسين معماريين وكذلك كمجتمع نميل إلى التفكير من منظور الحلول المطلقة. فقد تدربنا على القيام بذلك. ولكن هل يمكننا التفكير أكثر من منظور الانتقالات؟ وبرأيي يمكن للتفكير في المتغيّر والانعكاس والتكيّف، وفي هذه الأنواع من العناوين، مساعدتنا على إجراء تلك الانتقالات. ففي النهاية، هنا حيث تدوم العمارة وغالبًا ما توجه إشارات خاطئة، تتشكل الهوية في الوقت الذي نتحدث فيه وتحتجزها العمارة في فترة زمنية. ومن الجدير بالذكر أن الثقافة ليست فئة ننقّبها أو نكشفها ولكن الثقافة أمر نبنيه، تلك هي القواعد الضمنية للمجتمع.

ولهذا السبب يقولون إن عليك أن تعيش في دبي لمدة ثلاث سنوات لفهم ثقافتها. فما من كتيّب يقدمه لك شخص ما في دائرة السياحة. ولكن الهندسة المعمارية تواصل إصلاح هذا الأمر من دون السماح بنقله، وهنا نصل إلى التضارب. على سبيل المثال، لأنني أعمل في الهند، كانت هوية الهند في فترة استقلالنا هي الهوية الهندية التي نبعت من خلال الجماليات التي أوجدها غاندي. لا يمكنني قول ذلك عن الهند اليوم. لقد تغيرت تغيرًا جذريًا، لكننا نشير إلى بعض ذلك، وهذا غير صحيح.

كيف يمكننا بالتالي تقييم العمارة في نطاق ما هو دائم (فنحن نحتاج إلى ما هو دائم) وما هو انقلابي وغير دائم، ويُرى في أطر زمنية مختلفة؟ لماذا لا نطلب من طلاب السنة الثانية في كليّاتنا أن يصمموا منزلًا لعطلة نهاية الأسبوع لعائلة، لن يبقى أكثر من عشرين عامًا؟ لا نفعل ذلك أبدًا. فالجميع يتوصلون إلى حلول مطلقة لمشكلة معينة، وهذا هو التحول الذي أظن أننا قادرون على تحقيقه. سوق المزارعين يفعل ذلك تلقائيًا، فهم يقولون: حسنًا، يمكن استخدام مواقف السيارات لبيع الخضروات العضوية الجيدة لبضعة أيام في الأسبوع. وهذا مجرد مثال. لقد نسينا نوعًا ما هذه الطريقة في التفكير لأن المطلقية هي الطريقة التي قادتنا بها مجتمعاتنا، سياسيًا واقتصاديًا، من خلال الرأسمالية وغيرها من الأشكال، وهذا يتعارض مع دورنا وقيمنا التي يجب أن نتحلى بها كمهندسين معماريين ومصممين. وهذا هو الصراع الذي نعيشه جميعًا، وهو سرد قصص مختلفة، وإيجاد طرق لفتح سبل أخرى للقيام بالأشياء. وأرى بالتالي أن المتغيّر وطابعه المحفّز قد يكون استراتيجيًا جدًا في هذه المحادثة.

ليزلي لوكو

من أقوى المشاريع التي صادفتها يومًا كان المشروع الخاص بالمطار بمناسبة وفاة مانديلا. فقد عمل شخص أعرفه على هذا المشروع، وكان مشروعًا حقيقيًا يتعلق بمدرج هبوط يمكن أن يتسع للطائرة الرئاسية، ولكن لمرة واحدة فقط بمناسبة جنازته. وكان هذا المشروع يخطط لحدث يعلم الجميع أنه مهم جدًا، ولذلك تمتع بكل الأسس اللازمة لشيء دائم بشكل استثنائي ولكنه لن يكون متاحًا إلا لهذا الحدث. وأظن أن الطريقة التي ندرّس... فأنا معلمة وأظن أن كل شيء يبدأ في قاعة الصف... فإذا أردنا تغيير طريقة تفكيرنا، فذلك هو ميدان المعركة وحقل الاختبار، وهذا خير مثال إلى حدّ ما. وإذا كنا نريد حقًا أن نأخذ مسألة الأخلاقيات على محمل الجد، فإن للتعليم بُعدًا أخلاقيًا لم نتطرق إليه. وبالنسبة إلي، لا أعلم ما إذا كانت "العدالة الشاعرية" هي الكلمة الصحيحة أم لا، ولكن من المدهش أن الحث على التفكير بشكل مختلف جاء من مناطق لم يكن من المتوقع منها مطلقًا أن تفكر بشكل مختلف.

راهول ميهروترا

دفعتني إلى التفكير في شيء غالبًا ما أستشهد به عندما أتحدث عن السياسة والعدالة الشاعرية. من الأمور التي درسناها بشكل مستفيض، هذه المدينة المؤقتة التي تحدث في الهند بمناسبة مهرجان كومبه ميلا، وهو مهرجان ديني هندوسي يحدث كل اثني عشر عامًا ويستقبل سبعة ملايين شخص ويستمر لمدة خمسة وخمسين يومًا فقط. اصطحبت طلابي إلى تلك المدينة وأمضينا بعض الوقت في مراقبتها إذ كان برأينا أننا سنستمد الوحي من مراقبتنا المستوطنات المؤقتة. حصلنا على مساعدة بعض الكهنة، وفي اليوم الأخير، تمامًا قبل مغادرتنا، ذهبت إلى الكاهنة العليا وشكرتها وأخبرتها بحجم ما تعلمناه عن البنية الأساسية والحوكمة المؤقتة ومدى فائدة كل ذلك عند النظر في مخيمات اللاجئين، وهذا، وذاك، وغير ذلك. تقع هذه المدينة على ضفاف نهر الغانج. كانت منصتة وتنظر إلي بغرابة وأنا أتحدث عن البنية الأساسية والطرق والخيام والهياكل المؤقتة. ثم قالت: "أنتم محظوظون لأن نهر الغانج الأم سمحت لكم بالجلوس في حضنها لبضعة أيام"، فقد عشنا في تلك المدينة لبضعة أيام. لقد نقل كلامها ذلك الحديث بأكمله إلى مستوى آخر لأنه شمل المتغيّر والروحانية والترابط وكل الأشياء التي أظن أننا بحاجة ماسة إلى مناقشتها. لقد جعلني هذا أفكر تحديدًا في ما تقولينه، ليزلي،

Design Store

In conjunction with the launch of the second edition of the Sharjah Architecture Triennial, the SAT Design Store introduced its second collection.

This collection championed local craftsmanship, utilizing regionally sourced materials and the adaptive reuse of recycled materials. It included exclusive creations by six designers from West Asia and the African continent: Collaborative Craft Projects (Zimbabwe), Da Brand (Nigeria), Mitimeth (Nigeria), Oolo (Nigeria), Sakeb (Palestine), and The Herd (South Africa).

The new collection complemented the store's inaugural collection, advocating for a shift towards a more environmentally responsible approach to design. It was a response to our current industrialized world, marked by the widespread overuse of unsustainable and mass-produced materials.

متجر التصميم

بالتزامن مع إطلاق النسخة الثانية من ترينالي الشارقة للعمارة، قدّم متجر تصميمات الترينالي (SAT) مجموعته الثانية.

احتفت هذه المجموعة بالحرفية المحلية، حيث تم استخدام مواد مصنوعة إقليميًا وإعادة توظيف المواد المعاد تدويرها. وشملت المجموعة تصميمات حصرية لستة مصممين من غرب آسيا والقارة الأفريقية: المشاريع الحرفية التعاونية (زمبابوي)، دا براند (نيجيريا)، ميتيميث (نيجيريا)، أولو (نيجيريا)، سكِب (فلسطين)، وذا هيرد (جنوب أفريقيا).

أكملت المجموعة الجديدة المجموعة الافتتاحية للمتجر، داعيةً إلى اتباع نهج أكثر مسؤولية بيئيًا في مجال التصميم، وجاءت كاستجابة لعالمنا الصناعي الحالي، الذي يتسم بالاستخدام المفرط للمواد غير المستدامة والمصنعة على نطاق واسع.

Designer: The Herd
Design Object: Neck Piece

المصممـ: ذا هيرد
عنصر التصميمـ: قلادة

Craft as a form of communication and a creative proclamation has always been a labor of love to which Nguni people devoted time and energy since time immemorial. Over the years, the practice of traditional craft had been whitewashed, taking away its ability to be truly understood for its divine spiritual beauty. The Herd arose out of an effort to bring about a more meaningful and exhaustive appreciation for the practice of traditional Nguni craft.

لطالما كانت الحرفة شكلاً من أشكال التواصل وعملاً مجبولاً بالحب كرّس له شعب نغوني الوقت والطاقة كوسيلة إبداعية منذ زمن سحيق. إلا أن تلك المعالمـ الحقيقية لممارسة الحرف التقليدية قد طُمست على مر السنين، حيث فقدت قدرتها على إيصال البعد الحقيقي لجمالها الروحي المقدس. واستجابة لهذا الواقع، نشأت مجموعة "ذا هيرد" كمحاولة لتقديمـ تقدير أكثر وضوحًا وشمولاً لممارسة حرفة نغوني التقليدية.

Designer: Sakeb
Design Object: Carpenter's Pencil

المصمم: سكِب
القطعة: قلم النجار

The Carpenter's Pencil was crafted from sawdust and wooden chips, mixed with bio-plastic and pigments to create a recyclable and lightweight pencil that could be sharpened with a blade or sanding paper. Drawing inspiration from the classic carpenter's pencil, its design featured a combination of flat and rounded edges, preventing inconvenient rolling and ensuring a comfortable, secure grip. With a 4B graphite core, it effortlessly produced smooth and bold lines, making it a versatile choice for writing and sketching.

صُنع "قلم النجار" من نشارة الخشب ورقائق خشبية ممزوجة بالبلاستيك الحيوي والأصباغ لإنشاء قلم رصاص خفيف الوزن وقابل لإعادة التدوير ويمكن شحذه بالشفرة أو ورق الصنفرة. وهو مستوحى من قلم النجار الكلاسيكي ويتميز تصميمه بمزيج من الحواف المسطحة والمستديرة، ما يمنع تدحرجه ويضمن قبضة مريحة وآمنة بآن معًا، ونظرًا إلى احتوائه على غرافيت نوع 4B، فإنه يرسم خطوطًا ناعمة وجريئة بكل انسيابية، ما يجعله خيارًا ملائمًا للكتابة والرسم.

Designer: Da Brand
Design Object: Spice Bowl

المصمم: دا براند
القطعة: وعاء توابل

RAWURBAN™ Kitchen and Tableware is a range of everyday kitchen utensils designed for the urban environment. Each object was designed following the principles of functionalism and minimalism, facilitating multifunctional use. All objects were handcrafted using locally sourced wood and hand painted with a touch of nontoxic paint, giving them a contemporary urban look.

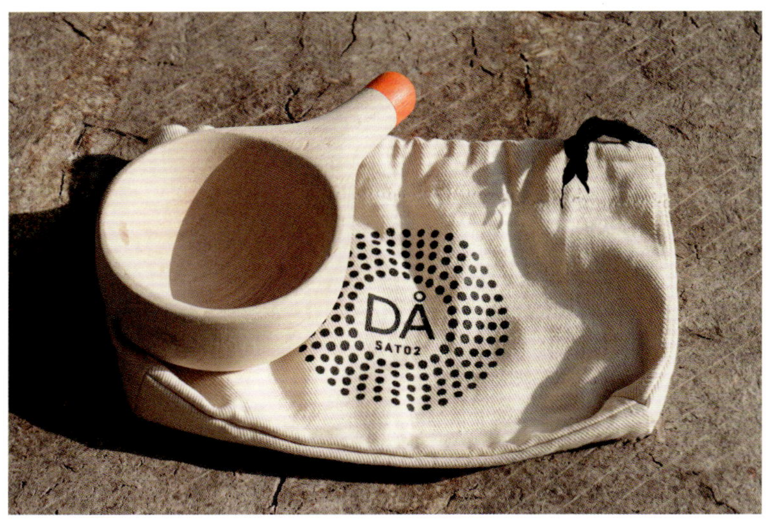

قدمت مجموعة "رو إربان" لأدوات الطاولة والمطبخ تشكيلة من معدات المطبخ اليومية المصمّمة بشكل يتناغم مع البيئة الحضرية. تم تصميم كل قطعة بناءً على مبدأ الوظائف التي تلبيها معتمدة على قيمة البساطة، ما يتيح لها استخدامات متعددة. وصُنعت جميع القطع ولّونت يدويًا باستخدام الخشب المحلي والألوان الآمنة الخالية من السموم، ما يمنحها طابعًا حضريًا معاصرًا.

Designer: Mitimeth
Design Object: Tablecloth

المصممـ: ميتيميث
القطعة: غطاء طاولة

يمثل هذا القماش، المنسوج على النول العمودي القديمـ، مبادئ التصميمـ وعمليات التدوير، حيث عكس التصميمـ الذي حيك يدويًا على يد حرفيين في نيجيريا فكرة "تصغير" و"تكبير" الأعشاب المائية التي تسمى صفير الماء. تعكس ألوانه الترابية البنية خيوط صفير الماء المنسوجة، بينما تصور الدوائر الخضراء المطرزة الهوية البصرية لترينالي الشارقة للعمارة في دورته الثانية. استخدمت في هذا العمل تقنيات النسيج التراثية في أكويتي بهدف تحويل صفير الماء، وهو عشب مائي مدمر، إلى مادة تُستخدمـ بشكل إيجابي في الديكور المستدامـ.

This textile, woven on the age-old vertical weaving loom, illustrated design and circularity. Woven by the hands of Artisans in Nigeria, the design symbolized a "zeroing in" and "broadening out" of an invasive aquatic weed called water hyacinth. Its brown earth tones reflected woven water hyacinth threads (yarn), while the green embroidered circles depicted the visual identity of SAT02. The project used heritage Akwete weaving techniques to positively broaden the application of water hyacinth, a destructive aquatic weed, into sustainable decor.

Designer: Collaborative Craft Projects
Design Object: Basket

المصمم: المشاريع الحرفية التعاونية
القطعة: سلة

The Binga District is renowned for the Binga basket, a wholly natural woven basket. This famous basket provided the creative foundation of many well-known heritage crafts, which are all unique to Zimbabwe. In conjunction with artisans from the Binga District, Jane Taylor workshopped a new basket design, the Binga Bright. Headed up by master artisan Selina, this group of fifty artisans cherished their surroundings. The Ilala Palm was regeneratively harvested, and the salvaged plastic was collected locally, sustaining both their land and their craft enterprise. Both materials were woven together to make our signature Binga Bright, resulting in entirely distinctive pieces, none of which is the same.

تشتهر منطقة بينغا بسلة بينغا المنسوجة من مواد طبيعية بالكامل، والتي تعدُّ الأساس الإبداعي للعديد من الحرف التراثية المعروفة الخاصة بزمبابوي. وبالتعاون مع الحرفيين من منطقة بينغا، صمّمت جين تايلور سلة جديدة وهي "بينغا برايت". وقد ترأست مجموعة من حرفيًا الحرفية سيلينا، الذين اعتزوا باستخدام الموارد المتوفرة في بيئتهم مثل نخلة إيلالا التي كانت تُحصد بشكل دائم، والبلاستيك الذي يتم جمعه محليًا. وبذلك حافظوا على أراضيهم وعلى مشروعهم الحرفي في آن معًا. تم نسج كلتا المادتين معًا لصنع سلة "بينغا برايت" المميزة، والتي تقدّم قطعًا متفردة تماماً، لا توجد سلتان متماثلتان!

ABOUT SAT DESIGN STORE

Designer: BUZIGAHILL
Design Objects: Denim Tote Bag and Denim Bucket Hat

Commissioned by the Sharjah Architecture Triennial for its 2023 edition, BUZIGAHILL, a Kampala-based clothing brand, designed and produced 1,000 denim tote bags and 500 denim bucket hats for the triennial. The project was part of their initiative "RETURN TO SENDER," in which they redesigned secondhand clothes shipped to Uganda and redistributed them to the Global North. Each tote bag was made from one pair of secondhand jeans, sourced from Owino Market in Kampala, while the offcuts from this process were used to produce each bucket hat. Through this exercise, a total of 1,700 pairs of discarded jeans found an alternative use.

المصمم: بوزيغاهيل
القطعتان: حقيبة دنيم وقبعة باكيت من الدنيم

تم تكليف استديو بوزيغاهيل، المشارك في ترينالي الشارقة للعمارة 2023، بتصميم وإنتاج 1,000 حقيبة من قماش الدنيم و500 قبعة باكيت خصيصًا للترينالي. جاء هذا التكليف ضمن إطار مشروعهم المشارك في الترينالي بعنوان "مرتجع إلى المرسل"، حيث يشتهر الاستديو بعلامته التجارية التي تقوم على إعادة تصميم الملابس المستعملة المرسلة إلى أوغندا، ومن ثم توزيعها بحلة جديدة عبر مختلف أنحاء العالم. صُنعت كل حقيبة في هذا المشروع من زوج واحد من بنطال الجينز المستعمل، تم استيراده من سوق أوينو في كمبالا، بينما استُخدم القماش المتبقي من هذه العملية لإنتاج كل قبعة باكيت. وبذلك، تم العثور على 1,700 زوج من الجينز المهمل وإعطاؤه حياة جديدة.

Timeline

الجدول الزمني

Day 1: Saturday, 11 November

Welcoming Remarks

Time: 11:00–11:30
Venue: Al Qasimiyah School
Speakers: Tosin Oshinowo and Hoor Al Qasimi

Keynote Conversation: Lesley Lokko and Rahul Mehrotra

Time: 11:30–12:30
Venue: Al Qasimiyah School
Speakers: Lesley Lokko and Rahul Mehrotra

The second edition of the Sharjah Architecture Triennial honored practices that engaged creatively with scarcity. This edition was launched with an expansive dialogue that honored practitioners who explored meaningful ways of both practicing and analyzing architecture and were able to work within imposed constraints in their respective contexts to facilitate creative processes and outcomes, as well as dispose of canonical approaches to architecture.

A Prelude: Field Notes on Scarcity

Time: 16:00–17:30
Venue: Al Qasimiyah School
Speakers: Yara Sharif, Nasser Golzari, Raafat Majzoub, Ester Carro, and Adeyemo Shokunbi
Moderator: Julie Cirelli

The scarcity of resources, in all its forms, is often portrayed negatively. It has long been a reality in many extreme climates across the Global South and is increasingly becoming a global reality. Scarcity often stimulates an abundance of innovation, inspiration, and ingenuity. The conversations in this panel included a selection of the exhibition's participants, who reflected on the theme through their body of work or through their contribution to the publication *Field Notes on Scarcity.*

Designing for Ecology

Time: 18:00–19:30
Venue: Mirage City Cinema
Speakers: Papa Omotayo, Elahe Karimnia, Adrian Pepe, and Beatriz Colomina

This panel featured three acts of poetic representation of disturbed and unsettling relationships between an "us" and the "other" in nature to persuade participants to rethink context through the communities considered when designing. They enable the telling of human stories through those often considered less than human. The discussions reflected on the structures of inequality that we inhabit, enabled by accumulation. The session rested in the poeticness of ecologies to contemplate these relationships liberated from any constraints. It posed the following questions: Is it possible to co-exist? How can we find ways to collaborate for the benefit of the ecology?

Tropical Modernism: Architecture and Power in West Africa (Screening and Panel Discussion)

Time: 21:30–23:00
Venue: Mirage City Cinema
Speakers: Nana Biamah-Ofosu, Bushra Mohamed, and Aziza Chaouni
Moderator: Olorunfemi Adewuyi

Tropical Modernism: Architecture and Power in West Africa critically reflects on how an architectural style was initially developed as a tool to support colonial rule. In the period that followed Ghana's independence in 1957, West African architects adapted tropical modernism to champion Pan-African ideals. The film features interviews with protagonists, experts, and footage of remaining buildings. This panel reflected on the film's themes, including the conservation of Modernist architectural heritage throughout West Africa.

BUZIGAHILL Atelier (Live performance on loop)

Time: 11:00–19:00
Venue: Al Qasimiyah School

Tour of Hunnarshala Foundation with Aabhat and AINA Exhibit and Lecture

Time: 14:30–15:30
Venue: Al Qasimiyah School
Speaker: Sandeep Virmani

Upcycling Techniques with Everyday Tools (Workshop)

Time: 14:30–15:30
Venue: Old Al Jubail Vegetable Market
Audience: Children aged 10–13
Workshop led by: Thomas Egoumenides

Guided Tours of Cave_bureau Exhibit

Time: 14:30–15:30
Venue: Old Slaughterhouse
Tour led by: Kabage Karanja and Stella Mutegi

Mourning in the Concrete Tent

Time: 16:00–19:00
Venue: Al Madam
Hosted by: DAAR (Sandi Hilal and Alessandro Petti)

Film Screenings

Time: 18:00–21:00
Venue: Old Al Jubail Vegetable Market

مرسم بوزيغاهيل (أداء حي متكرر)

الوقت: 11:00 - 19:00
المكان: مدرسة القاسمية

جولة في مؤسسة هنرشالا مع معرض آبات ومحاضرة آينا

الوقت: 14:30 - 15:30
المكان: مدرسة القاسمية
المتحدث: سانديف فيرماني

تقنيات إعادة التدوير بالأدوات اليومية (ورشة عمل)

الوقت: 14:30 - 15:30
المكان: سوق الخضار القديم بالجبيل
الفئة المستهدفة: الأطفال من سن 10-13
ورشة بقيادة: توماس إغومينيديس

جولات إرشادية في معرض كيف_بيرو

الوقت: 14:30 - 15:30
المكان: المسلخ القديم
الجولة بقيادة: كاباغي كارانجا وستيلّا موتيغي

الحداد في الخيمة الخرسانية

الوقت: 16:00 - 19:00
المكان: منطقة المدام
المستضيف: دار (ساندي هلال وأليساندرو بيتي)

عروض الأفلام

الوقت: 18:00 - 21:00
المكان: سوق الخضار القديم بالجبيل

اليوم الأول:
السبت 11 تشرين الثاني/نوفمبر

كلمات الترحيب

الوقت: 11:00 - 11:30
المكان: مدرسة القاسمية
المتحدثون: توسن أوشينوو وحور القاسمي

المحادثة الرئيسية: ليزلي لوكو وراهول ميهروترا

الوقت: 11:30 - 12:30
المكان: مدرسة القاسمية
المتحدثون: ليزلي لوكو وراهول ميهروترا

كرمت النسخة الثانية من ترينالي الشارقة للعمارة الممارسات التي تتعامل بشكل إبداعي مع الندرة. وقد تم إطلاق هذه النسخة بحوار واسع يكرم الممارسين الذين استكشفوا طرقًا ذات مغزى لممارسة وتحليل العمارة، وتمكنوا من العمل ضمن القيود المفروضة في سياقاتهم لتحقيق عمليات ونتائج إبداعية، وكذلك التخلص من النهج التقليدية في العمارة.

مدخل: ملاحظات ميدانية عن الندرة

الوقت: 16:00 - 17:30
المكان: مدرسة القاسمية
المتحدثون: يارا شريف، ناصر غولزاري، رأفت مجذوب، إستر كارو، وأدييمو شكوني
المحاور: جولي سيريللي

الندرة في الموارد، بجميع أشكالها، غالبًا ما يتم تصويرها بشكل سلبي. لقد كانت حقيقة واقعة في العديد من المناخات القاسية عبر الجنوب العالمي، وتزداد لتصبح واقعًا عالميًا. تحفز الندرة غالبًا وفرة من الابتكار والإلهام والذكاء. شملت المناقشات في هذه الجلسة مجموعة من المشاركين في المعرض الذين تأمّلوا في هذا الموضوع من خلال أعمالهم أو من خلال مساهماتهم في المنشور "ملاحظات ميدانية عن الندرة".

تصميم من أجل البيئة

الوقت: 18:00 - 19:30
المكان: سينما مدينة السراب
المتحدثون: بابا أوموتايو، إلاهي كريمنيا، أدريان بيي، وبياتريس كولومينا

تميزت هذه الجلسة بثلاثة تمثيلات شعرية للعلاقات المضطربة والمقلقة بين "نحن" و"الآخر" في الطبيعة، لإقناع المشاركين بإعادة التفكير في السياق من خلال المجتمعات التي يتم أخذها بعين الاعتبار عند التصميم. سمحت هذه الجلسة بسرد القصص البشرية من خلال أولئك الذين يُعتبرون غالبًا أقل من بشر. كما عكست الهياكل اللامساواة التي نعيش فيها، بفضل التراكم. وطرحت الجلسة سؤالًا: هل من الممكن التعايش؟ كيف يمكننا إيجاد طرق للتعاون لصالح البيئة؟

الحداثة الاستوائية: العمارة والسلطة في غرب أفريقيا (عرض ومناقشة)

الوقت: 21:30 - 23:00
المكان: سينما مدينة السراب
المتحدثون: نانا بياماه-أوفوسو، بشرى محمد، وعزيزة شوعني
المحاور: أولورنفمي أدبي

الحداثة الاستوائية: العمارة والسلطة في غرب أفريقيا ناقشت بشكل نقدي كيف تم تطوير أسلوب معماري في الأصل كأداة لدعم الحكم الاستعماري. في الفترة التي تلت استقلال غانا في عام 1957، تكيف المعماريون في غرب أفريقيا مع الحداثة الاستوائية لدعم الأيديولوجيات الأفريقية. الفيلم تضمن مقابلات مع الشخصيات الرئيسية، والخبراء، ومقاطع من المباني المتبقية. عكست هذه الجلسة مواضيع الفيلم، بما في ذلك حفظ التراث المعماري الحداثي في غرب أفريقيا.

"Why is it important to look now at the rebuilding? Yes, well, because it obviously is an urgency, it means that in the case of Gaza, we're not only looking at a status of uncertainty and temporality, but it's becoming an urgency because we're dealing with a context where the city itself becomes a refugee camp. So rebuilding is also about dignity, about empowerment, but also allowing people to start rethinking about their basic human right, to have a right for a home and to have a right to the city."
Yara Sharif

"لماذا من المهم أن نتطلّع الآن إلى إعادة الإعمار؟ حسنًا، لأنها مسألة ملحّة بطبيعة الحال، ففي حالة غزة على سبيل المثال لم تعُدْ مسألة ضبابية أو وقتية بل ضرورة ملحة، لأننا نتعامل مع وضع أصبحت فيه المدينة عبارةً عن مخيم للاجئين. ولذلك فإن إعادة الإعمار مرتبطة أيضًا بالكرامة والتمكين وبإفساح المجال للناس لإعادة التفكير في حقوقهم الإنسانية الأساسية وحقهم في الحصول على منزل وحقهم في المدينة".

يارا شريف

FIELD NOTES ON SCARCITY

Pretty
Rock

أبقار وجمال
2
غنام وماعز
2

Day 2: Sunday, 12 November

Baraza 1: Renewed Contextual
Time: 10:00–11:30
Venue: Al Qasimiyah School
Speakers: Ola Uduku, Marwa Yousif Koheji, and Esra Akcan
Moderator: Matthew Barac

"Rethinking 'Modernity' and 'Progress': A Courtyard, a Brise-Soleil, and a Veranda"
Elements of our built environment that developed over centuries as a response to the environment were transformed or forgotten in the pursuit of progress and the manifestation of modernity. Sometimes, these changes were successful, and sometimes less so, depending on how contextual the solutions were. This discussion allowed participants to renarrate a different story of modernity in each context to see the relationship, contradictions, and connections between modernity and progress, posing the question, What do we consider progress? Each panelist was requested to pick one design element and expand through it on interruptions and continuations in the chosen context.

Whispers of Sharjah: A Sonic Stroll
Time: 10:00–12:00
Venue: Depart from Old Slaughter-house, end at Al Qasimiyah School
Workshop leader: DJ KMRU

BUZIGAHILL Atelier (Live performance on loop)
Time: 11:00–19:00
Venue: Al Qasimiyah School

Baraza 2: Extraction Politics Material Life Cycle
Time: 11:30–13:00
Venue: Al Qasimiyah School
Speakers: Bobby Kolade, Al Borde, RUÍNA Architecture, Asif Khan, and Natura Futura
Moderator: Seetal Solanki

Many of the conversations that emerged from the participants' work related to materiality, directing participants to reflect on how conditioned society is to use materials such as plastic and concrete, promoted as a modern and more progressive choice due to their perceived impermanence. This edition of the Sharjah Architecture Triennial focused on finding creative design solutions that emerged from different contexts in response to what was considered a condition of scarcity. The outcome was a series of works mindful of material usage, the energy required to outsource these materials, and their life cycles. Each participant was requested to think not only of the mounting of their exhibits but also the dismantling of the installations and the afterlife of the material. In this panel discussion, Triennial participants provided insights into the life cycles of the materials used while acknowledging that this was not a zero-footprint exhibition but an attempt to minimize waste as much as possible.

Salt Air Filter Workshop
Time: 14:00–15:00
Venue: Al Qasimiyah School
Workshop leaders: Henry Glogau and Aleksander Kongshaug

Baraza 3: Intangible Bodies Dust, Theory of
Time: 15:00–16:30
Venue: Al Qasimiyah School
Speakers: Sandra Poulson, Hélène Frichot, and Vartan Avakian
Moderator: Mpho Matsipa

Dust is undesirable; it is disruptive. The presence of dust is often regarded negatively in both its material condition and metaphorically in relation to all that society considers a stain on the "purity" of society. This includes marginalized groups, mythologies considered useless today, and rituals seen as outdated and better confined to history. This panel critically engaged with different philosophical conversations around dust that widened the view of dust from an undesirable to an essential disruptive element in society that alerted participants to the need to change.

Mourning in the Concrete Tent

Time: 16:00–19:00
Venue: Al Madam
Hosted by: DAAR (Sandi Hilal and Alessandro Petti)

Workshop on Regenerative Exchange

Time: 17:00–18:00
Venue: Old Al Jubail Vegetable Market
Workshop leader: Nieuwe Instituut

Unfinished Spaces

Time: 17:00–18:00
Venue: Sharjah Mall
Speakers: Dominique Petit-Frère, Reem Khorshid, and Oyindamola Fakeye
Moderator: Sara Bokr

Film Screenings

Time: 18:00–21:00
Venue: Old Al Jubail Vegetable Market

الحداد في الخيمة الخرسانية

الوقت: 16:00 - 19:00
المكان: منطقة المدام
المستضيف: دار (ساندي هلال وأليساندرو بيتي)

ورشة تبادل تجديدي

الوقت: 17:00 - 18:00
المكان: سوق الخضار القديم بالجبيل
قائد الورشة: نيوي إنستيتيوت

مساحات غير مكتملة

الوقت: 17:00 - 18:00
المكان: مركز الشارقة
المتحدثون: دومينيك بيتي-فري، ريم خرشيد، وأويندامولا فاكي
المحاور: سارة بوكر

عروض الأفلام

الوقت: 18:00 - 21:00
المكان: سوق الخضار القديم بالجبيل

اليوم الثاني:
الأحد 12 تشرين الثاني/نوفمبر

بارازا 1: السياق المتجدد
إعادة التفكير في "الحداثة" و"التقدم": فناء، شرفة، وواجهة شمسية

الوقت: 11:00 - 11:30
المكان: مدرسة القاسمية
المتحدثون: أولي أودوكو، مروة يوسف كوهجي، وإسرا أكان
المحاور: ماثيو باراك

إعادة التفكير في "الحداثة" و"التقدم": فناء، شرفة، وواجهة شمسية
عناصر بيئتنا المبنية التي تطورت على مدار قرون كاستجابة للبيئة تم تحويلها أو نسيانها في السعي لتحقيق التقدم وتجسيد الحداثة. في بعض الأحيان، كانت هذه التغييرات ناجحة، وأحيانًا أقل نجاحًا، اعتمادًا على مدى سياقية الحلول. سمح هذا النقاش بإعادة سرد قصة مختلفة عن الحداثة في كل سياق لرؤية العلاقة، والتناقضات، والروابط بين الحداثة والتقدم، وطرح سؤال: ما الذي نعتبره تقدمًا؟ طلب من كل متحدث اختيار عنصر تصميمي واحد والتوسع فيه بناءً على الاضطرابات والاستمرارية في السياق المختار.

همسات الشارقة: تجوال صوتي

الوقت: 10:00 - 12:00
المكان: الانطلاق من المسلخ القديم، الوصول في مدرسة القاسمية
قائد الورشة: DJ KMRU

مرسم بوزيغاهيل (أداء حي متكرر)

الوقت: 11:00 - 19:00
المكان: مدرسة القاسمية

بارازا 2: سياسات الاستخراج
دورة حياة المواد

الوقت: 11:30 - 13:00
المكان: مدرسة القاسمية
المتحدثون: بوبي كولادي، البورد، روينا للهندسة المعمارية، أسيف خان، وناتورا فوتورا
المحاور: سيتال سولانكي

العديد من المحادثات التي نشأت عن أعمال المشاركين تتعلق بالمادية، مما يوجه المشاركين للتفكير في كيفية تكييف المجتمع لاستخدام مواد مثل البلاستيك والخرسانة التي يتم الترويج لها كخيار حديث وأكثر تقدمًا نظرًا لإحساسها بالاستمرارية. ركزت هذه النسخة من ترينالي الشارقة على إيجاد حلول تصميمية إبداعية تنبع من سياقات مختلفة استجابة لما يعتبر شرطًا للندرة.

ورشة فلتر الهواء المالح

الوقت: 14:00 - 15:00
المكان: مدرسة القاسمية
قادة الورشة: هنري غلوغاو وألكسندر كونغشوغ

بارازا 3: الأجسام غير الملموسة
نظرية الغبار

الوقت: 15:00 - 16:30
المكان: مدرسة القاسمية
المتحدثون: ساندرا بولسون، هيلين فريشوت، وفارتان أفاكيان
المحاور: مفو ماتسيبا

الغبار غير مرغوب فيه؛ إنه مزعج. غالبًا ما يُنظر إلى وجود الغبار بشكل سلبي، سواء في حالته المادية أو مجازًا فيما يتعلق بكل ما يعتبر وصمة في "نقاء" المجتمع

"About the provocation of rethinking modernity and progress, one thing that came out in all the three papers is that we were also inviting to rethink in what modernism excluded, or what is called "non-modern", or traditional vernacular, and so on. These terms are all problematic. But, many of us actually showed that the climate control techniques were already there before the colonialists and Modernist architects came in. Whether it's the relation between brise soleil or mashrabiya, or the anonymous structures and veranda. So what happens in the history writing of modernism is that many architects and historians dismissed and trivialized these passive cooling techniques. And maybe that's what we need to notice and work against. So I think we also showed that it's important to rethink what was before modernism, and what is dismissed and trivialized."

Esra Ackan

"في ما يتعلق بطرح إعادة التفكير في الحداثة والتقدم، توصلت الأوراق الثلاث إلى أمر واحد وهو أننا كنا ندعو أيضًا إلى إعادة التفكير في ما استبعدته الحداثة، أو ما يسمى "غير الحديث" أو النوع التقليدي من العمارة العامية، وما إلى ذلك. هذه المصطلحات مثيرة جدًا للجدل. ولكن في الواقع أظهر الكثيرون منا أن تقنيات التحكم في المناخ كانت متوفرة قبل مجيء المستعمرين والمهندسين المعماريين التجديديين، في العلاقة ما بين كاسرات الشمس أو المشربيات أو الأبنية غير المعروف اسمها أو الشرفات مثلًا. ولذلك ما يحدث في كتابة تاريخ الحداثة هو أن الكثير من المهندسين المعماريين والمؤرخين رفضوا تقنيات التبريد السلبي هذه واستخفوا بها. وربما هذا ما علينا أن نتنبّه له ونكافحه. لذا أرى أننا أظهرنا أيضًا أنه من المهم إعادة التفكير في ما كان قبل الحداثة، وما تم رفضه وتهميشه".

إسرا أكان

We are interested in the architectural process much more than in the final result. What are the building materials going to be, the end of this material that we are working with in our project?

RUÍNA Architecture

"When we talk about materials, we are talking about a lot of layers, we are talking about a lot of traditions, we are talking about a construction tradition, we're talking about knowledge. We are talking about heritage, about all of the vernacular knowledge that we can access at any place."

Al Borde

"The solution shouldn't be how are we managing waste. The solution should be how are we not creating waste?"

Bobby Kolade

"Yeah, I sometimes think that also the concept of a scale is sometimes overwhelming, because everybody's telling you that you should do bigger, reach to other regions. But sometimes, if you just look around to the people that are surrounding you, probably that's enough people to interact with and to help with. It's around you. That's a scalable thing. It's around you."

Natura Futura

تهمنا العملية المعمارية أكثر مما تهمنا النتيجة النهائية. ما هي مواد البناء التي سنستخدمها؟ وما الذي ستؤول إليه هذه المواد التي نعمل بها في مشروعنا؟

روينا أركيتكتشر

"عندما نتحدث عن المواد، فإننا نتحدث عن الكثير من الطبقات، ونتحدث عن الكثير من التقاليد، ونتحدث عن تقاليد البناء، ونتحدث عن المعرفة. نتحدث عن التراث وعن كل المعارف المحلية التي يمكننا إيجادها في أي مكان".

البورد

"لا ينبغي أن يكمن الحل في كيفية إدارة النفايات. يجب أن يكمن الحل في كيفية عدم إنتاج نفايات".

بوبي كولادي

"نعم، أجد مفهوم التوسع مرهقًا أحيانًا، فالجميع يقولون لك إن عليك القيام بمشاريع أكبر والوصول إلى مناطق أخرى. ولكن في بعض الأحيان إذا تلفتّ ونظرت إلى الناس من حولك، فقد ترى ما يكفي من الأشخاص للتعاطي معهم ومساعدتهم. إنه حولك، وإنه شيء قابل للتوسع. إنه حولك".

ناتورا فوتورا

"I see the intangible as something that requires action, movement, that is inevitable. And this is, in my opinion, towards everything. I only also noticed that this idea of dust in relation to hierarchical colonial discourses, and I was really thinking about this idea of anything that is so connected to the actual planet, in a cosmological and physical way, being really understood as not developed enough, in a sense. So this idea that if we have this unpaved surface, actually, we are walking through the "non-progress"."

Sandra Poulson

"This dust that we leave behind us, these little specks, also contain so many narratives, some of which we know how to decode now. And others, we will have to leave for others to decode."

Sandra Poulson

"أرى الجسم غير الملموس كشيء يتطلب العمل والحركة، وهو أمر لا مفر منه. وهذا برأيي ينطبق على كل شيء. لقد لاحظت أيضًا أن فكرة الغبار هذه متعلقة بالخطابات الاستعمارية الهرمية، وكنت أفكر بشدة في هذه الفكرة التي تعتبر أي شيء مرتبط جدًا بكوكبنا، بطريقة كونية وفيزيائية، بأنه غير متطور بما يكفي، إلى حد ما. ومنها هذه الفكرة بأننا نسير في طريق عدم التقدم إذا تركنا هذه المساحة غير معبدة".

ساندرا بولسون

"كما يحمل هذا الغبار الذي نخلّفه، هذه الذرّات الصغيرة، سرديات كثيرة أصبحنا نعرف الآن كيفية فكّ رموز بعضها. وسيتعين علينا ترك بعضها الآخر للآخرين لفكّ رموزها.

ساندرا بولسون

Day 3: Monday, 13 November

The Power of Imagination
Time: 11:00–12:30
Venue: Al Qasimiyah School
Speakers: Miriam Hillawi Abraham, Olalekan Jeyifous, and Cave Bureau (Kabage Karanja & Stella Mutegi)
Moderator: Wale Lawal

Creativity is a tool for change and envisioning different paths. This panel was an exercise in the tools and infrastructures required for imagining new realities—past, present, and future—while also deliberating on the successes and failures of the imagination. The discussion invited exhibition participants to reflect on "the imagination," how it could be constrained, and how they overcame these limitations through their commissioned works and practices.

BUZIGAHILL Atelier (Live performance on loop)
Time: 11:00–12:30
Venue: Al Qasimiyah School

Mourning in the Concrete Tent
Time: 17:30–19:30
Venue: Al Madam
Convened by: DAAR (Sandi Hilal and Alessandro Petti)

Originally built in Dheisheh refugee camp in Bethlehem, Palestine, in 2015, the Concrete Tent in Al Madam Ghost Town was a space for collective mourning and solidarity with Palestine. While the tent is the basic element for the construction of refugee camps, it is also used for gatherings during funerals and protests. It is the material manifestation of the temporary status of refugees in the camps yet also symbolizes their right to return to their homes. The space was open for participants and visitors of the Triennial, groups, and individuals in need of mourning. Sandi and Alessandro welcomed people at the concrete tent for three days. Participants were invited to share their experiences, emotions, and stories if they wished or simply remain silent.

Osagbaye (Spirits Occupying Worldly Spaces)
Time: 20:00–20:30
Venue: Al Madam
Performers: Emmanuel Balogun, Hermes Iyele, and Pascal Beugre-Tellier
Assembled by: Bubu Ogisi

The original score *Osagbaye (Spirits Occupying Worldly Spaces)* comprised three acts—Olokun, Ogun, Esu—that represented a coming together of minds even as violence walked towards us. This was an occasion for cultures historically oppressed to share their unique stories and perspectives in order to build new alliances. The performance unfolded through acts of softness and resistance to the powers that be.

In light of the collective grieving of our communities over the circumstance in Palestine, Sharjah Architecture Triennial canceled the Opening Week Music Program.

اليوم الثالث:
الاثنين 13 تشرين الثاني/نوفمبر

قوة الخيال

الوقت: 11:00 - 12:30
المكان: مدرسة القاسمية
المتحدثون: ميريام حلاوي ابراهيم، أولالكان جيفيوس، وكهف بيرو (كاباغي كارانجا وستيلّا موتيغي)
المحاور: والي لاوال

الخيال أداة للتغيير وتصور مسارات مختلفة. كانت هذه الجلسة تمرينًا في الأدوات والبنى التحتية اللازمة لتصور حقائق جديدة – ماضية وحاضرة ومستقبلية – مع التأمل في نجاحات وإخفاقات الخيال. دعت الجلسة المشاركين في المعرض للتفكير في "الخيال"، وكيف يمكن تقييده، وكيف تغلبوا على هذه القيود من خلال أعمالهم وممارساتهم.

مرسم بوزيغاهيل (أداء حي متكرر)

الوقت: 11:00 - 12:30
المكان: مدرسة القاسمية

الحداد في الخيمة الخرسانية

الوقت: 17:30 – 19:30
المكان: منطقة المدام
بالتنسيق مع: دار (ساندي هلال وأليساندرو بيتي)

تم بناء الخيمة الخرسانية في مخيم الدهيشة للاجئين في بيت لحم بفلسطين عام 2015، وهي مساحة للحزن الجماعي والتضامن مع فلسطين. كانت الخيمة هي العنصر الأساسي لبناء المخيمات، لكنها تستخدم أيضًا للتجمعات أثناء الجنازات والاحتجاجات. إنها تجسد الوضع المؤقت للاجئين في المخيمات وترمز أيضًا إلى حقهم في العودة إلى منازلهم.

أوساغباي (الأرواح التي تحتل الفضاءات الدنيوية)

الوقت: 20:00 - 20:30
المكان: منطقة المدام
المؤدون: إيمانويل بالوغون، هيرميس إيلييل، وباسكال بوغر-تيلييه
بإشراف: بوبو أوغيسي

تألفت الموسيقى الأصلية "أوساغباي" (الأرواح التي تحتل الفضاءات الدنيوية) من ثلاثة فصول – أولوكون، أوغون، إيسو – التي تمثل التقاء العقول معًا حتى مع تقدم العنف نحونا. كانت هذه مناسبة للثقافات التي تعرضت للاضطهاد تاريخيًا لمشاركة قصصها ومنظوراتها الفريدة من أجل بناء تحالفات جديدة.

"The past, future, and present, are these constants. They're not binaries, they keep blending into each other, especially the point from which you're imagining a past or the point from which you're imagining a future, wherever you're projecting from your point of departure. And I think our sort of route to return to the past in Africa is often obstructed, not only through colonialism, but also because of our current political conditions where there's desirable paths that we want to conjure, to reinforce our present. And it depends on, again, who is in power."

Miriam Hillawi Abraham

"So the cave, in a way, began to say there's a missing piece in the archive. And that we felt caves could be this insertion of something that's always been there, but we have ignored. And what we've done is analyze it like architecture: we scan it in three dimensions, we slice, draw and represent them as pieces of trauma, as well as resistance. So there's always that duality. There's the perpetrator, there's the one who would have been inflicted on, and the two have to be in a sort of dance of healing."

Kabage Karanja

"الماضي والمستقبل والحاضر، تلك هي الثوابت، وهي ليست ثنائيات، بل إنها تستمر في التداخل مع بعضها البعض، وتحديدًا النقطة التي تتخيل منها زمنًا في الماضي أو النقطة التي تتخيل منها زمنًا في المستقبل، أينما كانت النقطة التي تنطلق منها. وأظن أن طريقنا للعودة إلى الماضي في أفريقيا غالبًا ما تسده عراقيل خلّفها الاستعمار وأيضًا أوضاعنا السياسية الحالية إذ توجد مسارات مستحبة نود استحضارها لتعزيز حاضرنا. والأمر مرهون، مجددًا، بمن يتقلّدون السلطة".

ميريام حلاوي ابراهيم

"إذن في ما يخص الكهف بطريقة ما، بدأنا نقول إن ثمة قطعة مفقودة في الأرشيف. وشعرنا بأنه يمكن أن تتضمن الكهوف شيئًا لطالما كان موجودًا ولكننا تجاهلناه. وما قمنا به هو تحليلها مثل العمارة، فنعمل على مسحها بشكل ثلاثي الأبعاد ثم نقسمها ونرسمها ونصورها كقطع تمثل الصدمة وكذلك المقاومة. لذا نجد دائمًا تلك الثنائية، الجاني من جهة، والشخص الذي كان ليُلحق به الضرر من الجهة الأخرى، بينما يؤديان رقصة الشفاء".

كاباجي كارانجا

"And I think the biggest mistakes of the past is when architects think they can actually fix everything. And so what we're doing as Cave_bureau is almost going through a sort of social and geological commentary and research to layer this, and create almost a mirror to ourselves. And what we very quickly realized is that this mirror is so critical, in terms of motioning through space and time, back and forth. And it's within those moments we can actually be more in control of our future as a generation."

Kabage Karanja

"أظن أن أكبر أخطاء الماضي هي عندما يعتقد المهندسون المعماريون أنهم قادرون فعلًا على إصلاح كل شيء. لذا فإن ما نقوم به في كيف_بيرو هو أشبه بخوض نوع من التفسيرات والبحوث الاجتماعية والجيولوجية لتحديد ذلك وإضاءة الأمور لنا. وما أدركناه بسرعة كبيرة هو أن هذه الإضاءة مهمة جدًا لناحية التحرك ذهابًا وإيابًا عبر المكان والزمان. وفي تلك اللحظات تحديدًا يمكننا أن نتحكم أكثر في مستقبلنا كجيل".

كاباجي كارانجا

جمالية المتغير:
THE BEAUTY OF IMPERMANENCE:

Bios

السير الذاتية

Curator

● TOSIN OSHINOWO: Tosin Oshinowo, the curator of the Sharjah Architecture Triennial's second edition, is a Lagos-based Nigerian architect and designer, and the principal and founder of Oshinowo Studio, established in 2013. She has worked on a number of civic, commercial, and residential projects throughout Nigeria, and she is renowned for her socially responsive approach to architecture, design, and urbanism.

Oshinowo's key designs include a project with the United Nations Development Program to build an entirely new community in northern Nigeria for a village displaced by Boko Haram, and the Maryland Mall in Lagos. Her work demonstrates a strong interest in architectural history while embodying a contemporary perspective on African design, innovation, and afro-minimalism. She partnered with Lexus on conceptual design exploration for Design Miami/2020 and co-curated the second Lagos Biennial in 2019. Oshinowo is a registered architect in the Federal Republic of Nigeria and a member of the Royal Institute of British Architects. Before founding Oshinowo Studio, she worked in the offices of Skidmore Owings & Merrill in London and the Office of Metropolitan Architecture in Rotterdam, where she was part of the team that designed the 4th Mainland Bridge proposal in 2008. Upon returning to Lagos, she practiced at James Cubitt Architects and led notable projects, including the corporate head office building for Nigeria LNG in Port Harcourt. She has a BA in architecture from Kingston University London, an MSc in development and planning: building and urban design in development from the University College London, an AA Diploma from the Architecture Association London, and a master's in business for architecture and design from IE University Madrid.

Participants

● 51-1 ARQUITECTOS: 51-1 Arquitectos is an architecture studio based in Lima, Peru, led by Cesar Becerra, Fernando Puente Arnao, and Manuel de Rivero. Since its founding in 2005, the studio has been involved in numerous projects, including housing, public buildings, urban design, hospitality projects, and other research projects. It has received several major awards and recognitions, including four nominations for the Mies Crown Hall Americas Prize. Notably, the studio won the international competition to extend the Medellin Museum of Modern Art in Colombia in 2015. Their portfolio also spans projects across Peru, Ecuador, Russia, and the UAE, including Sharjah Art Foundation's 2023 Kalba Ice Factory Cultural Centre. In addition to their architectural work, 51-1 Arquitectos has actively engaged in teaching and lecturing at various events and universities. They were selected as curators for the II Architecture Biennial of Lima, scheduled to be held in October 2023. The studio is also a member of Supersudaca, an international collective focused on urban research. ● ADRIAN PEPE: Adrian is a fiber artist presently based in Beirut, Lebanon. Pepe's artistic practice is an ongoing investigation of material and process. Through his work, he interweaves nature and culture to create objects as tools to enable an open discourse on materiality, our morphing cultural landscape, and our present condition. His most recent and upcoming solo and group exhibitions include Luxembourg Art Week with Galerie La La Lande in Luxembourg (2023); "Fibra" at Extant Fair in Mallorca, Spain (2023); "Fragments of Time Unending" at Nika Project Space, Dubai, UAE (2023); "In/Un Becoming" with Eindhoven Design Week (2022); Lost in the Right Direction" with Art Design Lebanon in Beirut, Lebanon (2022). He was selected as a DieDas Fellow in Saaleck, Germany (2022) and participated in artistic residencies including TADA Residency in St. Gallen, Switzerland (2023), Intermix in Riyadh, Saudi Arabia (2023), and a Shepherding residency with Mutur Beltz in Karrantza, Spain (2023). ● AL BORDE: Al Borde is an architecture firm established in Quito, Ecuador, in 2007, by Pascual Gangotena, David Barragán, Marialuisa Borja, and Esteban Benavides. With a focus on promoting local development, social innovation, and sustainability, their architectural approach transforms limited resources into aesthetic opportunities, prioritizing both location and community engagement. The firm has earned global recognition, receiving numerous prestigious awards including the Holcim Award Acknowledgement Latin America (2014), the Global Award for Sustainable Architecture in Paris (2013), and the Schelling Architecture Prize in Germany (2012). Al Borde's innovative work has been prominently showcased in significant exhibitions like the Seoul Biennale of Architecture and Urbanism (2021) and the Venice Architecture Biennial (2016). Their projects have garnered attention in various publications, including the monograph *Less Is All* (2020), and they also co-produced the documentary film *Do More with Less* (2018). Currently, the firm is engaged in producing a docu-series that delves into the cultural, environmental, social, economic, and political contexts surrounding their projects. ● ART AND CULTURE DEVELOPMENT FOUNDATION OF THE REPUBLIC OF UZBEKISTAN (ACDF): The Art and Culture Development Foundation (ACDF) under the Cabinet of Ministers of the Republic of Uzbekistan was established in 2017 by the decree of President Shavkat Mirziyoyev. It fosters international cooperation and promotes Uzbekistan's culture on the global stage. Its objective is to showcase the national heritage through projects encompassing fine arts, architecture, literature, theater, music, craft, design, and dance. The Foundation's mission is to create an inclusive and accessible environment within the country's cultural institutions, contribute to museum renovations, and develop cultural patronage and professional training for the arts and culture sector. Among its long-term projects is the reconstruction of the State Museum of Art in Tashkent, along with organizing exhibitions at the Louvre Museum and the Arab World Institute in Paris, as well as at the James Simon Gallery in Berlin. The Foundation holds the distinction of being the commissioner of Uzbekistan's first National Pavilion at the Venice Biennale. ● ASIF KHAN: Asif Khan founded his London-based practice in 2007, which designs buildings, landscapes, installations, exhibitions, and objects. His work is concerned with sensory experience, craftsmanship, cultural exchange, and the merging of history with future worlds. His interests span sites of complex narratives, community empowerment, and questions of identity. In 2020 he completed 6.5 linear kilometres of public realm design for Dubai Expo 2020, where his carbon-fiber Entry Portals received the Dezeen Public Award 2021 and nomination for the Aga Khan Award for Architecture. Khan was awarded an MBE for Services to Architecture in 2017 and currently serves as Vice Chairman of the Design Museum in London. Current projects include the Barbican Art Centre Renewal, the new London Museum, and the Museum of the Incense Road in Al-Ula. His works have been exhibited at the Royal Academy of Arts, Milan Salone, Milan Triennale, London Design Week, Tokyo Design Week, and MAAT Lisbon. ● BUBU OGISI: Bubu Ogisi is a fiber research artist and creative director of the contemporary art brand IAMISIGO. Her work revolves around the idea of how the body exists and interacts with space through time. Ogisi fuses tradition with a contemporary design aesthetic, by utilizing unconventional materials and ancient textile techniques from her heritage. Her work aims to decolonize and free the mind by manipulating gravity, light, color, mass, and transparency to demonstrate the infinite transformations and iterations of materiality. Engaging with sociopolitical themes such as spirituality, gender, and future ecosystems, her work conveys lost stories through abstract space installations, textile art, and moving visuals. By exaggerating texture, structure, and space she can break and transform the rules and expectations of what textiles are into transient humanity. Born in Lagos, Nigeria, and now based between Lagos and Nairobi, Ogisi studied fashion at the prestigious École Superieure des Arts et Technique de la Mode (ESMOD) in Paris, France. ● BUZIGAHILL: Founded by Bobby Kolade, BUZIGAHILL is a Kampala-based clothing brand that works between art, fashion, and activism. For their first project series, called "RETURN TO SENDER," BUZIGAHILL redesigns secondhand clothes and redistributes them to the Global North, where they were originally discarded before being shipped to Uganda. Kolade was born in Sudan to Nigerian-German parents and grew up between Kampala and Lagos. He holds a master's degree in fashion design from the Academy of Arts Berlin Weissensee and has previously worked at Maison Margiela and Balenciaga in Paris. ● CAVE_BUREAU: Cave_bureau, founded and directed by Kabage Karanja and Stella Mutegi, is a Nairobi-based bureau of architects and researchers charting explorations of architecture and urbanism in nature. Their work addresses the anthropological and geological context of the post-colonial African city, explored through drawing, storytelling, construction, and the curation of performative events of resistance. By conducting playful and intensive research studies of caves in Nairobi and around the world, they aim to navigate a return to the curiosity of our early ancestors while confronting the challenges of contemporary rural and urban living. Past exhibitions include the Architect's Studio exhibition at the Louisiana Museum 2023; the 18th International Architecture Exhibition, Venice 2023; the 17th International Architecture Exhibition, Venice 2021, which received a Special Mention for the installation titled "Obsidian Rain"; the World Around Summit, Guggenheim Museum, 2021; Cooper Hewitt Design Triennial, 2019–20; and the London Festival of Architecture 2018. ● COLLAB: HENRY GLOGAU AND ALEKSANDER KONGSHAUG: Henry Glogau and Aleksander Kongshaug are architects based in Copenhagen, Denmark. Together they studied at the Royal Danish Academy, specializing in architecture within extreme environments and delving into the potential of design to tackle current and future global challenges. Their collaboration is founded on their shared passion and driven by a "research by design" approach. Glogau and Kongshaug engage with the world through expeditions to diverse and extreme locations, exploring the interconnected relationships between design, technology, people, and the environment at various scales. Notably, their work addresses resource scarcity and embraces low-tech and passive ideas. Their projects adopt an open-source and design-for-distribution approach, aiming to learn from local contexts and share globally. They strive to foster connections and collaborations across borders, encouraging people to engage in parallel environments. In addition to their collaborative work, Glogau and Kongshaug work as architects at GXN, an innovation and research firm based in Copenhagen. ● DAAR – SANDI HILAL AND ALESSANDRO PETTI: The artistic research practice of DAAR (Sandi Hilal and Alessandro Petti) is situated between architecture, art, pedagogy, and politics. Over the last two decades, they have developed a series of research projects that are both theoretically ambitious and practically engaged in the struggle for justice and equality. In their artistic research practice, art exhibitions are both sites of display and sites of action that spill over into other contexts: built architectural structures, the shaping of critical learning environments, interventions that challenge dominant collective narratives, the production of new political imaginations, the formation of civic spaces, and the redefinition of concepts. DAAR has participated in multiple editions of the Venice Biennale (2003–2021), the Berlin Biennale (2022), the Istanbul Biennial (2009), the São Paulo Biennial (2014) and the Marrakesh Biennial (2016), among others. Recent major retrospective exhibitions have taken place at the Van Abbemuseum in Eindhoven (2019), Mosaic Room in London (2022), and La Loge in Brussels (2023). Their artistic practice has been awarded the Keith Haring Fellowship in Art and Activism at Bard College and the Golden Lion for Best Participation at the 18th International Architecture Exhibition—La Biennale di Venezia, for their long-standing commitment to deep political engagement with architectural and learning practices of decolonization in Palestine and Europe. ● DIA MRAD: Dia Mrad is a Lebanese visual artist based in Beirut. Intersecting his training in architecture (MArch) with a documentary photographic approach, Mrad tracks shifts in the built environment to uncover hidden narratives of human activity embedded within the materiality of cities. Mrad believes architecture shapes our collective memory, storing and reflecting historical moments that influenced the development of our identity and its transience. By framing, isolating, and decoding elements in the urban sphere, he identifies landmarks that encapsulate a place's political, ecological, economic, and social dynamics, stimulating reflection on contemporary societal challenges. His practice focuses on the material urban landscape as a site of sociopolitical and economic phenomena. Mrad trained at the Holy Spirit University of Kaslik in Lebanon and has exhibited in Lebanon and internationally in the US, Brazil, Europe, UAE, and Saudi Arabia. ● FORMAFANTASMA: Formafantasma is a research-based design studio investigating the ecological, historical, political, and social forces shaping the discipline of design today. The studio was founded in 2009 by Andrea Trimarchi and Simone Farresin to facilitate a deeper understanding of both our natural and built environments and to propose transformative interventions through design and its material, technical, social, and discursive possibilities. Working from its studio spaces in Milan and Rotterdam, the practice embraces a broad spectrum of typologies and methods, from product design through spatial design, strategic planning, and design consultancy. Formafantasma was awarded the Wallpaper* Designer of the Year in 2021. Trimarchi and Farresin have lectured widely, and their work has been presented and published internationally and acquired by institutions including MoMA, NY; V&A, London; and the Centre Pompidou, Paris. ● HIVE EARTH: Hive Earth is a multi-disciplinary space based in Accra, Ghana, co-founded by Christian Kwame Deheer in 2017. The studio comprises architects and designers who specialize in using locally sourced and eco-friendly materials for construction, interior decor, art, and design. Drawing from African tradition and using local and natural materials, the studio explores the innovative and sustainable potential of the Earth. In particular, the studio has conducted extensive research into building multiple structures with rammed earth—a combination of earth, gravel, silt, clay, and lime/cement—as well as agro-waste. Recent projects by the studio include an unstabilized rammed earth library with NGO Archifair and a four-storey office block in Accra with Adjaye Associates. ● HUNNARSHALA FOUNDATION WITH AABHAT AND AINA: The Hunnarshala Foundation is an Indian NGO that engages with community empowerment, artisan training, and developing traditional building systems that distinctly utilize earth. The Foundation was established by Sandeep Virmani

with colleagues in the wake of the 2001 earthquake in Kutch. Virmani, a trained architect, has lived and worked in Kutch with indigenous communities for over three decades. The Foundation looks to merge innovation with traditional techniques, resulting in resilient and eco-friendly buildings rooted in the local context. Hunnarshala has also promoted AINA and Aabhat, two next-generation companies that work together to empower communities through design and sustainable construction. Virmani has also set up Sahjeevan, which has enabled marginalized communities to regenerate and conserve ecologies and reinvigorate their livelihoods, including conserving traditional water management systems, wildlife and crop seed conservation, pastoralism and organic farming. Virmani looks to painting, storytelling, yoga, and the fascinating world of insects to fuel his forays at work. ● LIMBO ACCRA: Limbo Accra is a collaborative spatial design practice founded in 2018 by Dominique Petit-Frère and Emil Grip, to work on architectural and urban design projects and public art installations. Much of their work emerges from research, interdisciplinary engagement, and experimentation with the aesthetics and cultural significance of unfinished, decaying concrete structures in West African cities. Inspired by the principles of inclusivity, otherness, and futurity, Limbo Accra often works with other creative disciplines in the formation of innovative and intuitive approaches to new design opportunities. Limbo Accra has exhibited across Europe and recently worked on the design for Virgil Abloh's Freedom Skatepark in Ghana. The practice was a recipient of the inaugural Black Design Visionaries program granted by Instagram Design, Meta Open Arts, and the Brooklyn Museum in 2021, and won the Monocle Design Awards in 2022. In 2023, it was awarded the prestigious Obel Foundation grant to support the development of Africa's first digital archive of incomplete Brutalist structures. ● MIRIAM HILLAWI ABRAHAM: Miriam Hillawi Abraham is a multi-disciplinary designer from Addis Ababa, Ethiopia. With a background in architecture, she works with digital media and spatial design to interrogate themes of equitable future and intersectionality. Her work aims to conserve and reimagine immaterial knowledge systems from the African continent, striving for their continuation into the digital future. Abraham holds an MFA in interaction design from the California College of the Arts and a BArch in architecture from the Glasgow School of Art. She previously worked as a game design instructor at Bay Area Video Coalition's youth program for over three years. She is now a Mellon researcher for the Canadian Centre for Architecture's Digital Now multidisciplinary research project. Abraham's work was recently featured in the 18th International Architecture Exhibition of La Biennale di Venezia as part of the Special Project "Guests from the Future," curated by Lesley Lokko.
● PAPA OMOTAYO & EVE NNAJI MOE+AA/ADD-APT: Papa Omotayo (MOE+ AA) and Eve Nnaji (ADD_apt) are a collaborating team based in Lagos, Nigeria, working on a series of projects and installations focused on cultural infrastructure, ecology, and material intelligence. Papa Omotayo is an award-winning filmmaker, architect, designer, and writer. His work strongly focuses on exploring the nature of culture and its context within contemporary the Nigerian and the extended African setting, locally and globally. Eve Nnaji is an architectural designer, researcher, and writer. She is the founder of Addapt, a practice that utilizes architecture, design, and data as a tool to bridge environmental consciousness with urban development. Her research interests include urban flood mitigation strategies, bio-fabrication, and material intelligence. MOE+ Art Architecture (MOE+AA) is an architecture, design, and artistic production practice established in Lagos, Nigeria, in 2014. It aims to enhance the quality and value of design across the continent through a collaborative human and environmentally sensitive practice, one that embraces local solutions and aspirations. Focusing on context, culture, materiality, and ecology, its current portfolio in Nigeria aims to define a pragmatic African-led design process of making through engagement with the art of motifs and metaphors. ● NATURA FUTURA: Natura Futura is a practice from Babahoyo, Ecuador, founded by José Fernando Gómez Marmolejo in 2015. The practice aims to question sensitive issues of architecture in Latin American cities, searching for solutions through continuous experimentation and research. It prioritizes working with contextual architecture, without ignoring the human context of its projects, and understanding the emotional aspects of their inhabitants, traditions, and customs. Natura Futura's portfolio consists of various community-based and public projects across Ecuador. The studio was awarded at the Quito Pan-American Biennial in addition to the three Quito Biennial awards in 2020, and Vienna's Brick Award in 2022. They have previously held exhibitions at both the Architecture Festival in Bali, Indonesia, and Valparaíso, Chile. ● NIFEMI MARCUS-BELLO: Nifemi Marcus-Bello is a designer based in Lagos, Nigeria, and the founder of the nmbello Studio, known for its community-led, ethnographic-conscious design approach. The studio centers on core values of innovation, usability, and

sustainability, adopting local materials and processes. This enables Marcus-Bello to pursue new forms and typologies in the creation of unique products, and experiences, and he has a particular interest in manufacturing and production availability, habits, and history. Marcus-Bello has received awards such as the Emerging Designer of the Year at the Monocle Design Awards in 2023; the Hublot LVMH Design Prize in 2022; and the "Life Enhancer of the Year" award by Wallpaper*in 2021. He graduated from the University of Leeds with bachelor's and master's degrees in product design and received the "Potential for Social Change" award from the university. He has lectured at the Columbia Graduate School of Architecture and the Design Academy of Eindhoven. ● OLA UDUKU AND MICHAEL COLLINS: Ola Uduku is the head of the Liverpool School of Architecture. Her research specialties include modern architecture in West Africa, the history of educational architecture in Africa, and contemporary issues related to social infrastructure provision for minority communities in the "West" and "South." She promotes the documentation and recording of Modernist buildings and landscapes (Docomomo) and is president of the African Studies Association, UK. She previously held academic positions at Manchester School of Architecture and Edinburgh University. Michael Collins is an Irish architect, certified Passivehaus specialist, and founder of MCA, an award-winning practice based in London. He is a lecturer at the Bartlett School of Architecture and course co-lead of the emergent cities MSC at ESALA. Michael is a trustee of Letchworth Garden City and chairs the city's urban design and placemaking group. He is a PhD candidate at the University of Cambridge and studied at the Edinburgh College of Art, ETSAB Barcelona, and the University of Edinburgh. ● OLALEKAN JEYIFOUS: Olalekan Jeyifous is a Brooklyn-based artist widely recognized for his inventive design practice that explores the relationships between architecture, community, and the environment. He holds a BArch from Cornell University and has showcased his artwork at institutions including the Museum of Modern Art, New York; Studio Museum in Harlem; Vitra Design Museum, Rhein; and the Guggenheim Museum, Bilbao. His work is also in the permanent collection of the Museum of Modern Art's Architecture and Design Department. Jeyifous has created large-scale installations for a variety of public spaces and was co-commissioned to design a monument for congresswoman Shirley Chisholm as part of the City of New York's "She Built NYC" initiative. He has received numerous awards for his artistic practice, including the notable Silver Lion for a promising young participant at the 2023 Venice Architecture Biennale and a fellowship from the United States Artists. He also served as a Wilder Green Fellow at the MacDowell Colony and completed artist residencies at the Bellagio Centre, supported by the Rockefeller Foundation, and the Drawing Centre's Open Sessions program. ● RUÍNA ARCHITECTURE: RUÍNA is an architecture studio founded by Julia Peres and Victoria Braga, graduates of FAU Mackenzie, in 2020. Based between São Paulo and Salvador in Brazil, the studio develops architecture, exhibition projects, furniture, buildings, construction execution, and consulting projects focused on the reuse of materials and construction waste. Peres is an architect, urban planner, and graphic artist who was part of the team for the 11th São Paulo Architecture Biennial. In 2021 she worked with FIO Assessoria on projects for the improvement of occupied buildings, together with the social housing movement MSTC. Braga is an architect, researcher, and past member of Goma Oficina, a transdisciplinary cultural association formed by architects, designers, photographers, producers, and educators (2017–2022). She is currently part of the graduate program in archaeology and cultural heritage at the Federal University of Recôncavo Baiano. ● SANDRA POULSON: Sandra Poulson is an Angolan interdisciplinary artist based between London and Luanda. Her work discusses the political, cultural, and socioeconomic landscape of Angola to analyze the relationship between history, oral tradition, and global political structures. Working across genres such as documentation, collage, performance, and printmaking, she recurrently revisits the body as a liminal space for discussion, incorporating materials such as fabric, concrete, wood, and film. She is the recipient of the MullenLowe NOVA Award (2020) and the Central Saint Martins Dean's Award (2020). Poulson's work has been exhibited internationally, including the Lagos Biennial (2019), Bloomberg New Contemporaries at the South London Gallery (2021), ARCO Madrid (2021), and V.O Curations, London (2022). She was commissioned to show at the British Pavilion at the 18th International Architecture Exhibition—La Biennale di Venezia (2023), and at Bold Tendencies in London (2023). ● SUMAYA DABBAGH: Sumaya Dabbagh is a Saudi architect and founder of Dabbagh Architects in 2008. Since training and working in the UK and Europe, her contextual designs combine a mix of influences and sensitivities towards both Western and Middle Eastern cultures. She is curious about the impact of tangible, built forms around us, and notions of memory, identity, and belonging within architecture. Recent projects include the Mleiha Archaeological Centre, which has been globally recognized for its new, emerging approach to architecture in the region; the Gargash Mosque; and the design of the Al-Ain Museum. Dabbagh was a founder of the RIBA Gulf Chapter, where she served as chair (2015–2019). She won Principal of the Year at the Middle East Architect Awards and was a finalist at the Tamayouz Award for Women of Outstanding Achievements in 2019. She was also nominated for the Aga Khan Award, and her work has been featured in international publications such as Phaidon's *Breaking Ground, Architecture by Women*. ● THAO NGUYEN PHAN: Trained as a painter, Thao Nguyen Phan is a multimedia artist whose practice encompasses video, painting, and installation. Drawing from literature, philosophy, and daily life, Phan observes ambiguous issues in social conventions and history. She has exhibited internationally, with previous solo and group exhibitions at Tate St. Ives (2022); Venice Art Biennale (2022); Chisenhale Gallery (London, 2020); WIELS (Brussels, 2020), Rockbund Art Museum (Shanghai, 2019); Lyon Biennale (Lyon, 2019); Sharjah Biennial (Sharjah Art Foundation, 2019); and Dhaka Art Summit (2018), among others. Phan was shortlisted for the 2019 Hugo Boss Asia Art Award. In addition to her work as a multimedia artist, she is co-founder of the collective Art Labor, which explores cross disciplinary practices and develops art projects that benefit the local community. Expanding her "theatrical fields" into performance gestures and moving images, she is a 2016–2017 Rolex Protégée, mentored by performance and video artist Joan Jonas. ● THOMAS EGOUMENIDES: Thomas Egoumenides is a French designer and architect based in Tunis. His work focuses on the intersection of sculpture and social design, with a thoughtful approach to valuing and poeticizing waste and unwanted materials. Through collaboration with local actors and resources, he transforms and revalues discarded objects, bringing attention to their inherent qualities and worth. Rather than waiting for the recycling stage, Thomas intervenes early in the process, making minimal modifications to materials while respecting their history and current context. His creative vision involves reimagining the urban environment as a vast repository of materials and narratives, akin to a "matériotheque." By skilfully weaving and reshaping these diverse material layers, he redefines our man-made world. In 2016, Thomas co-founded the design studio Flaÿou, providing him with opportunities to participate in prestigious design weeks in Paris and Amman, alongside fellow artists and creators. Moreover, during a residency for the Dream City Art Festival in 2021, he initiated the project Rascal, an ephemeral design and upcycling research laboratory. ● WALLMAKERS: Wallmakers is an architectural practice founded by Vinu Daniel in Kerala, India, in 2007. Amid the current global crisis, Wallmakers aims to build sustainable spaces that are responsive to specific site contexts and conditions, while maintaining a balance between innovative, utilitarian designs and creating dream-like spaces. In particular, the practice emphasizes reuse and local sourcing of natural materials such as mud and waste, to make structures that are both utilitarian and alluring. Past projects include the IHA Residence and the Pirouette House in Trivandrum, Chuzhi in Tamil Nadu, and the St. George Orthodox Church in Mattancherry. Daniel completed his BArch in 2005 from the College of Engineering, Trivandrum, after which he worked with Auroville Earth Institute for the UNDP (United Nations Development Program) post-Tsunami construction. He delivered a TED talk on his architectural vision in 2023 and his practice has achieved international recognition, including the Royal Academy Dorfman Award in 2022. ● YARA SHARIF AND NASSER GOLZARI: Yara Sharif and Nasser Golzari are practicing architects and academics. They interrogate through their work the interlink between architecture, politics, ecology, and social justice. While they question and critique ecological inequalities, they reconstruct through design new social narratives and alternative architectural practices that challenge the Western dominant approach, calling for new aesthetics inspired by the Global South. Sharif and Golzari's collaborative research and live projects have been nominated for and have won several awards including the 2013 Aga Khan Award, 2014 Holcim Award for Sustainable Construction, RIBA President's Award for Research 2013 and 2016, and the Civic Trust Award. They have curated several exhibitions globally including Secrets of a Digital Garden as part of the Chicago Architecture Biennial in 2019 and Berlinale in 2020 in collaboration with Riwaq. Their recent installation as part of Instant Modernism is currently on display at the Qattan Foundation. They co-founded Palestine Regeneration Team (PART), a design-led research group that aims through speculative and live design projects to search for creative and responsive spatial possibilities. ● YUSSEF AGBO-OLA: Yussef Agbo-Ola, founder of Olaniyi Studio, is an architect and artist living between London and the Amazon Rainforest. Born in rural Virginia in a multi-heritage Nigerian, African American, and Cherokee household, his work reflects hybrid identities and relationships to different landscapes, ecologies, and cultural rituals. He aims to use diverse multidisciplinary research methods and design components to reinterpret local knowledge and its environmental importance cross-culturally. His research outcomes manifest through architectural temples, photographic journalism, material alchemy, interactive performance, experimental sound design, and conceptual writing. Agbo-Ola studied at the University of the Arts and the Royal College of Art in London. He has led art and architectural commissions for the United Nations, Institute of Contemporary Art (London), Serpentine Gallery London, TEDx East End, BBC Arts, Venice Architectural Biennials, and Palais de Tokyo, among others. Agbo-Ola is an adjunct assistant professor of architecture at Columbia GSAPP where he directs an experimental design studio in the Advanced Architectural Design program.

Essayists

● YASMEEN LARI: Yasmeen Lari was the first female architect in Pakistan and winner of the Jane Drew Prize 2020. She trained as an architect in the UK and opened her practice in Pakistan at the age of twenty-three, over the next forty years firmly establishing herself as one the region's leading design architects with a series of startling Brutalist buildings. Since retiring from mainstream practice, she has spent the last twenty years focused on humanitarian architecture, focusing on low-cost solutions to regional problems and the role of women in leading change. ● AZIZA CHAOUNI: Aziza Chaouni is principal of Aziza Chaouni Projects, an award-winning design office based in Toronto, Canada, and Fez, Morocco. They are a multi-disciplinary team of architects, urban planners, landscape architects, engineers, graphic designers, and visual artists who love to craft unique strategies for every project. Their process integrates community stakeholders in order to consider their objectives and to build capacity within them. ● ABDOUMALIQ SIMONE: AbdouMaliq Simone's research is focused on the explorations of (non)human life in an era of extensive urbanization; the incorporation of Black critical thought and Black internationalism into theories of urbanization; and the infrastructures and politics of urban popular economies across different geographies. For three decades he has worked with practices of social interchange, technical arrangements, local economy, and the constitution of power relations that affect how heterogeneous African and Southeast Asian cities are lived. He has worked on remaking municipal systems, training local government personnel, designing collaborative partnerships among technicians, residents, artists, and politicians. ● PAOLA ANTONELLI: Paola Antonelli joined the Museum of Modern Art in 1994 and is the Museum's senior curator in the Department of Architecture and Design, as well as MoMA's founding director of research and development. Her work investigates design in all its forms, from architecture to video games, often expanding its reach to include overlooked objects and practices. Her exhibitions, lectures, and writings contemplate design's intersection and interaction with other fields (from technology and biology to popular culture) and with life—that of individuals, communities, all species, and all planets. Her goal is to promote people's understanding of design, until its positive influence on the world is universally acknowledged. ● KATHRYN YUSOFF: Kathryn Yusoff is professor of inhuman geography, Queen Mary, University of London. Her work is centered on dynamic earth events such as abrupt climate change, biodiversity loss, and extinction. She is interested in how these "earth revolutions" impact social thought. Broadly, her work has focused on political aesthetics, social theory and abrupt environmental change. Her current research addresses questions of geologic life within the proposed geologic epoch of the Anthropocene. This research examines how inhuman and nonorganic dimensions of life have consequences for how we understand issues of fossil fuels, human-earth relations, and materiality in the politics of life. ● WALE LAWAL: Wale Lawal is the founder of the Republic, a digital media startup that produces Africa-focused journalism and digital media solutions. He is also the editor-in-chief of the Republic's award-winning magazine covering the ideas and stories shaping Nigeria and the broader African continent. Previously, Wale led research at Harvard Business School's Africa Research Center, producing research on companies and business environments across sub-Saharan Africa as well as case studies taught in HBS as well as business schools around the world. Wale is also an ex-KPMG management consultant and graduated top of his class from the University of Oxford, where his research covered Black futurities, economic uncertainty, and tech startups in Nigeria. His writing has appeared on television, and in *Quartz* and *New York* magazine.

JANE TAYLOR: Jane Taylor, specializing in bespoke basketry and unique natural flooring solutions, has worked in tandem with Zimbabwe's top designers to help realize their vision and create exceptional lifestyle products. Collaborative Craft Projects was born out of Jane's desire to bring the community into her craft, and CCP now offers both product development and training programs for implementation in communities. ● DÅ BRAND: THE DÅ BRAND is a design, culture, and lifestyle brand. The word "DA" is the Yoruba word for "create." The brand designed and produced everyday objects in different lifestyle categories, all following the AFROMINIMA™ design language and principles. ● ACHENYO IDACHABA-OBARO: Achenyo Idachaba-Obaro is the founder of MitiMeth, an award-winning artisan social enterprise in Nigeria building livelihoods through the transformation of invasive aquatic weeds and agricultural residues. Her passion lies in designing and producing handwoven interior decor such as home textiles, mirrors, area rugs, lighting, dining-ware, planters, art, stationery, accent furniture, and fashion accessories from these renewable resources. ● MBALI MTHETHWA: Mbali Mthethwa is a creative and cultural practitioner based in Johannesburg, South Africa. In 2019, Mthethwa established the Herd, a multi-award-winning collaborative collective. Through the Herd, Mthethwa has applied her academic training in community development work with women crafters based in Mpumalanga and KwaZulu Natal to create art objects and contemporary jewelry from beads and wood. ● SAKEB: Sakeb is a design and research collective that works on, about, and through waste. It was founded in Ramallah, Palestine, in 2019 by designer duo Raghad Saqfalhait and Mariam Dahabreh. They experiment on a wide range of leftover industrial waste, excavation dumps, and natural binders to create furniture and everyday products.

التعاون الدولي والترويج لثقافة أوزبكستان عالميًا. من أهداف المؤسسة إبراز التراث الوطني من خلال الفنون الجميلة والعمارة والأدب والمسرح والموسيقى والحرف والتصميم والرقص. أما مهمة المؤسسة فهي خلق بيئة جامعة وميسّرة للوصول إلى المؤسّسات الثقافية في أوزبكستان إضافة إلى المساهمة في تجديد المتاحف وتعزيز الرعاية الثقافية والتدريب المهني الاحترافي في قطاع الفنون والثقافة. تشمل مشاريعها طويلة الأمد إعادة بناء المتحف الوطني للفنون في طشقند وتنظيم المعارض في متحف اللوفر ومعهد العالم العربي بباريس وغاليري جيمس سيمون ببرلين. كُلّفت المؤسّسة بإقامة المعرض الأول لجناح أوزبكستان الوطني في بينالي البندقية. ● استوديو آصف خان: أسّس آصف خان مكتبه الذي يُعنى بتصميم المباني والحدائق وأعمال التجهيز الفني والمعارض والمنتجات في لندن عام 2007. يُعنى عمله بالتجربة الحسّية والحرفية والتبادل الثقافي ودمج التاريخ في عوالم المستقبل، كما يهتم بالمواقع ذات السرديات المركبة وبقضايا التمكين المجتمعي وأسئلة الهوية. أنجز عام 2020 تصميم 6.5 كيلومترًا خطيًا من المساحات العامة لمعرض دبي إكسبو 2020 حيث حازت بوابات الدخول المصنوعة من ألياف الكربون على جائزة ديزين بتصويت الجمهور لعام 2021 وترشّح لجائزة الآغا خان للعمارة. كما نال خان وسام الامتياز في الإمبراطورية البريطانية لخدمات العمارة عام 2017 ويشغل حاليًا منصب نائب رئيس متحف التصميم في لندن. تشمل مشاريعه الحالية تجديد مركز باربيكان للفنون ومتحف لندن الجديد ومتحف طريق البخور في العلا. عُرضت أعماله في الأكاديمية الملكية للفنون وصالون ميلان وترينالي ميلان وأسبوع لندن للتصميم وأسبوع طوكيو للتصميم ومتحف الفن والعمارة والتكنولوجيا في لشبونة. ● بوبو أوغيسي: بوبو أوغيسي فنانة متخصّصة في أبحاث النسائج وهي المديرة الإبداعية لعلامة IAMISIGO الفنية التجارية المعاصرة. يتمحور عملها حول كيفية تواجد الجسد في الفضاء وتفاعله عبر الزمن. تدمج أوغيسي التقاليد مع جماليات التصميم المعاصر من خلال استخدام المواد غير التقليدية وتقنيات الحياكة القديمة المتوارثة في ثقافتها. ويهدف عملها إلى نزع الاستعمار وتحرير الفكر من خلال التلاعب بالجاذبية والضوء واللون والكتلة والشفافية لإظهار التحولات والتكرارات اللانهائية للمادة. وتتناول أعمالها موضوعات اجتماعية سياسية كالروحانيات والجندر والنظم البيئية المستقبلية وتسعى إلى إبراز القصص المفقودة من خلال أعمال تجهيز فنية تجريدية ومنسوجات وصور متحركة. تستخدم أوغيسي أسلوب المبالغة في الحبكة والبنية والمساحة لتكسر القواعد والتوقعات حيال ماهية النسائج وتحولها إلى تكوينات إنسانية عابرة. يُشار إلى أن أوغيسي من مواليد لاغوس بنيجيريا وتقيم حاليًا بين لاغوس ونيروبي. درست أوغيسي تصميم الأزياء في الكلية العليا لفنون وتقنيات الموضة (إسمود) المرموقة في باريس، فرنسا. ● بوزيغاهيل: "بوزيغاهيل" علامة تجارية للملابس أسسها بوبي كولادي في كمبالا تجمع بين الفن والموضة ومناصرة القضايا البيئية. يقوم مشروع "بوزيغاهيل" بعنوان "مرتجع إلى المرسل" على إعادة تصميم الملابس المستعملة وتوزيعها في مناطق الشمال العالمي حيث تم التخلص منها وإرسالها لاحقًا إلى أوغندا. يذكر أن كولادي من مواليد السودان لأبوين نيجيريين ألمانيين، نشأ بين كمبالا ولاغوس وهو يحمل درجة الماجستير في تصميم الأزياء من أكاديمية برلين فايسينسي للفنون. وكان قد عمل سابقًا في دار مارجيلا للأزياء وبالنسياغا بباريس. ● كيف_بيرو: تأسّس مكتب "كيف_بيرو" للمعماريين والباحثين في نيروبي على يد كاباجي كارانجا وستيلا موتيجي وهو يُعنى برسم خريطة استكشافات العمارة والعمران في قلب الطبيعة. يتناول عمل المكتب السياق الأنثروبولوجي والجيولوجي للمدينة الأفريقية في مرحلة ما بعد الاستعمار باستخدام الرسم والقَصص والبناء وتنظيم الفعاليات الأدائية التي تُعبّر عن معاني المقاومة. يتولى "كيف_بيرو" إجراء دراسات بحثية مكثّفة ومرحة أحيانًا عن الكهوف في نيروبي وحول العالم سعيًا إلى إيجاد وسيلة لاستعادة الفضول الذي تحلى به أسلافنا الأوائل ومواجهة تحديات الحياة الريفية والحضرية المعاصرة في آن واحد. من معارضه السابقة معرض استوديو المهندس المعماري في متحف لويزيانا عام 2023 والنسختان السابعة عشرة والثامنة عشرة من المعرض الدولي للعمارة بالبندقية عامي 2023 و2021 حيث نال تنويهًا خاصًا بالتجهيز الفني الذي حمل عنوان "المطر الزجاجي"، إضافة إلى قمة "العالم من حولنا" (The World Around Summit) بمتحف غوغنهايم عام 2021 وترينالي كوبر هيويت للتصميم لدورة عام 2019-2020 ومهرجان لندن للعمارة عام 2018. ● تعاون: هنري غلوغاو وألكسندر كونغشوغ: هنري غلوغو وألكسندر كونغشوغ معماريان مقيمان في كوبنهاغن بالدنمارك حيث تخرجا معاً من الأكاديمية الملكية الدنماركية وتخصّصا في عمارة البيئات القاسية وتعمقا في إمكانات التصميم لمواجهة التحديات العالمية الحالية والمستقبلية. ينبع تعاونهما من شغفهما المشترك المدفوع بنهج "البحث من خلال التصميم". يتفاعل غلوغو وكونغشوغ مع العالم من خلال رحلات استكشافية إلى مواقع متنوعة شديدة القساوة بحثاً عن الترابط بين التصميم والتكنولوجيا والناس والبيئة على مستويات مختلفة. ويتناول عملهما ندرة الموارد ويتبنى أفكاراً بسيطة تقنياً. وتتبنى مشاريعهما نهجاً قائماً على المصادر المفتوحة ومبدأ التصميم القابل للتعميم بهدف التعلم من السياقات المحلية ومشاركة هذه المعارف على مستوى العالم. كما يسعيان إلى تعزيز التواصل والتعاون عبر الحدود وحثّ الناس على المشاركة في بيئات مشابهة. بالإضافة إلى عملهما التعاوني، يعمل غلوغو وكونغشوغ كمعماريين في شركة GXN وهي شركة ابتكار وأبحاث مقرها كوبنهاغن. ● دار - ساندي هلال وأليساندرو بيتي:تتخذ بحوث دار - ساندي هلال وأليساندرو بيتي - الفنية موقعها بين عوالم العمارة والفن والتربية والسياسة حيث طوّر الثنائي على مدى العقدين الماضيين سلسلة من المشاريع البحثية الطموحة نظريًا والمنخرطة عمليًا في النضال من أجل العدالة والمساواة. تنظر

● توسين أوشينوو: توسين أوشينوو هي القيّمة الفنية للدورة الثانية من ترينالي الشارقة للعمارة، وهي مهندسة معمارية ومصمّمة نيجيرية مقيمة في لاغوس حيث تدير استوديو أوشينوو الذي أسسته عام 2013. أنجزت أوشينوو عددًا من المشاريع الحضرية والتجارية والسكنية في أنحاء نيجيريا، وتميزت بمقاربتها الاجتماعية في مجالات العمارة والتصميم والعمران.
من أهم أعمالها مشروع مع البرنامج الإنمائي للأمم المتحدة لإعادة توطين سكان إحدى قرى شمال نيجيريا بعد نزوحهم جراء هجمات جماعة بوكو حرام، ومركز ميريلاند التجاري في لاغوس. تظهر أعمالها اهتمامًا واضحًا بتاريخ العمارة وتجسد نظرة معاصرة للتصميم والإبداع والبساطة الأفريقية. فضلاً عن ذلك، تعاونت أوشينوو مع شركة لكزس على عدد من التصميمات المبدئية المشاركة في معرض ديزاين ميامي 2020، وعملت كقيّمةٍ مشاركةٍ في بينالي لاغوس الثاني في عام 2019.
أوشينوو مهندسة معمارية مسجّلة في جمهورية نيجيريا الاتحادية وعضوة بالمعهد الملكي للمعماريين البريطانيين. قبل تأسيسها لمكتبها الخاص عملت أوشينوو في شركة سكيدمور أوينغز وميريل (SOM) في لندن ومكتب العمارة الحضرية (OMA) في روتردام حيث كانت جزءًا من الفريق الذي صمّم مقترح جسر ميناء الرابع عام 2008. وبعد عودتها إلى لاغوس عملت في شركة جيمس كيوبت على عدد من المشاريع الهامة من بينها المقر الرئيسي لشركة نيجيريا للغاز الطبيعي المسال في بورت هاركورت. أوشينوو حاصلة على بكالوريوس العمارة من جامعة كينغستون لندن، وماجستير التنمية والتخطيط تخصص البناء والتصميم الحضري في التنمية من جامعة كلية لندن، ودبلوم العمارة من الرابطة المعمارية (AA) بلندن، وماجستير إدارة الأعمال في الهندسة المعمارية والتصميم من جامعة آي إي في مدريد.

المشاركون

● 51-1 أركيتكتوس: "51-1 أركيتكتوس" هو استوديو معماري أسسه سيزار بيسيرا وفرناندو بوينتي أرناو ومانويل دي ريفيرو عام 2005 في ليما، البيرو. شارك في العديد من المشاريع التي تُعنى بالإسكان والمباني العامة والتصميم الحضري والمشاريع الفندقية بالإضافة إلى مشاريع بحثية وحصد العديد من الجوائز الكبرى بينها أربعة ترشيحات لجائزة ميز كراون هول للأميركيتين. فاز الاستوديو بالمسابقة الدولية لتوسيع متحف ميدين للفن الحديث في كولومبيا عام 2015 وأنجز مشاريع في جميع أنحاء البيرو والإكوادور وروسيا ودولة الإمارات العربية المتحدة منها ترميم وتجديد مصنع كلباء للثلج التابع لمؤسّسة الشارقة للفنون وتحويله إلى مساحة ثقافية. وإلى جانب أعماله المعمارية، ينشط استوديو "51-1 أركيتكتوس" في التدريس وإلقاء المحاضرات في مختلف الفعاليات والجامعات. وتم اختياره لتقييم بينالي العمارة الثاني في ليما المزمع افتتاحه في تشرين الأول/أكتوبر 2023. انضم الاستوديو إلى عضوية مجموعة سوبرسوداكا البحثية الدولية. ● أدريان بيبي: أدريان بيبي فنان حياكة يقيم حاليًا في بيروت، لبنان، حيث تتمحور ممارسته الفنية حول التقصي المستمر للمواد والأساليب. تتناسج الطبيعة والثقافة في أعماله لتصنع أغراضًا تتحول إلى أدوات تفتح النقاش على الطبيعة المادية والمشهد الثقافي المتغير والواقع الراهن. من معارضه الفردية والجماعية الأخيرة والمنتظرة أسبوع لوكسمبورغ الفني مع غاليري لا لا لاند بلوكسمبورغ (2023) و"فيبرا" في معرض إكستانت في مايوركا بإسبانيا (2023) و"شظايا من زمن لا ينتهي" في غاليري نيكا بروجكت سبيس في دبي بالإمارات العربية المتحدة (2023) و"في الصيرورة المعاكسة" (In/Un Becoming) مع أسبوع أيندهوفن للتصميم في بهولندا و"ضائع في الاتجاه الصحيح" مع آرت ديزاين لبنان في بيروت (2022). حاز بيبي على زمالة دي داس في زالِك بألمانيا (2022). وشارك في إقامات فنية عدة منها إقامة تادا في سانت غالن بسويسرا (2023) وإنترميكس في الرياض بالمملكة العربية السعودية (2023) وإقامة رعي الماشية مع موتور بِلتز في كارانتزا بإسبانيا (2023). ● البورد: "البورد" شركة معمارية أسسها باسكوال غانغوتينا وديفيد باراغان وماريا لويزا بورخا وإستيبان بينافيدس في كيتو بالإكوادور عام 2007. تركّز "البورد" على تعزيز التنمية المحلية والابتكار الاجتماعي والاستدامة من خلال مقاربة معمارية تعمل على تحويل الموارد المحدودة إلى فرص جمالية مع منح الأولوية لظروف الموقع والمشاركة المجتمعية. نالت الشركة شهرة عالمية ومُنحت العديد من الجوائز المرموقة من بينها جائزة هولسيم التقديرية في أمريكا اللاتينية (2014) والجائزة العالمية للعمارة المستدامة في باريس (2013) وجائزة شيلينغ للعمارة في ألمانيا (2012). وعُرضت أعمالها المبتكرة في معارض مهمة مثل بينالي سيول للعمارة والتصميم الحضري (2021) وبينالي البندقية للعمارة (2016). وحظيت مشاريعها بالاهتمام في العديد من المنشورات من بينها أفرودة بعنوان "الأقل هو كل شيء" (Less is All) عام 2020. كما شاركت في إنتاج الفيلم الوثائقي "صنع الكثير بالقليل" عام 2018. يُشار إلى أن الشركة تعمل حاليًا على إنتاج سلسلة وثائقية تتناول عن كثب الظروف الثقافية والبيئية والاجتماعية والاقتصادية والسياسية التي تحيط بمشاريعها.
● مؤسّسة تنمية الفن والثقافة في جمهورية أوزبكستان: تأسّستْ مؤسّسة تنمية الفن والثقافة التابعة لمجلس وزراء جمهورية أوزبكستان عام 2017 بموجب مرسوم صادر عن الرئيس شوكت ميرزيوييف. وتُعنى المؤسّسة بتعزيز

لدعم تطوير أول أرشيف رقمي للمباني الخامية غير المكتملة في أفريقيا. ● ميريام حلاوي ابراهيم: ميريام حلاوي ابراهيم مصمّمة متعددة التخصّصات من أديس أبابا، إثيوبيا. تعمل بالوسائط الرقمية والتصميم الفراغي بالإضافة إلى خبرتها في العمارة وطرح الأسئلة حول تحقيق المستقبل العادل والتقاطعية. يسعى مشروعها إلى الحفاظ على المنظومات المعرفية غير المادية في القارة الأفريقية وإعادة تخيلها بهدف ضمان استمرارها في المستقبل الرقمي. نالت ابراهيم الماجستير في التصميم التفاعلي من كلية كاليفورنيا للفنون وبكالوريوس العمارة من كلية غلاسكو للفنون. عملت لأكثر من ثلاث سنوات مدربةً في تصميم الألعاب ضمن برنامج الشباب التابع لتحالف باي إيريا للفيديو. وتعمل حاليًا باحثةً في مشروع "الديجيتال الآن" المتعدد التخصّصات بالمركز الكندي للعمارة والمموَّل من مؤسسة ميلون. عُرضت أعمال ابراهيم مؤخرًا في معرض العمارة الدولي الثامن عشر ببينالي البندقية ضمن المشروع الخاص "زوار من المستقبل" من تنظيم المقيمة ليزلي لوكو. ● بابا أوموتايو وإيف نناجي MOE+AA/ADD-apt: بابا أوموتايو (MOE+ AA) وإيف ناجي (ADD_apt) هما فريق تعاوني مقره في لاغوس، نيجيريا يعملان على سلسلة من المشاريع والتركيبات التي تركز على البنية التحتية الثقافية والبيئة والذكاء المادي. بابا أوموتايو هو صانع أفلام حائز على جوائز، ومعماري، ومصمم، وكاتب. يركز عمله بشدة على استكشاف طبيعة الثقافة وسياقها ضمن الواقع النيجيري المعاصر والإفريقي الموسع، محليًا وعالميًا. إيف ناجي هي مصممة معمارية وباحثة وكاتبة. هي مؤسسة Addapt، وهي ممارسة تستخدم العمارة والتصميم والبيانات كأداة لربط الوعي البيئي بالتطور الحضري. تشمل اهتماماتها البحثية استراتيجيات التخفيف من فيضانات المدن، البيو-تصنيع، والذكاء المادي.

MOE+ Art Architecture (MOE+AA) هي ممارسة معمارية وتصميم وإنتاج فني تأسست في لاغوس، نيجيريا في عام 2014. تهدف إلى تعزيز جودة وقيمة التصميم عبر القارة من خلال ممارسة تعاونية حساسة للإنسان والبيئة، تعتنق الحلول المحلية والطموحات. تركز على السياق والثقافة والمادية والبيئة، يهدف محفظتها الحالية داخل نيجيريا إلى تحديد عملية تصميم عملية يقودها الأفارقة من خلال الانخراط مع فن الرموز والمجازات.

● ناتورا فوتورا: "ناتورا فوتورا" هو استوديو أسّسه خوسيه فرناندو غوميز مارموليجو في باباهويو، الإكوادور عام 2015 بهدف طرح الأسئلة حول القضايا الشائكة في العمارة بمدن أمريكا اللاتينية ومحاولة حلّها من خلال التجريب والبحث المستمرين. يولي الاستوديو الأولوية للعمارة السياقية بدون إغفال السياق الإنساني للمشاريع وفهم الجانب الوجداني من حياة السكان وتقاليدهم وعاداتهم. تتضمن مسيرة "ناتورا فوتورا" العديد من المشاريع المجتمعية والعامة في جميع أنحاء الإكوادور. حاز الاستوديو على جائزة بينالي كيتو للبلدان الأميركية بالإضافة إلى جوائز بينالي كيتو الثلاث لعام 2020 وجائزة بريك بفيينا عام 2022. وأقام سابقًا معارض في كل من مهرجان العمارة في بالي بإندونيسيا وفالبارايسو بتشيلي. ● نيفيمي ماركوس-بيلو: نيفيمي ماركوس-بيلو مصمّم مقيم في لاغوس بنيجيريا. أسس استوديو نمبيلو المعروف بممارسته التصميمية النابعة من المجتمع المحلي والتي تتمتع بالوعي الإثنوغرافي. يتمحور عمل الاستوديو حول قيم الابتكار وسهولة الاستخدام والاستدامة واعتماد المواد والممارسات المحلية ما يُتيح لماركوس بيلو اختبار أشكال وأنماط جديدة في صنع منتجات وأشكال وتجارب فريدة نظراً إلى اهتمامه الخاص بالتصنيع والتوافر الإنتاجي والعادات والتاريخ. حصل ماركوس بيلو على جوائز عدة منها جائزة مصمم العام الناشئ لدورة عام 2023 من جوائز مونوكل ديزاين وجائزة أوبلو للتصميم عام 2022 وجائزة وولبيبر* لعام 2021. نال ماركوس بيلو درجتي البكالوريوس والماجستير في تصميم المنتجات من جامعة ليدز وحصل على جائزة "القدرة على التغيير الاجتماعي" من الجامعة، كما حاضر في كلية الدراسات العليا في العمارة بجامعة كولومبيا وأكاديمية التصميم في أيندهوفن. ● أولا أودوكو ومايكل كولينز: أولا أودوكو هي رئيسة كلية ليفربول للعمارة. تشمل تخصّصاتها البحثية العمارة الحديثة في غرب أفريقيا وتاريخ العمارة التعليمية في أفريقيا والقضايا المعاصرة ذات الصلة بتوفير البنى التحتية الاجتماعية لمجتمعات الأقليات في "الغرب" و"الجنوب". وهي داعمة لمبادرة توثيق وتأريخ المباني والحدائق الحداثية (دوكومومو) بالإضافة إلى ترؤسها جمعية الدراسات الأفريقية بالمملكة المتحدة. وشغلت سابقاً مناصب أكاديمية في كلية مانشستر للعمارة وجامعة إدنبرة. مايكل كولينز معماري أيرلندي أسس مكتب إم سي إيه الحائز على الجوائز في لندن، وهو متخصّص معتمد لدى "باسيفهاوس" ومحاضر بكلية بارتليت للعمارة ومدير مشارك لماجستير المدن الناشئة في كلية أدنبرة للعمارة. يشغل مايكل عضوية مجلس أمناء ليتشورث غاردن سيتي ويترأس مجموعة التصميم الحضري وبناء المساحات بالمدينة. تخرج من كلية إدنبرة للفنون والمدرسة التقنية العليا للهندسة المعمارية في برشلونة وجامعة إدنبرة وهو حالياً باحث دكتوراه في جامعة كامبريدج. ● أولاليكان جيفوس: أولاليكان جيفوس فنان مقيم في بروكلين يُعرف بممارسته التصميمية الإبداعية التي تتقصّى العلاقات بين العمارة والمجتمع والبيئة. حاز أولاليكان على بكالوريوس العمارة من جامعة كورنيل وعُرضت أعماله الفنية في مؤسّسات عدّة منها متحف الفن الحديث بنيويورك ومتحف استوديو بهارلم ومتحف فيترا للتصميم في راين ومتحف غوغنهايم بلباو. أعماله موجودة ضمن المجموعة الدائمة من مقتنيات قسم العمارة والتصميم بمتحف الفن الحديث وله أعمال تجهيز فنية ضخمة في عدد من الأماكن العامة. كُلِّف بالاشتراك في تصميم نصب تذكاري لعضوة الكونغرس شيرلي تشيزلم بمبادرة من مدينة نيويورك تحت شعار "هي بنَت مدينة نيويورك". نال جيفوس العديد من الجوائز على أعماله الفنية من بينها جائزة الأسد الفضي للمشارك الناشئ الواعد في دورة عام 2023 من بينالي البندقية للعمارة وزمالة فناني الولايات المتحدة. كما حاز على زمالة وايلدر غرين لدى

"دار" إلى المعارض الفنية في إطار الممارسة البحثية الفنية بوصفها في الوقت عينه مواقع للعرض والعمل الممتد نحو سياقات أخرى: الكتل الهندسية المبنية ومساعي إنشاء بيئات نقدية للتعلم والتدخلات التي تتحدى السرديات الجماعية السائدة ومحاولات بناء مخيلات سياسية جديدة وتشكيل فضاءات مدنية وإعادة تعريف مفاهيم معينة. شاركت "دار" مرات عدة في بينالي البندقية بين عامي 2003 و2021، كما شاركت في بينالي برلين (2022) وبينالي اسطنبول (2009) وبينالي ساو باولو (2014) وبينالي مراكش (2016) وغيرها. وأقيمت لها مؤخرًا معارض استعادية كبرى في كل من متحف فان آبه بأيندهوفن عام 2019 وموزاييك رومز بلندن عام 2022 ولا لوج ببروكسل عام 2023. حازت ممارسة هلال وبيتي الفنية على زمالة كيث هارينغ للفن والناشطية في كلية بارد والأسد الذهبي لأفضل مشاركة في معرض العمارة الدولي الثامن عشر لبينالي البندقية تقديرًا لالتزامهما طويل الأمد بالمشاركة السياسية الجادة عبر الممارسات المعمارية والتعليمية التي تسعى إلى نزع الاستعمار في فلسطين وأوروبا. ● ضياء مراد: ضياء مراد فنان بصري لبناني يقيم في بيروت. تتقاطع دراسته المعمارية مع التصوير الفوتوغرافي الوثائقي حيث يتتبع مراد تحولات البيئة المبنية بهدف الكشف عن السرديات الخفية للنشاط الإنساني في صميم البنى المادية للمدن. يرى مراد أن للعمارة دور في تشكيل الذاكرة الجماعية وحفظ وترداد أصداء المحطات التاريخية المؤثرة في تطور الهوية وتحولاتها. يعمد مراد إلى تأطير عناصر محددة في المجال الحضري وعزلها وفك رموزها بهدف التعرف على مواقع تختزل الديناميكيات السياسية والبيئية والاقتصادية والاجتماعية للمكان سعياً إلى الحث على التفكير في التحديات المجتمعية المعاصرة. تُركّز ممارسته الفنية على المشهد الحضري المادي كمسرح للظواهر الاجتماعية والسياسية والاقتصادية. تخرّج مراد من جامعة الروح القدس الكسليك في لبنان وشارك في معارض في لبنان والولايات المتحدة والبرازيل وأوروبا ودولة الإمارات العربية المتحدة والمملكة العربية السعودية. ● فورمافنتازما: "فورمافنتازما" هو استوديو للبحوث التصميمية يعمل على تقصّي المؤثرات البيئية والتاريخية والسياسية والاجتماعية التي تساهم في تشكيل قطاع التصميم اليوم. تأسّس الاستوديو عام 2009 على يد أندريا تريمارشي وسيمون فارسين بهدف التعمق في فهم البيئتين الطبيعية والمبنية وطرح تدخلات تغييرية من خلال التصميم بإمكانياته المادية والتقنية والاجتماعية والخطابية. يتوزع عمل الاستوديو بين ميلانو وروتردام متبنّيًا مروحة واسعة من الأنماط والأساليب من تصميم المنتجات إلى التصميم الفراغي والتخطيط الاستراتيجي والاستشارات التصميمية. حاز استوديو "فورمافنتازما" على جائزة وولبيبر* لأفضل مصمم لعام 2021. يحاضر كل من تريمارشي وفارسين على نطاق واسع وقد حظيت أعمالهما بانتشار واسع عبر مطبوعات عالمية واقتنتها مؤسّسات مرموقة عدة من بينها متحف الفن الحديث بنيويورك ومتحف فيكتوريا وألبرت بلندن ومركز بومبيدو بباريس. ● هايف إيرث: استوديو "هايف إيرث" هو مساحة متعددة التخصّصات، تأسّس على يد كريستيان كوامي ديهير عام 2017 في أكرا، غانا. يضم الاستوديو مهندسين معماريين ومصممين متخصّصين في استخدام المواد المحلية والصديقة للبيئة في مجالات البناء والتصميم الداخلي والفن وتصميم المنتجات. يسعى الاستوديو إلى استكشاف الإمكانات الخلاقة والمستدامة للأرض من خلال الاستناد إلى المعارف التقليدية الأفريقية واستخدام المواد المحلية والطبيعية. وقد أجرى الاستوديو بحثاً مكثفاً حول إنشاء مبانٍ متعددة بواسطة تقنية التربة المدكوكة التي تتكون من مزيج من التربة والحصى والطمي والطين والجير/الأسمنت بالإضافة إلى النفايات الزراعية. من أحدث المشاريع التي نفذها الاستوديو مكتبة مصنوعة بتقنية التربة المدكوكة مع منظمة "أركيفير" غير الحكومية ومبنى مكاتب مكون من أربعة طوابق في أكرا مع مكتب أدجاي أسوشيتس. ● مؤسسة هونارشالا مع أبهات وآينا: مؤسّسة هونارشالا هي منظمة غير حكومية هندية تعمل على تمكين المجتمع وتدريب الحرفيين وتطوير أنظمة البناء التقليدية التي تعتمد على استخدام التربة. أسسها سانديب فيرماني وزملاؤه في أعقاب زلزال عام 2001 الذي ضرب مدينة كوتش حيث يعيش فيرماني، وهو معماري يعمل مع مجتمعات السكان الأصليين منذ أكثر من ثلاثة عقود. تتطلع المؤسسة كذلك إلى دمج الابتكار مع التقنيات التقليدية وصولاً إلى مبانٍ صديقة للبيئة تتجاوب مع المتغيرات ومتجذرة في السياق المحلي.

تتفرع عن مؤسسة هونارشالا شركتان هما "أبهات" Aabhat و"آينا" AINA، تعملان معًا لتمكين المجتمعات المحلية من خلال التصميم والبناء المستدام. كما أنشأ فيرماني أيضًا مؤسّسة ساهجيفان، التي تعمل على تمكين المجتمعات المهمشة من خلال تجديد البيئة والحفاظ عليها وتنمية موارد سكانها عبر الحفاظ على أنظمة إدارة المياه التقليدية والحياة البرية وبذور المحاصيل والرعي والزراعة العضوية. في أوقات فراغه، يعود فيرماني إلى عوالم الرسم ورواية القصص واليوغا وعالم الحشرات المذهل كمصدر للإلهام وحافز على العمل. ● ليمبو أكرا: "ليمبو أكرا" هو مكتب تعاوني للتصميم الفراغي تأسّس عام 2018 على يد دومينيك بيتي فرير وإميل غريب بهدف تنفيذ مشاريع التصميم المعماري والحضري وأعمال التجهيز الفنية في الفضاء العام. تستند معظم أعمال المكتب على البحث والتفاعل متعدد التخصّصات والتجريب الجمالي وإبراز الأهمية الثقافية للكتل الأسمنتية غير المكتملة والمضمحلة في مدن غرب أفريقيا. يتعاون مكتب "ليمبو أكرا" في أغلب الأحيان مع تخصّصات إبداعية أخرى لإيجاد مقاربات حدسية مبتكرة حيال التصميم مستلهمًا مبادئ الإشراك والاعتراف بالآخر والتطلع إلى المستقبل. عرض "ليمبو أكرا" أعماله في جميع أنحاء أوروبا وعمل مؤخرًا على تصميم "حديقة الحرية للتزلج" لفيرجيل أبلوه في غانا. حاز المكتب على منحة برنامج "بلاك ديزاين فيجناريز" من انستغرام ديزاين وميتا أوبن آرتس ومتحف بروكلين عام 2021 وفاز بجائزة مونوكل ديزاين عام 2022. كما حصل عام 2023 على منحة مرموقة من مؤسسة أوبل

العمارة عام 2005 من كلية الهندسة بتريفاندروم حيث عمل بعد ذلك مع معهد الأرض بأوروفيل (Auroville Earth Institute) التابع لبرنامج الأمم المتحدة الإنمائي في فترة الإعمار ما بعد التسونامي. عام 2023، تحدث دانيال في تيد عن رؤيته المعمارية وكان قد حاز على جائزة أكاديمية دورفمان الملكية عام 2022. ● يارا شريف وناصر غولزاري: يارا شريف وناصر غولزاري معماريان ممارسان وأكاديميان يتحرى عملهما العلاقة بين العمارة والسياسة والبيئة والعدالة الاجتماعية. يطرح غولزاري وشريف الأسئلة والنقد حيال أشكال التمييز البيئي ويستخدمان التصميم ليعيدا بناء سرديات اجتماعية جديدة وممارسات معمارية بديلة تتحدى النهج الغربي المهيمن وتدعو إلى تبني جماليات جديدة مستوحاة من الجنوب العالمي. ترشّحت أبحاث شريف وغولزاري التعاونية ومشاريعهما الحية لعدد من الجوائز وحصدت بعضها ومن بينها جائزة الآغا خان عام 2013 وجائزة هولسيم للبناء المستدام عام 2014 وجائزة رئيس المعهد الملكي للمهندسين المعماريين البريطانيين للبحوث (RIBA) عامي 2013 و2016 وجائزة "سيفيك تراست". كما نظّم غولزاري وشريف العديد من المعارض على مستوى العالم منها معرض "أسرار الحديقة الرقمية" ضمن بينالي شيكاغو للعمارة عام 2019 ومهرجان برلين السينمائي الدولي عام 2020 بالتعاون مع رِواق. ويُعرض تجهيزهما الفني الأخير حالياً ضمن معرض "الحداثة الآنية" في مؤسسة القطان. وكانا قد شاركا في تأسيس فريق تجديد فلسطين (PART) وهو مجموعة بحثية تصميمية تهدف من خلال مشاريع التصميم الاستشرافية والحية إلى البحث عن إمكانيات فراغية إبداعية ومتجاوبة. ● يوسف أغبو-أولا: يوسف أغبو-أولا معماري وفنان ومؤسس استوديو "أولاني"، يقيم بين لندن وغابة الأمازون. وُلِد في ريف فيرجينيا لأسرة متعددة الجذور الثقافية تتحدر من أصول نيجيرية وأمريكية من أصل أفريقي وشيروكي. يعكس عمله الهويات المختلطة والعلاقات مع الطبيعة والبيئات والطقوس الثقافية المختلفة، ويسعى إلى إعادة تأويل المعرفة المحلية وأهميتها البيئية العابرة للثقافات عن طريق استخدام أساليب بحثية متنوعة متعددة التخصّصات ومكونات تصميمية. تتجلى مخرجات أبحاثه من خلال المعابد العمرانية والصحافة الفوتوغرافية والخيمياء المادية والأداء التفاعلي والتصميم الصوتي التجريبي والكتابة المفاهيمية. درس أغبو-أولا في جامعة الفنون والكلية الملكية للفنون في لندن وأنجز أعمالاً فنية ومعمارية بتكليف من الأمم المتحدة ومعهد الفن المعاصر بلندن وغاليري سيربنتاين بلندن وتيدكس إيست إند وبي بي سي آرتس وبيناليات البندقية للعمارة وقصر طوكيو وغيرها الكثير. يعمل أغبو-أولا أستاذًا مساعدًا في العمارة في كلية الدراسات العليا في الهندسة المعمارية والتخطيط وحماية التراث بجامعة كولومبيا حيث يدير استوديو التصميم التجريبي ضمن برنامج التصميم المعماري المتقدم.

كاتبو المقالات

● ياسمين لاري: ياسمين لاري هي أول مهندسة معمارية أنثى في باكستان وفازت بجائزة جين درو عام 2020. تلقت تدريبها في الهندسة المعمارية في المملكة المتحدة قبل أن تفتح مكتبها الخاص في باكستان في سن الثالثة والعشرين. وعلى مدار السنوات الأربعين التالية، رسخت مكانتها كواحدة من مهندسي التصميم الرائدين في المنطقة مع سلسلة من المباني المذهلة ذات الطابع الخمومي (العمارة القاسية). وبعد تقاعدها من العمل المعماري العادي، أمضت السنوات العشرين الماضية في التركيز على الهندسة الإنسانية، مركزة على الحلول منخفضة التكلفة للمشاكل الإقليمية ودور المرأة في قيادة التغيير. ● عزيزة الشاوني: عزيزة الشاوني هي مديرة مكتب عزيزة الشاوني للمشاريع. وهو مكتب تصميم فاز بجوائز تقديرية ومقره في تورنتو بكندا وفاس في المغرب. ويضم فريقًا متعدد التخصصات من المهندسين المعماريين ومهندسي التخطيط الحضري ومهندسي المناظر الجميلة والمهندسين ومصممي الجرافيك والفنانين التشكيليين، الذين يجمعهم الشغف بصياغة استراتيجيات فريدة لكل مشروع. ويشرك منتسبو المكتب أصحاب المصلحة في المجتمعات المحلية بهدف بناء قدراتهم وأخذ أهدافهم بعين الاعتبار. ● عبد الملك سيمون: يركز عبد الملك سيمون في أبحاثه على استكشافات الحياة (غير البشرية) في عصر التحضر السائد، ودمج الفكر الناقد لذوي البشرة السوداء والأممية السوداء في نظريات التحضر، والبنى التحتية وسياسات الاقتصاديات الشعبية الحضرية عبر رقع جغرافية مختلفة. على مدى ثلاثة عقود، عمل مع ممارسات التبادل الاجتماعي، والترتيبات الفنية، والاقتصاد المحلي، وتكوين علاقات القوة التي تؤثر على حياة المدن المتباينة في أفريقيا وجنوب شرق آسيا. وقد عمل على إعادة تشكيل الأنظمة البلدية، وتدريب موظفي الحكومات المحلية، وتصميم شراكات تعاونية بين الفنيين والمقيمين والفنانين والسياسيين. ● باولا أنتونيلي: انضمت باولا أنتونيلي إلى متحف الفن الحديث في عام 1994، وهي اليوم كبيرة أمناء المتحف في قسم الهندسة المعمارية والتصميم، كما شغلت فيه منصب المدير المؤسس للبحث والتطوير. يبحث عملها في التصميم بجميع أشكاله، من الهندسة المعمارية إلى ألعاب الفيديو، وغالبًا ما توسع نطاقه ليشمل الأشياء والممارسات التي غالبًا ما يتم تجاهلها. تنظر معارضها ومحاضراتها وكتاباتها في تقاطع التصميم وتفاعله مع المجالات الأخرى (من التكنولوجيا والبيولوجيا إلى الثقافة الشعبية) ومع الحياة – حياة الأفراد والمجتمعات والأجناس والكواكب على اختلافها. وهدفها هو تعزيز فهم الناس للتصميم إلى حين يتم الاعتراف عالميًا بتأثيره الإيجابي على العالم. ● كاثرين يوسف: كاثرين يوسف أستاذة في الجغرافيا اللاإنسانية في كلية كوين ماري بجامعة لندن. تتمحور أعمالها حول الأحداث الديناميكية على

ماكدويل كولوني وشارك في برنامج الإقامة الفنية بمركز بيلاجيو بدعم من مؤسّسة روكفلر وبرنامج المحاضرات المفتوحة لدى مؤسسة دروينغ سنتر. ● روينا أركيتكتشر: تأسس استوديو "روينا" للعمارة عام 2020 بين ساو باولو وسلفادور بالبرازيل على يد جوليا بيريس وفيكتوريا براغا اللتين تخرجتا من كلية العمارة والعمران- ماكنزي. يعمل الاستوديو في مجالات التطوير المعماري والمعارض والأثاث والمباني والتنفيذ الإنشائي والمشاريع الاستشارية التي تركز على إعادة تدوير مواد البناء ومخلفات الإنشاء. وكانت المعمارية والمخططة الحضرية وفنانة الجرافيك بيريس قد انضمت إلى فريق عمل بينالي ساو باولو الحادي عشر للعمارة، وعملت عام 2021 مع فيو أسيسوريا على مشاريع لتحسين المباني المأهولة بالتعاون مع حركة مشردي وسط المدينة (MSTC) للإسكان الاجتماعي. أما براغا فمعمارية وباحثة وعضوة سابقة في جمعية غوما أوفيسينا الثقافية متعددة التخصّصات التي أنشأها مهندسون معماريون ومصمّمون ومصورون ومنتجون ومعلمون بين عامي 2017 و2022. تشارك حاليًا في برنامج الدراسات العليا في علم الآثار والتراث الثقافي بجامعة ريكونكافو بايانو الفيدرالية. ● ساندرا بولسون: ساندرا بولسون فنانة أنغولية متعددة التخصّصات تقيم بين لندن ولواندا. تناقش أعمالها المشهد السياسي والثقافي والاجتماعي والاقتصادي في أنغولا سعيًا لتحليل الارتباط بين التاريخ والتقاليد الشفهية والهيكليات السياسية العالمية. تعاود بولسون النظر في الجسد كمساحة نقاش حدّية من خلال المزج بين التوثيق والكولاج والأداء والطباعة مستخدمةً القماش والخرسانة والخشب والأفلام. حصلت بولسون على جائزة مولن لوي نوفا (2020) وجائزة عميد سنترال سانت مارتنز (2020). عُرضت أعمالها عالميًا وشاركت في بينالي لاغوس (2019) ومعرض معاصرو بلومبرغ الجدد في غاليري ساوث لندن (2021) وأركو مدريد (2021) ولدى في أو كوريشنز بلندن (2022). كما كُلِّفت بالمشاركة في الجناح البريطاني في الدورة الثامنة عشرة من معرض العمارة الدولي ببينالي البندقية (2023) وفي مؤسسة بولد تندِنسيز بلندن (2023). ● سمية الدباغ: سمية الدباغ معمارية سعودية أسّست مكتب الدباغ للعمارة عام 2008. تدرّبت وعملت في المملكة المتحدة وأوروبا، ما جعل تصاميمها السياقية مزيجًا من التأثيرات والأذواق المستوحاة من الثقافات الغربية والشرق أوسطية. وتهتم دباغ بتأثير الكتل المبنية من حولنا وبمفاهيم الذاكرة والهوية والانتماء داخل العمارة. من مشاريعها الأخيرة مركز مليحة للآثار الذي نال شهرة عالمية لنهجه الجديد الناشئ في العمارة بالمنطقة، بالإضافة إلى مسجد قرقاش وتصميم متحف العين. يُشار إلى أن دباغ كانت من مؤسّسي فرع المعهد الملكي للمهندسين المعماريين البريطانيين RIBA في الخليج وترأسته بين عامي 2015 و2019. سُميت مديرة العام في دورة 2019 من جوائز الشرق الأوسط للمهندسين المعماريين ورُشحت ضمن القائمة القصيرة لجائزة تميز للنساء في العمارة والانشاء في العام نفسه كما ترشّحت لجائزة الآغا خان وظهرت أعمالها على صفحات إصدارات عالمية منها كتاب Breaking Ground Architecture by Women (آفاق جديدة، عمارة تصنعها النساء) الصادر عن فايدون. ● ثاو نغوين فان: ثاو نغوين فان فنانة متعددة الوسائط درست التشكيل وتتنوع أعمالها بين الفيديو والرسم والتجهيز. تستند في مرجعياتها إلى الأدب والفلسفة والحياة اليومية في رصدها للأوجه الملتبسة في الأعراف الاجتماعية والتاريخ. عُرضت أعمالها على في معارض فردية وجماعية دولية منها تيت سانت آيفز (2022) وبينالي البندقية للفنون (2022) وغاليري تشيزنهال بلندن (2020) وويلز ببروكسل (2020) ومتحف روكبوند للفنون بشنغهاي (2019) وبينالي ليون (2019) وبينالي الشارقة (2019) وقمة دكا للفنون (2018) وغيرها. كما ترشّحت لجائزة هوغو بوس للفن الآسيوي لعام 2019. وبالإضافة إلى عملها كفنانة متعددة الوسائط، فهي واحدة من مؤسّسي مجموعة "العمل الفني" التي تستكشف الممارسات متعددة التخصّصات وتطور المشاريع الفنية التي تعود بالنفع على المجتمع المحلي. عُينت كمتدربة روليكس 2016-2017 تحت إشراف فنانة الفيديو جوان جوناس حيث عملت على توسيع "آفاقها المسرحية" نحو الإيماء الأدائي والصور المتحركة. ● توماس إيغومينيدس: توماس إيغومينيدس مصمم ومعماري فرنسي يقيم في تونس. يُركّز عمله على الالتقاء بين النحت والتصميم الاجتماعي ومنح القيمة والشاعرية للنفايات والفضلات. يعمل إيغومينيدس على تحويل الأشياء المهملة ورد اعتبارها من خلال التعاون مع الجهات الفاعلة المحلية واستخدام الموارد المتوافرة بما يلفت الانتباه إلى مزاياها المتأصلة وقيمتها الجوهرية. يستبق توماس مرحلة إعادة التدوير ليُجري تعديلات بسيطة على المواد مع الحفاظ على تاريخها وسياقها الراهن. تتضمن رؤيته الإبداعية إعادة تصور البيئة الحضرية باعتبارها خزانًا هائلاً للمواد والسرديات أشبه بما يمكن تسميته "مكتبة خامات". ويعيد توماس من خلال نسج هذه الطبقات المتنوعة من الخامات وإعادة تشكيلها بمهارة تعريف العالم الذي يصنعه البشر. شارك توماس عام 2016 في تأسيس استوديو فلايو للتصميم ما أتاح له فرص المشاركة في أسابيع التصميم المرموقة في باريس وعمّان إلى جانب زملائه الفنانين والمبدعين. كما أطلق مشروعًا بعنوان "راسكال" خلال إقامته الفنية ضمن مهرجان دريم سيتي للفنون عام 2021 وهو مختبر أبحاث قصير الأجل للتصميم وإعادة التدوير. ● وول ميكرز: "وول ميكرز" هو استوديو معماري أسّسه فينو دانيال في ولاية كيرالا بالهند عام 2007. في خضم الأزمة العالمية الراهنة يسعى "وول ميكرز" إلى بناء مساحات مستدامة تستجيب لسياقات وظروف محددة مع الحفاظ على التوازن بين التصميم المبتكر والمجدي وخلق مساحات حالمة. يُركّز الاستوديو بالأخص على إعادة التدوير واعتماد المصادر المحلية للمواد الطبيعية كالطين والنفايات من أجل إنشاء بنىً مجدية وجذابة في آن واحد. من المشاريع التي نفذها الاستوديو دار آي إتش إيه وبيرويت هاوس في تريفاندروم وتشوزي في تاميل نادو وكنيسة سان جورج الأرثوذكسية في ماتانشيري. حاز دانيال على البكالوريوس في

Al Qasimiya School

مدرسة القاسمية

Old Al Jubail Vegetable Market

سوق الجبيل القديم للخضار

كوكب الأرض مثل تغيّر المناخ المفاجئ وفقدان التنوع البيولوجي والانقراض، حيث تهتم بكيفية تأثير هذه "الثورات الأرضية" على الفكر الاجتماعي. كما يركز عملها، على نطاق واسع، على الجماليات السياسية والنظرية الاجتماعية والتغيّر البيئي المفاجئ. أما أبحاثها الحالية فتتناول أسئلة "الحياة الجيولوجية" ضمن العصر الجيولوجي المقترح للأنثروبوسين. يدرس هذا البحث كيف أن الأبعاد اللاإنسانية وغير العضوية للحياة لها عواقب على فهمنا لقضايا الوقود الأحفوري والعلاقات بين الإنسان والأرض والمادية في سياسات الحياة. ● والي لاوال: والي لاوال هو مؤسس شركة "ذي ريبابليك" (الجمهورية) الناشئة للإعلام الرقمي التي تصدر أعمالًا صحفية عن أفريقيا وحلول الوسائط الرقمية. وهو أيضًا رئيس تحرير مجلة "ذي ريبابليك" الحائزة جوائز والتي تغطي أفكارًا وقصصًا ترسم معالم نيجيريا والقارة الأفريقية ككل. في السابق، قاد والي المشاريع البحثية في مركز الأبحاث الأفريقية التابع لكلية هارفارد للأعمال، حيث أنتج أبحاثًا حول الشركات وبيئات الأعمال في جميع أنحاء أفريقيا جنوب الصحراء الكبرى بالإضافة إلى دراسات الحالة التي تم تدريسها في كلية هارفرد للأعمال وفي كليات إدارة الأعمال في جميع أنحاء العالم. عمل والي أيضًا مستشارًا إداريًا في "كي بي إم جي" وتخرج الأول في صفه من جامعة أكسفورد، حيث غطت أبحاثه مستقبل ذوي البشرة السوداء، وعدم اليقين الاقتصادي، والشركات الناشئة في مجال التكنولوجيا في نيجيريا. ونشرت كتاباته على شاشات التلفزيون وموقع "كوارتز" الإخباري ومجلة "نيويورك".

المصممون

● جين تايلور: جين تايلور، مصممة متخصصة في صناعة السلال المصممة حسب الطلب وحلول الأرضيات الطبيعية الفريدة، عملت جنبًا إلى جنب مع كبار المصممين في زيمبابوي للمساعدة في تحقيق رؤيتهم وإنشاء منتجات أسلوب حياة استثنائية. وقد أنشأت مجموعة "المشاريع الحرفية التعاونية" انطلاقًا من رغبتها في إشراك المجتمع في حرفتها، حيث تُقدّم من خلالها برامج تطوير المنتجات وبرامج تدريبية تساعد على تنفيذ التصاميم ضمن سياق المجتمعات. ● ذا دا براند: "ذا دا براند"، هي علامة تجارية متخصصة في التصميم ودعم الثقافة وأسلوب الحياة. تعني كلمة "دا" (DA) بلغة يوروبا "الخلق، أو الإنشاء". صممت العلامة أدوات الحياة اليومية وأنتجتها في فئات متعددة، ملتزمة بلغة ومبادئ التصميم "أفرومينيما AFROMINIMA™". ● تشينيو إيداتشابا - أوبارو: آتشينيو إيداتشابا - أوبارو، مصممة وفنانة أنشأت مؤسّسة "ميتيميث" الحرفية المجتمعية الحائزة على عدة جوائز في نيجيريا، التي تعمل على بناء أدوات المعيشة من خلال تحويل الأعشاب المائية والمخلفات الزراعية إلى منتجات نفعية. يكمن شغفها في تصميم وإنتاج الديكور الداخلي من خلال النسج اليدوي باستخدام موارد متجددة وطبيعية، لتنتج المنسوجات المنزلية، والمرايا، والسجاد، والإضاءة، وأدوات الطعام، وأدوات الزراعة، والفنون، والقرطاسية، والأثاث المميز، وإكسسوارات الموضة. ● مبالي مثيثوا: مبالي مثيثوا، ممارسة متخصصة في مجالي الإبداع والثقافة تُقيم في جوهانسبرغ، جنوب أفريقيا. أسست في عام 2019 مجموعة "ذا هيرد" التعاونية الحائزة على العديد من الجوائز. وطبقت من خلال هذه المجموعة ما تعلمته أثناء تدريبها الأكاديمي في مجال تنمية المجتمع، مع الحرفيات في مبومالانغا وكوازولو ناتال، بهدف إنشاء أعمال فنية ومجوهرات معاصرة من الخرز والخشب. ● سكِب: "سكِب"، مجموعة للتصميم والأبحاث تهتم بموضوع المخلفات، وتعمل على معالجتها والاستفادة منها. تأسست المجموعة في رام الله، فلسطين في عام 2019 من قبل المصممتين رغد سقف الحيط ومريم دحابرة، حيث تخوضان التجارب على مجموعة واسعة من المخلفات الصناعية ومكبات الحفر والمواد الرابطة الطبيعية، لإنشاء الأثاث والمنتجات اليومية.

Old Slaughterhouse

المسلخ القديم

Sharjah Mall

الشارقة مول

Industrial Area 5

المنطقة الصناعية 5

Al Madam

المدام

Acknowledgements

شكر وتقدير

The Yoruba proverb "Igi kan ò lè dágbó ṣé" means "One tree cannot make a forest." This exhibition results from the collective labor of a community to which I am dearly indebted.

I would like to thank Hoor Al Qasimi and the Sharjah Architecture Triennial for selecting me to carry out this important work and, more importantly, for creating an enabling environment for this exploration. I am indebted to this edition's advisory board for their guidance, expertise, and, most importantly, their time, which was instrumental in refining its theme and selecting participants. I would like to thank Rahul Mehrotra, especially for his advice concerning the importance of refining one's value system and for exposing me to practitioners from the Asian subcontinent. Paulo Tavares for giving me the keys to South America, particularly as the language barrier would have been difficult to access; Beatrice Galilee for opening many doors as well as keeping me motivated on the bigger issue being the climate crisis; Yinka Shonibare for his generosity of knowledge and means, and for reminding me that this narrative should speak strongly about optimism for the future; and Mariam Kamara and her constant encouragement.

I would like to thank the Sharjah Architecture Triennial and the Sharjah Art Foundation's design, production, procurement, and installation teams, without whom none of the installations would have been possible. There were many hours for nights into mornings spent to ensure the work was done; Nihal Halimeh delivered on the third of November a baby boy and worked right up the day before his delivery, ensuring that her projects were executed to standard and on time; Tamara Barrage, Adesola Adeyemi, Laura Navarro, Abanob Ataia, Raghad Al Ali, Miguel Falci, Yousef Taalab, Shahbaz Ahmed Muhyaddin, Amal Salloum, Dinisha Dinesh, Evangelin Vergis, Mazyar Etehadi, Mohamed Rashad, Nadine Ghazal, Rand Rahmani, Zoran Rao, Eng. Yaala Younis, Hussain Jaffar Mohammad, Abdul Hamid Abdul, Abdul Hamid Abdul Ghafoor, Aboobacker Siddeque Kalathingal, Ahmed Magdy, Amin Ul Haq, Andre Perez, Arun Jayasree Vikram, Ayoub Khan, Fadel Al Rahman, Joy Pulikkottil, Khaled El Sawi, Khalid Sami, Louie Torre, Mahesh Dharmmarajan, Mahmood Ali, Mohamed El Sawi, Mohammed Fawwaz, Moustafa Kandil, Reioiz Sam Joy, Saad Abdullah, Saeed Nasar, Samir Paramba, Shuaib Poonthala, Sunil Devasia, and Sunil Mathew. I would like to thank all the contractors commissioned for the Triennial, with a special mention to Buro Happold for the expertise and vision, considering the technical complexities of some of the exhibits. I would also like to thank Space Caviar, our exhibition designers, for so eloquently responding to the theme and showing us the beauty to behold from this alternative narrative, and a special mention to Barbara Doroszuk, who spent four months in Sharjah to ensure the meticulous stacking of paving stones was done to perfection.

I would like to thank the Sharjah Architecture Triennial's administration team, who ensured this whole operation kept moving, and a special thank you to the three amazing women, Vikshitha Gundmi, Rowaida Badawieh and Shareeja Abdul Majeed, who were responsible for payments, travel, and accommodation. I would like to thank the public programming and research teams, especially Sahil Abdul Latheef, who grounded the entire team in the context of Shrajah and helped provide valuable input to participants' proposals throughout the developmental process, and Sharmeen Azam Inayat for sharing her valuable research into the region, and also Sharjah's love for cats.

I would like to acknowledge the creative contributions of our graphic design team, consisting of Fermin Guerrero, Zaynab Kriouech, Marinus Klinksik, and Rasmus Emanuel Svensson. Their artistic execution in creating the brand identity, website, and animations for *The Beauty of Impermanence* was a true celebration of collaboration, and I am deeply grateful for their contribution to the project. I also want to thank the industry thought leaders who have contributed valuable essays to this book, further enriching the conversations we aim to carry forward: Yasmeen Lari, Aziza Chaouni, AbdouMaliq Simone, Paola Antonelli, Kathryn Yusoff, and Wale Lawal.

I would like to thank our Triennial partners, the American University of Sharjah, especially Jason Carlow, George Katodrytis, Maria Oliver, and Tania Ursomarzo, with whom I had many conversations and enjoyed meeting the architecture students. I also want to thank Bee'ah, the Sharjah Art Foundation, the Sharjah Urban Planning Council, and the Sharjah Directorate of Town Planning and Survey. I am humbled by the warm hospitality that I and all the participants received as we immersed ourselves into the context of the Emirate to carry out this important work. I also especially thank the photographers Danko Stjepanovic, Edmund Sumner, Eram Gallery, Ieva Saudargaite Douaihi, and Talie Rose Eigeland, who have captured the exhibition and experiences we now feature beautifully in this book. I also want to thank our publisher, Park Books, with a special mention to Julie Cirelli, with whom I enjoyed many conversations as we co-edited this book and *Field Notes on Scarcity*. Thank you to our graphic designers for both publications, Morcos Key for their valuable design input.

I want to especially thank Mona El Mousfy, the Triennial advisor who was instrumental in guiding this entire process. I want to express my extreme thanks to the curatorial team, Sara Griffin, Suha Hasan, Myles Igwebuike, and Julie Bonzon, for assisting in refining our public programming. A very special thank you to Matthew Ngelela Maganga, my curatorial assistant and assistant editor; in the months that led up to the Triennial, when I struggled to balance practice, motherhood, and curating this exhibition, his calmness and orderly manner were the glue that held this all together. Thank you to all visitors who took the time to see the exhibition; we hope it left you optimistic about what we can achieve in our built environment, and a heartfelt thank you to the participants, who, through many person-hours, delivered this beautiful body of work.

Tosin Oshinowo
Curator

يقول المثل اليوروبي "لا تستطيع شجرة واحدة أن تصنع غابة". فكان هذا المعرض ثمرة العمل الجماعي الذي قام به مجتمعٌ أعتبر أنني مدينة له بالكثير.

أود أن أشكر حور القاسمي وترينالي الشارقة للعمارة على اختياري لتنفيذ هذا العمل المهم، والأهم من ذلك، على إنشاء بيئة مواتية لهذه الرحلة الاستكشافية. وأنا مدينة للمجلس الاستشاري الذي قدّم إرشاداته وخبرته ووقته بشكلٍ خاص في هذه النسخة، ما ساهم مساهمة فعالة في صقل الموضوع واختيار المشاركين. فأود أن أشكر راهول ميهروترا، لا سيما على نصائحه بشأن أهمية صقل نظام القيم الخاص بالفرد، وعلى تعريفي بممارسين من شبه القارة الآسيوية. كما أنني أشكر باولو تافاريس على جعل أمريكا الجنوبية مألوفةً بالنسبة إليّ، خاصةً بما أن حاجز اللغة كان من الصعب تجاوزه لولاه؛ وبياتريس جاليلي على فتح عدة أبواب وتحفيزها المستمر لي على الاهتمام بالقضية الأكبر وهي أزمة المناخ؛ بالإضافة إلى ينكا شونيبار على كرمه في مشاركة المعارف والوسائل، وعلى تذكيري بأن هذه السردية يجب أن تتحدث بقوة عن التفاؤل بالمستقبل، وأشكر أيضًا مريم كامارا على تشجيعها المستمر.

أتوجه بالشكر كذلك إلى ترينالي الشارقة للعمارة وفِرَق التصميم والإنتاج والمشتريات والتركيب في مؤسسة الشارقة للفنون، التي لم تكن أعمال التركيب ممكنة لولاها. وقد تم قضاء ساعات طويلة من الليل حتى الصباح لضمان إنجاز العمل؛ فأخصّ بالذكر نهال حليمة التي أنجبت طفلًا في الثالث من تشرين الثاني/نوفمبر وكانت تعمل جاهدةً في اليوم السابق قبل إنجابه، وذلك لضمان تنفيذ مشاريعها وفقًا للمعايير وفي الوقت المحدد؛ وأذكر أيضًا تمارا براج، أديسولا أديمي، لورا نافارو، أبانوب عطية، رغد العلي، ميغيل فالسي، يوسف تعلب، شهباز أحمد محي الدين، أمل سلوم، دينيشا دينيش، إيفانجيلين فيرجيس، مازيار اتحادي، محمد رشاد، نادين غزال، رند رحماني، زوران راو، المهندس يعلى يونس، حسين جعفر محمد، عبد الحميد عبد الغفور، أبو بكر الصديق كالاثنغال، أحمد مجدي، أمين الحق، أندريه بيريز، أرون جاياشري فيكرام، أيوب خان، فضل الرحمن، جوي بوليكوتيل، خالد الصاوي، خالد سامي، لوي توري، ماهيش دارمارجان، محمود علي، محمد الصاوي، محمد فواز، مصطفى قنديل، ريويز سام جوي، سعد عبد الله، سعيد نصار، سمير بارامبا، شعيب بونثالا، سونيل ديفاسيا، سونيل ماثيو. كما أود أن أشكر كافة الجهات المقاولة المكلّفة بالعمل في معرض ترينالي، لا سيما شركة "بورو هابولد" على خبرتها ورؤيتها، نظرًا إلى التعقيدات الفنية التي أظهرتها بعض المعروضات. ولا بد أيضًا من شكر استوديو "سبايس كافيار" ومصمميه في معرضنا على استجابتهم البليغة للموضوع وإظهار الجمال الذي يمكن مشاهدته في هذه السردية البديلة، وأذكر بالتحديد باربرا دوروسزوك التي أمضت أربعة أشهرٍ في الشارقة لضمان تكديس أحجار الرصف بدقة مثالية.

أُعرب عن شكري لفريق إدارة ترينالي الشارقة للعمارة، الذي حرص على استمرار هذه العملية برمتها، وخاصةً للنساء الثلاث الرائعات فيكشيتا غوندمي ورويدا بدوية وشريحة عبد المجيد، اللواتي كنّ مسؤولاتٍ عن المدفوعات والسفر والإقامة. كما أنني أشكر فِرَق الأبحاث والبرامج العامة، لا سيما سهيل عبد اللطيف الذي أطلع الفريق بأكمله على سياق الشارقة وساعد في تقديم مساهمات قيّمة لمقترحات المشاركين طوال عملية التطوير، بالإضافة إلى شارمين عزام عنايات التي شاركت أبحاثها القيّمة عن المنطقة وأيضًا حب الشارقة للقطط.

أود أن أشيد بالمساهمات الإبداعية التي قدّمها فريق التصميم الجرافيكي لدينا، الذي يتألف من فيرمين غيريرو وزينب كريوش وماريوس كلينكسيك وراسموس إيمانويل سفينسون. فقد عكست أعمالهم التنفيذية الفنية في إنشاء هوية العلامة التجارية والموقع الإلكتروني والرسوم المتحركة لـ"جمالية المتغيّر" تعاونًا فعليًا، وأنا ممتنة جدًا لمساهمتهم في المشروع. كما أرغب في شكر قادة الفكر في القطاع الصناعي الذين ساهموا في تقديم مقالات قيّمة لهذا الكتاب، تُغني المحادثات التي نسعى إلى المضي قدمًا فيها، وهم: ياسمين لاري وعزيزة شاوني وعبد الملك سيمون وباولا أنتونيلي وكاثرين يوسف ووالي لاوال.

شكرًا لشركائنا في ترينالي من الجامعة الأمريكية في الشارقة، وخاصةً جيسون كارلو وجورج كاتودريتيس وماريا أوليفر وتانيا أورسومارزو، الذين أجريتُ معهم عدة محادثاتٍ واستمتعتُ بلقاء طلاب الهندسة المعمارية برفقتهم. ولا بد لي أن أشكر شركة البيئة، ومؤسسة الشارقة للفنون، ومجلس الشارقة للتخطيط العمراني، ودائرة التخطيط والمساحة في الشارقة. وأعجز عن وصف كرم الضيافة الذي حظيتُ به مع المشاركين جميعهم، بينما كنا منغمسين في العمل على تنفيذ هذا العمل المهم ضمن سياق الإمارة. كما أشكر بشكلٍ خاص المصورين دانكو ستيبانوفيتش وإدموند سومنر وإرَم جاليريَ وليفاً ساودرغيت الدويهي وتالي روز إيجلاند، الذين التقطوا صورًا جميلة تبرز في هذا الكتاب عن المعرض والتجارب. وشكرًا جزيلًا لدار النشر "بارك بوكس"، وبالأخص جولي سبريلي التي استمتعتُ بإجراء عدة محادثاتٍ معها عند اشتراكنا في تحرير هذا الكتاب وكتاب "ملاحظات ميدانية عن الندرة". كما أشكر المصممين لدينا على تصميم كلا المنشورين واستوديو موركوس كي على مساهمته القيّمة.

أتقدم بفائق الشكر لمستشارة ترينالي منى المصفي، التي أدت دورًا فعالًا في توجيه هذه العملية برمتها. كما أود أن أعرب عن خالص شكري لفريق القيّمين، الذي ضمّ كلًّا من سارة غريفين وسهى حسن ومايلز إيغيبويكي وجولي بونزون، وساعد على تحسين برامجنا العامة. وأوجّهُ شكرًا خاصًا لمساعدي في الإشراف والتحرير ماثيو نجيليلا ماغاغنا؛ ففي الأشهر التي سبقت المعرض، عندما كنتُ أجاهد لتحقيق التوازن بين الممارسة والأمومة وتنظيم هذا المعرض، ساهم هدوؤه وأسلوبه المنظم في ترتيب الأمور. ونشكر جميع الزوار الذين خصصوا الوقت لمشاهدة المعرض؛ فنأمل أنه ترك في نفوسكم شعورًا بالتفاؤل حول ما يمكننا تحقيقه في بيئة أبنيتنا. وأخيرًا، شكرًا من القلب للمشاركين الذين أمضوا وقتًا طويلًا لإنجاز هذا العمل الجميل.

توسين أوشينوو
القيّمة

Credits

التوثيقات

Sharjah Architecture Triennial 2023

The Beauty of Impermanence: An Architecture of Adaptability

Curator

Tosin Oshinowo

Curatorial Team

Matthew Maganga

Suha Hasan

Julie Bonzon

Myles Igwebuike

Sara Griffin

Exhibition Design — Space Caviar

Joseph Grima

Sofia Pia Belenky

Barbara Doroszuk

Lorenzo Bondavalli

Studio Lys–Graphic Design

Advisory Board

Hoor Al Qasimi

Beatrice Galilee

Mariam Kamara

Paulo Tavares

Rahul Mehrotra

Yinka Shonibare CBE

Sharjah Architecture Triennial

President

Hoor Al Qasimi

Advisor

Mona El Mousfy

Design and Production

Tamara Barrage – Senior Designer and Production Coordinator

Desola Adeyemi – Senior Architect and Production Coordinator

Nihal Halimeh – Senior Architect and Production Coordinator

Laura Navarro – Interior Architect and Production Coordinator

Abanob Ataia – Architect and Production Coordinator

Raghad Al Ali – Architect and Production Coordinator

Shahbaz Ahmed Muhyaddin – Architect and Production Coordinator

Amal Salloum – Intern

Dinisha Dinesh – Intern

Evangelin Vergis – Intern

Mazyar Etehadi – Intern

Mohamed Rashad – Intern

Nadine Ghazal – Intern

Rand Rahmani – Intern

Zoran Rao – Intern

Production

Miguel Falci – Architect and Production Manager

Yousef Taalab – Architectural Engineer and Production Coordinator

Mehiar Bitari – Architect and Production Coordinator

Research

Sharmeen Azam Inayat – Research Curator and Urban Advisor

Alya Osman – Intern

Fabya Mohammed – Intern

Sundos Alsheebani – Intern

Public Programming

Sahil Abdul Latheef – Senior Curatorial Coordinator, Public Programming

Priyanka Nair – Intern

Tasneem Alnabhani – Intern

Graphic Design

Fermin Guerrero – Senior Graphic Designer and Art Direction

Zaynab Kriouech – Graphic Designer

Communications

Anum Laghari – Senior Communications Coordinator

Anam Aziz – Outreach Coordinator

Ahmed Osama – Photographer and Design Store Coordinator

Misbah Tanwer – Intern

Nandana Mukundan – Intern

Operations and Logistics

Yaala Younis – Operations and Facilities Coordinator

Hussain Jaffar Mohammad – Procurement Coordinator

Administration

Rowaida Badawieh – Senior Administrative Coordinator

Vikshitha Gundmi – Accountant

Shareeja Abdul Majeed – Travel Coordinator

Atif Abdul Hameed Osman – Legal Advisor

Sharjah Art Foundation Technical Advisors

Hassan Ali Mahmood

Younus S. Mohammad

Sharjah Art Foundation Installation Team

Abdul Hamid Abdul Ghafoor

Aboobacker Siddeque Kalathingal

Ahmed Magdy

Amin Ul Haq

Andre Perez

Arun Jayasree Vikram

Ayoub Khan

Fadel Al Rahman

Joy Pulikkottil

Khaled El Sawi

Khalid Sami

Louie Torre

Mahesh Dharmmarajan

Mahmood Ali

Mohamed El Sawi

Mohammed Fawwaz

Moustafa Kandil

Reioiz Sam Joy

Saad Abdullah

Saeed Nasar

Samir Paramba

Shuaib Poonthala

Sunil Devasia

Sunil Mathew

Public Relations — Pelham Communications

Laura Callendar

Rel Hayman

Phoebe Dunfoy

Structural Design — Buro Happold

Zelimir Anic

Bianca Orsola Decarli

Motion Design

Marinus Klinksik

Web Design

Rasmus Emanuel Svensson

Translation — Soul Sisters

Nour Refaie

Copy Editing — The Archilogue

Dima Hamadeh

Adham Selim

Photography

Danko Stjepanovic

Edmund Sumner

Eram Gallery

Ieva Saudargaite Douaihi

Marco Cappelletti

Talie Rose Eigeland

Contractors

Al Benaya Decor Contracting

Al Jaber Crushers

AL NABAIN METALLIC CONST. FACTORY LLC

AMAKCON

ArtPlus

Bin Lahej Crushers

BINA Scaff LLC

buildup

Cape Reed LLC

Department of Culture and Tourism

Desert Board

GECO

Globe Star Contracting LLC

Haima Emirates LLC

Huda Lighting

Jensen Hunt Design

Kreative Kross

Lamsah Glass

Layher

My Farm Dubai

Nord-Sud

Oasis Enterprises LLC

Proto21

Ra'ana Liaquat Craftsmen Colony (RLCC)

SAEED FRAMES Tr.

Sahara Glass Group

Scientechnic

Sharjah Open Innovation Lab (SoiLAB)

Stevin Rock LLC

Super Yaya

XERO International

A special thank you to all that worked on this exhibition.

Partners

Sharjah Urban Planning Council

Sharjah Art Foundation

Bee'ah

College of Architecture, Art and Design, American University of Sharjah

Directorate of Town Planning and Survey

Media Partners

ArchDaily

Architonic

Designboom

Dezeen

KoozArch

Universes in Universe

Acknowledgements

Abdul Waduud

Ade Shokunbi

Ahmed Bin Shabib

Ahmed Khadier

Alex Warnock-Smith

Alimi Adewale

Alyazeyah Al Marri

Antawan Byrd

Chater Paul Jordan

Christele Harrouk

Dapo Olagunju

Fatma Al Jasmi

Folakunle Osho

Francesca Perry

George Katodyrtis

Halim Elzeim

Hasan Hujairi

Hussam Al Ali

Hyoeun Kim

Ijeoma Balogun

Isimeme Etomi

Jiwon Lee

John Mullin

Jonathan Ashmore

Julie Cirelli

Khaled Butti bin Butti Al Muhairi

Khalid Abdullah Omran Taryam

Konstantinos Koutselas

Lola Ogunnaike

Marcus Carter

Maria Oliver

Marianna Janowicz

Micheal Elégbèdé

Mpho Matsipa

Nahid Jameel

Nawar Al Qassimi

Ndidi Dike

Nneka Igboh

Olubunmi Oshinowo

Omar Medwakh

Omololu Oshinowo

Oyinda Fakeye

Oyindamola Fakeye

Paloma Strelitz

Patrick Koshoni

Peter Okotor

Rafal Sliwa

Rahina Garba Haruna

Rashid Bin Shabib

Reni Folawiyo

Selasi Setufe

Seun Oduwole

Taibat Lawanson

Taiwo Shemede

Tania Ursomarzo

Titi Ogufere
Ugoma Ebilah
Wael Al Awar
Wayne Switzer
Yesomi Umolu

Al Fahad Group
Al Madam Municipality
Al Shamsi Group
ALÁRA
Bee'ah
CCA Lagos
Dar Al Khaleej
G.A.S Foundation
ÌTÀN Test Kitchen
Kaly Restaurant
MÌLÍKÌ
Park Books
Redrick PR
Sahara Glass Group
Sharjah Art Foundation
Sharjah Department of Town Planning and Survey
Sharjah Electricity Water & Gas Authority
Sharjah Municipality
Temple Muse
The Africa Centre

SAT02 Participant Credits

Renewed Contextual

Adrian Pepe

Collaborators: Lamia Choucair (Artistic Producer), Faaour Mohamed Ali (Architectural Designer), Omar Al Mohamad (Artisan), Khalil Saleh Aljloud (Artisan), Nader Bahsoun (Documentation) The Palace Artisans (Tailored Leatherwork), Marc Ghazali (Independent Researcher), Mohamad Habli (Leather Tanning), Chadi Tabib (Inflatables Consultant Lebanon), Linox (Inflatables Consultant UAE), Esmail Shouckair (Hair Stylist)

Acknowledgements: Special thanks to Huda Baroudi, Nada Debs, Maria Hibri

Al Borde

Collaborators: María Fernanda Heredia and Melissa Naranjo (Al Borde Collaborators), Patricio Cevallos (Engineering Advisor), Pinxcel (Renders), SEWA: Sharjah Electricity, Water, and Gas Authority (Poles)

Hive Earth

Collaborators: Hive Earth, SAT Team (Redesign of "ETA'DAN")

Hunnarshala Foundation with Aabhat and AINA

Collaborators: Sandeep Virmani (Project Lead), Nipun Prabhakar (Design), Gaurav Dinodia and Aditya Singh (Aabhat Lead), Brinda Khiera and Nilam Sompura (Admin & Accounts)

Nifemi Marcus-Bello

Collaborators: Jaiyeola Oduyoye, Emily Awino, Jonathan Pinkard, Logo "Logor" Oluwamuyiwa, Benson Ibeabuchi, Henry Okwuabsi, Silas Mahanan, Olajide Ayeni

Ola Uduku and Michael Collins

Collaborators: Jensen Hunt Engineers, Remi Vaughan-Richards, Akyra Magadah

Papa Omotayo & Eve Nnaji MOE+AA/ADD-apt

Collaborators: Papa Omotayo (Architect), Eve Nnaji (Architect), Ahmed Adeokun (Architectural Assistant), Love Bamigbola (Architectural Assistant), Wale Bamigboye (Workshop), Tunji Fashanu (FAP Structural Consultants), Adebayo Matin (FAP Structural Consultants)

RUÍNA Architecture

Collaborators: Layher United Arab Emirates, Bina Scaff Gulf General Maintenance LLC

Sumaya Dabbagh

Acknowledgements: "EARTH TO EARTH" was supported by the Department of Culture and Tourism Abu Dhabi (DCT), who provided their expertise together with the supply and installation of the mud-brick wall structure.

Collaborators: Desert Board (Supply and Installation of Deck and Bench Structure), Huda Lighting (Lighting Design, Supply and Installation of Light Fitting), Sumaya Dabbagh, Hala Nahas, Sherif Touma, William Java (Dabbagh Architects Team)

Thao Nguyen Phan

Acknowledgements: Special thanks to the people, animals, trees, and spirits of the Mekong Delta

Thomas Egoumenides

Acknowledgements: Association "L'Art Rue" and its entire team, and Akram Mahjoubi. Dedicated to Thomas Egoumenides' mother.

Wallmakers

Collaborators: Kunjumon James and Team (Fabricators), Mahesh and Team (Sand Work, Masonry, and Civil Work)

Extraction Politics

Asif Khan

Acknowledgements: "Kalpa" was originally jointly commissioned by V&A, Vitra Design Museum, V&A Dundee, and MAAT Lisbon. Plankton footage is used under license from Dr. Richard Kirby. Other footage used with thanks to NASA/JPL, and under license from Artgrid, Istock & Pond5 libraries.

Team: Asif Khan (Director), Asif Khan and Peter Vaughan (Story), Alex Borrell and Asif Khan (Editors), Asif Khan (Soundtrack)

BUZIGAHILL

BUZIGAHILL Performing Team: Bobby Kolade (Creative Director), Aine Desire (Studio Well-Being Manager), Nalujja Sharon (Tailor), Nanyonga Racheal (Tailor), Nabadda Lilian (Tailor), Nakandi Anitah (Tailor), Mudondo Neria Kathreen (Tailor)

Vintage or Violence Podcast: Nikissi Serumaga (Co-host & Co-Creator), Lesedi Oluko Moche (Creative Producer & Co-Creator), Bobby Kolade (Co-host)

Video Production: Ian Nnyanzi (Cinematographer), Ssozi Joseph (Sound Designer), Patience Asaba Katushabe (Line Producer)

Dia Mrad

Collaborators: N/A

Formafantasma

Collaborators: Andrea Trimarchi and Simone Farresin (Concept, Design), Riccardo Badano, Simón Ballen Botero, Gregorio Gonella, Jeroen Van De Gruiter, Johanna Seeleman, Peter Sorg, Ibrahim Kombarji, Lenn Gerlach, and Felix Lenz (Formafantasma Team), Rebecca Lewin (Curator of Exhibitions and Design, Serpentine Galleries), Natalia Grabowska (Assistant Curator, Serpentine Galleries), Hans Ulrich Obrist (Serpentine Galleries), Cristiana Perrella (Centro Pecci)

Limbo Accra

Collaborators: Anne-Lise Agossa (Architectural Designer), Rym Beydoun (Founder of Super Yaya)

Natura Futura

Collaborators: Interris Foundation, Francesco Russo (Photographer), Novacero, Vanelly Dumani, Pedro Mayorga´s family, Alfredo Quinto, Andrés Cruz, Fernando Romero and Airton Alvarez, Jhonatan Andrade, Juan Carlos Bamba

Olalekan Jeyifous

Acknowledgements: This work has been informed by the "Housing, Schools and Parks' Typology Mapping" project from the Sharjah Architecture Triennial Foundation's Research Initiative repository.

Yara Sharif and Nasser Golzari

Collaborators: Francois Girardin, Adriana Useche, Zhiguang Jin, Samir Pandya.

Acknowledgements: With thanks to Rosa Schiano Phan, Juan Vallejo, Hive Earth, NG Architects, Fabrication Lab, Making and Practice Research Group, School of Architecture + Cities, University of Westminster.

Intangible Bodies

51-1 Arquitectos

Collaborators: Manuel de Rivero, Fernando Puente Arnao and César Becerra with Karina León, Cristian Zúñiga, and Juan Pablo Lopera (51-1 Arquitectos Team)

Art and Culture Development Foundation of the Republic of Uzbekistan (ACDF)

Collaborators: Gayane Umerova (Chairperson, ACDF), Wael Al Awar, waiwai (Project Designer), Anahit Kayumova (Invited Artist)

Bubu Ogisi

Collaborators: Emmanuel Balogun (Sound Artist), Djibril Drame (Film/Photography)

Cave_bureau

Collaborators: Jay Patel (CGI Artist), Densu Moseti (Film Producer/Production Manager),

KMRU (Sound Artist / Experimental Ambient Musician), James Muriuki (Artist), Koome Mwirebua (Post Production Specialist), Innocent Ondieki (iSignature Builds), Ogeto Nyamwaya (Maker/ Fabricator), Beatrice Wanjiku (Painter), Maggie Otieno (Sculptor)

DAAR – Sandi Hilal and Alessandro Petti

Collaborators: Alserkal Arts Foundation, Herman Hjorth Berge

Miriam Hillawi Abraham

Collaborators: Raghad Al Ali and Tamara Barrage (Design Production & Coordination)

Sandra Poulson

Collaborators: Mehak Vieira (Gallerist, Jahmek Contemporary Art), Moetaz Fathalla (Architect/Advisor), Oscar Maguire (CGI mock-ups and renders), Sara Pinto (Mould-making, Papier-mâché sculptures prototyping), Polina Goldobina, Renatha Hoga, Ivy Chi Yee-Chow, Klaudia Rzempoluch, and Elin Meertens (Papier-mâché Sculptures Prototyping) Wisam Alsaegh, Somaia Azez and Mohammed Dheyauldeen (Papier-mâché sculptures production)

Yussef Agbo-Ola

Collaborators: Olaniyi Studio

تصميم الحركة
مارينوس كلينكسيك

تصميم الموقع الإلكتروني
راسموس إيمانويل سفينسون

الترجمة والتحرير - Soul Sisters
نور الرفاعي

التحرير - الأركيلوغ
ديما حمادة
أدهم سليم

التصوير
دانكو ستيبانوفيتش
إدموند سومنر
إرم غاليري
إيفا سودارغيت الدويهي
ماركو كابيليتي
تالي روز إيجلاند

المقاولون
Al Benaya Decor Contracting
كسارات الجابر
AL NABAIN METALLIC CONST. FACTORY LLC
AMAKCON
ArtPlus
كسارات بن لاحج
BINA Scaff LLC
buildup
Cape Reed LLc
دائرة الثقافة والسياحة
Desert Board
GECO
Globe Star Contracting LLC
Haima Emirates LLC
هدى للإنارة
Jensen Hunt Design
Kreative Kross
Lamsah Glass
Layher
My Farm Dubai
Nord-Sud
Oasis Enterprises LLC
Proto21
Ra'ana Liaquat Craftsmen Colony (RLCC)
.SAEED FRAMES Tr
مجموعة صحارى للزجاج
Scientechnic
مختبر الشارقة المفتوح للابتكار (SoiLAB)
ستيفن روك ذ.م.م
Super Yaya
XERO International

شكر خاص لجميع من عملوا في هذا المعرض

الشركاء
مجلس الشارقة للتخطيط العمراني
مؤسّسة الشارقة للفنون
بيئة
كلية العمارة والفن والتصميم، الجامعة الأمريكية في الشارقة
دائرة التخطيط والمساحة بالشارقة

شركاء الإعلام
ArchDaily
Architonic
Designboom
Dezeen
KoozArch
Universes in Universe

شكر وتقدير
عبد الودود
أديمو شكوني
أحمد بن شبيب
أحمد خضير
أليكس وارنوك سميث
أليمي أديوالي
أليازية المري
أنطوان بيرد
شاتر بول جوردان
كريستيل حروق
دابو أولاغونجو
فاطمة الجسمي
فولاكونلي أوشو
فرانشيسكا بيري
جورج كاتوديرتيس
حليم الزيم
حسن حجيري
حسام العلي
هيون كيم
إيجوما بالوغن
إيسيميمي إيتومي
جيوون لي
جون مولين
جوناثان آشمور
جولي سيريلي
خالد بطي بن بطي المهيري
خالد عبدالله عمران تريم
كونستانتينوس كوتسيلاس
لولا أوغونايكي
ماركوس كارتر
ماريا أوليفر
ماريانا يانوفيتش
مايكل الجبيدي
مفو ماتسيبا
ناهد جميل
نوار القاسمي
نديدي دايك
نيكا إيغبو
أولوبونمي أوشينوو
عمر مدواخ
أومولولو أوشينوو
أويندا فاكييه
أويندامولا فاكي
بالوما ستريليتز
باتريك كوشوني
بيتر أوكوتور
رافال سليوا
راهينا غاربا هارونا
راشد بن شبيب
ريني فولاويو
سيبلسي سيتوفي
شون أودوولي
طيبات لاوانسون
تايوو شيميدي
تانيا أورسومارزو
تيتي أوغوفيري
أوغوما إيبيلا
وائل الأعور
واين سويتزر
يسومي أومولو

مجموعة الفهد
بلدية المدام
مجموعة الشامسي
ألارا
بيئة
CCA لاغوس
دار الخليج
مؤسسة جي إيه إس
مطبخ İTAN
مطعم كالي
ميلكي
بارك بوكس
ريدريك بي آر
مجموعة صحارى للزجاج
مؤسسة الشارقة للفنون
دائرة التخطيط والمساحة بالشارقة
هيئة كهرباء ومياه وغاز الشارقة
بلدية الشارقة
تيمبل ميوز
مركز أفريقيا

ترينالي الشارقة للعمارة 2023
جمالية المتغيّر: عمارة التكيّف

القيّمة الفنية
توسي أوشينو

الفريق القيّم
ماثيو ماغانغا
سهى حسن
جولي بونزون
مايلز إيغويبويكي
سارة غريفين

تصميم المعارض - Space Caviar
جوزيف غريما
صوفيا بيا بيلينكي
باربرا دوروسزوك
لورينزو بوندافالي
ستوديو ليس- التصميم الجرافيكي

المجلس الاستشاري
حور القاسمي
بياتريس غاليلي
مريم كامارا
باولو تافاريس
راهول ميهروترا
ينكا شونيبار سي-بي-إي

ترينالي الشارقة للعمارة

الرئيس
حور القاسمي

المستشار
منى المصفي

التصميم والإنتاج
تمارا براج - مصمم أول ومنسق إنتاج
ديسولا أديمي – معماري أول ومنسق إنتاج
نهال حليمة – معماري أول ومنسق إنتاج
لورا نافارو - معماري داخلي ومنسق إنتاج
أبانوب عطايا – معماري ومنسق إنتاج
رغد العلي – معماري ومنسق إنتاج
شهباز أحمد محيي الدين – معماري ومنسق إنتاج
أمل سلوم – متدربة
دينيشا دينيش - متدربة
إيفانجلين فيرجيس - متدربة
مزيار اتحادي – متدرب
محمد رشاد – متدرب
نادين غزال – متدربة
رند رحماني – متدربة
زوران راو - متدرب

الإنتاج
ميغيل فالسي – معماري ومدير الإنتاج
يوسف تعلب – معماري ومنسق إنتاج
مهيار بيطاري – معماري ومنسق إنتاج

الأبحاث
شارمين عزام عنايات – القيّمة على الأبحاث ومستشارة حضرية
علياء عثمان – متدربة
فابيا محمد – متدربة
سندس الشيباني – متدربة

البرامج العامة
سهيل عبد اللطيف – منسق تقييمي أول- البرامج العامة
بريانكا ناير - متدربة
تسنيم النبهاني – متدربة

التصميم الجرافيكي
فيرمين غيريرو – مصمم جرافيك أول ومخرج فني
زينب كريوش – مصمم جرافيك

الاتصال
أنوم لاغاري – منسق اتصال أول
أنام عزيز – منسق اتصال
أحمد أسامة – مصور فوتوغرافي ومنسق متجر التصميم

مصباح تنوير – متدرب
ناندانا موكوندان - متدربة

العمليات والخدمات اللوجستية
يعلى يونس – منسق العمليات والمرافق
حسين جعفر محمد – منسق المشتريات

الشؤون الإدارية
رويدا بدوية – منسق إداري أول
فيكشيثا غوندمي – محاسبة
شريجة عبد المجيد – منسق خدمات السفر
عاطف عبد الحميد عثمان – مستشار قانوني

المستشارون الفنيون بمؤسسة الشارقة للفنون
حسن علي محمود
يونس س. محمد

فريق التركيب بمؤسسة الشارقة للفنون
عبد الحميد عبد الغفور
أبوبكر الصديق كالاثينغال
أحمد مجدي
أمين الحق
أندريه بيريز
آرون جياسري فيكرام
أيوب خان
فضل الرحمن
جوي بوليكوتيل
خالد الصاوي
خالد سامي
لوي توري
ماهيش دارماراجان
محمود علي
محمد الصاوي
محمد فواز
مصطفى قنديل
ريويز سام جوي
سعد عبد الله
سعيد نصار
سمير بارامبا
شعيب بونثالا
سونيل ديفاسيا
سونيل ماثيو

العلاقات العامة - Pelham Communications
لورا كاليندار
ريل هايمان
فيبي دونفوي

التصميم الهيكلي - Buro Happold
زيليمير أنيك
بيانكا أورسولا ديكارلي

1-51 أركيتكتوس

المشاركون في إنجاز الأعمال:

مانويل دي ريفيرو، وفرناندو بوينتي أرناو، وسيزار بيسيرا مع كارينا ليون، وكريستيان زونيغا، وخوان بابلو لوبيرا (فريق 51-1 أركيتكتوس)

مؤسسة تنمية الفن والثقافة في جمهورية أوزبكستان (ACDF)

المتعاونون:غياني أوميروفا (رئيسة مؤسسة تنمية الفن والثقافة في جمهورية أوزبكستان)، وائل الأعور، واي واي (مصمم مشاريع)، أناهيت كايوموفا (فنانة مستضافة)

بوبو أوغيسي

المتعاونون: إيمانويل بالوغن (فنان صوت)، جبريل دريم (فيلم/تصوير)

كيف_بيرو

المتعاونون: جاي باتيل (فنان الصور المولدة بالكمبيوتر)، دينسو موسيتي (منتج أفلام/ مدير إنتاج)، كمرو (فنان صوت/ موسيقي محيطي تجريبي)، جيمس موريوكي (فنان)، كوم موايربوا (أخصائي ما بعد الإنتاج)، إنوسنت أونديكي (iSignature Builds)، أوجيتو نياموايا (صانع/ مصنع)، بياتريس وانجيكو (رسامة)، ماجي أوتينو (نحاتة)

دار – ساندي هلال وأليساندرو بيتي

المتعاونون: مؤسسة السركال للفنون، هيرمان هيورث بيرج

ميريام حلاوي ابراهيم

المتعاونون: رغد العلي وتمارا براج (التصميم والإنتاج والتنسيق)

ساندرا بولسون

المتعاونون: ميهك فيرا (مسؤولة غاليري، جهمك للفن المعاصر)، معتز فتح الله (مهندس معماري/مستشار)، أوسكار ماغواير (نماذج وتجسيدات الصور المولدة بالكمبيوتر)، سارة بينتو (صناعة القوالب، النماذج الأولية لمنحوتات الورق المعجن)، بولينا غولدوبينا، ريناتا هوغا، آيفي تشي يي تشاو، وكلوديا رزيمبولوش، وإلين ميرتنز (النماذج الأولية لمنحوتات الورق المعجن) وسام الصايغ، وسمية عزيز، ومحمد ضياء الدين (إنتاج منحوتات الورق المعجن)

يوسف أغبو أولا

المتعاونون: استوديو أولاني

السيـــاق المتجـــــدد

أدريان بيي

المتعاونون: لمياء شقير (منتجة فنية)، فاعور محمد علي (مصمم معماري)، عمر المحمد (حرفي)، خليل صالح الجلود (حرفي)، نادر بحصون (توثيق)، ذا بالاس أرتيزانز (خياطة الجلود)، مارك غزالي (باحث مستقل)، محمد حبلي (دباغة الجلود)، شادي طبيب (استشاري المصنوعات المطاطية في لبنان)، لينوكس (استشاري المصنوعات المطاطية الإمارات العربية المتحدة)، إسماعيل شقير (مصفف شعر)

الشكر والتقدير: شكر خاص لهدى بارودي وندى دبس وماريا حبري

البورد

المتعاونون: ماريا فرناندا هيريديا وميليسا نارانخو (متعاونتا البورد)، باتريسيو سيفالوس (مستشار هندسي)، بينكسل (مسؤول التصوير)، هيئة كهرباء ومياه وغاز الشارقة (الأعمدة)

هايف إيرث

المتعاونون: هايف إيرث، فريق ترينالي الشارقة للعمارة (إعادة تصميم "إتادان")

مؤسسة هونارشالا مع أبهات وأينا

المتعاونون: سانديب فيرماني (إدارة المشروع)، نيبون برابهاكار (التصميم)، غوراف دينوديا وأديتيا سينغ (إدارة أبهات) بريندا خيرا ونيلام سومبورا (الإدارة والحسابات)

استوديو نيفيمي ماركوس بيلو

المتعاونون: جايبولا أودويوي، إميلي أوينو، جوناثان بينكارد، لوغو "لوغور" أولوامويوا، بينسون إيبيبوتشي، هنري أوكوابسي، سيلاس ماهانان، أولاجيد أييني

أولا أودوكو ومايكل كولينز

المتعاونون: مهندسو جنسن هانت، ريمي فوغان ريتشاردز، أكيرا ماغادا

بابا أوموتايو (شركة "إم أو إي+ أرت أركيتكتشر") وإيف ناجي (شركة "أدابت")

المتعاونون: بابا أوموتايو (مهندس معماري)، إيف نناجي (مهندسة معمارية)، أحمد أديوكون (مساعد معماري)، لوف باميغبولا (مساعد معماري)، ويل باميغبوي (الورشة)، تونجي فاشانو (فاب للاستشارات الهيكلية)، أديبايو ماتين (فاب للاستشارات الهيكلية)

روينا أركيتكتشر

المتعاونون: لايهر الإمارات العربية المتحدة للسقالات، بينا سكاف جلف للصيانة العامة ش.ذ.م.م

سمية الدباغ

الشكر والتقدير: يحظى عمل "من التراب وإلى التراب" بدعم من دائرة الثقافة والسياحة في أبوظبي التي قدمت خبراتها إلى جانب توريد وتركيب هيكل الجدار المبني من الطوب اللبن.

المتعاونون: ديزرت بورد (توريد وتركيب هيكل السطح والمقاعد)، هدى للإضاءة (تصميم الإضاءة، توريد وتركيب تجهيزات الإضاءة)، سمية الدباغ، هالة نحاس، شريف توما، ويليام جافا (فريق مكتب الدباغ للعمارة)

ثاو نغوين فان

الشكر والتقدير: شكر خاص للناس والحيوانات والأشجار والأرواح في دلتا نهر الميكونغ

توماس إيغومينيدس

الشكر والتقدير: جمعية " لا آرت رو" وفريقها بأكمله، أكرم محجوبي، إهداء إلى والدة توماس إيغومينيدس.

وول ميكرز

المتعاونون: كونجومون جيمس وفريقه (المصنّعون)، ماهيش وفريقه (أعمال الرمل والبناء والأعمال المدنية)

سياســات الاستخـــراج

آصف خان

الشكر والتقدير: أُنجز عمل "كالبا" بتكليف مشترك من متحف فيكتوريا وألبرت ومتحف فيترا للتصميم، ومتحف فيكتوريا وألبرت في دندي، ومتحف الفن والعمارة والتكنولوجيا، حيث تم استخدام صور العوالق بموجب ترخيص من الدكتور ريتشارد كيربي، واستخدام لقطات أخرى بفضل مختبر ناسا للدفع النفاث وبموجب ترخيص من مكتبات Artgrid وIstock وPond5.

الفريق: آصف خان (المخرج)، آصف خان وبيتر فوغان (القصة)، أليكس بوريل وآصف خان (محرران)، آصف خان (الموسيقى التصويرية)

بوزيغاهيل

فريق أداء بوزيغاهيل: بوبي كولادي (المدير الإبداعي)، آين ديزاير (مدير استوديو ويل-بيينغ)، نالوجا شارون (خياط)، نانيونغا راشيل (خياط)، نابادا ليليان (خياط)، ناكاندي أنيتا (خياط)، مودوندو نيريا كاثرين (خياط)

بودكاست قديم: نيكيسي سيروماغا (مضيف وفنان مشارك)، ليسيدي أولوكو موتشي (منتج إبداعي وفنان مشارك)، بوبي كولادي (مضيف مشارك)

إنتاج الفيديو: إيان نيانزي (مصور سينمائي)، سوزي جوزيف (مصممة الصوت)، بيشنس أسابا كاتوشابي (منتج خط)

ضياء مراد

المتعاونون: لا يوجد

فورمافنتازما

المتعاونون: أندريا تريمارشي وسيمون فارسين (الفكرة والتصميم)، ريكاردو بادانو، سيمون بالين بوتيرو، غريغوريو غونيلا، جيروين فان دي غروتر، جوانا سيلمان، بيتر سورغ، إبراهيم كومبارجي، لين غيرلاش، وفيليكس لينز (فريق فورمافنتازما)، ريبيكا لوين (قيمة فنية على المعارض والتصميم، معارض سربنتين)، ناتاليا غرابوسكا (قيمة فنية مساعدة، معارض سربنتين)، هانز أولريش أوبريست، (معارض سربنتين)، كريستيانا بيريلا (سنترو بيتشي)

ليمبو أكرا

المتعاونون: آن ليز أغوسا (مصممة معمارية)، ريم بيضون (مؤسسة سوبر بابا)

ناتورا فوتورا

المتعاونون: مؤسسة إنتربريس، فرانشيسكو روسو (مصور)، نوفاسيرو، فانيلي دوماني، عائلة بيدرو مايورغا، ألفريدو كوينتو، أندريس كروز، فرناندو روميرو، إيرتون ألفاريز، جوناتان أندرادي، خوان كارلوس بامبا.

أولاليكان جيفوس

الشكر والتقدير: تم إثراء هذا العمل بمشروع "رسم خرائط أنماط الإسكان والمدارس والحدائق" من أرشيف مبادرة أبحاث لمؤسسة ترينالي الشارقة للعمارة.

يارا شريف وناصر غولزاري

المتعاونون: فرانسوا جيراردين، أدريانا أوسيتشي، زيغوانغ جين، سمير بانديا.

الشكر والتقدير: مع الشكر لروزا شيانو فان، خوان فاليجو، هايف إيرث، إن جي أركيتكتس، مختبر التصنيع، مجموعة أبحاث التصنيع والممارسة، كلية الهندسة المعمارية + المدن، جامعة وستمنستر.

Image Credits

Exhibition Photography

Danko Stjepanovic (pp.30–31, 34–37, 38–41, 42–45, 50–53, 62–65, 70–73, 74–77, 96–99, 100–103, 104–107, 108–111,115, 117–122, 125–127, 145–146, 148–150, 152, 154, 157–159, 160–162, 166–167, 168–171)

Edmund Sumner (pp. 32–33, 46–48, 55–57, 59–61, 78–80, 113–114, 153, 162–165, 172–175)

Ahmed Osama (pp. 145)

Ieva Saudargaite Douaihi (pp. 66–67)

Space Films (pp. 68–69)

Exhibition Design (pp. 187–192)

Space Caviar

Opening Public Programme

(pp. 196, 200–201)

Eram Gallery

Design Store Photography

(pp. 208–212)

Ahmed Osama

Eram Gallery

Timeline Photography

(pp. 222–251, 288–289)

Talie Rose Eigeland

Eram Gallery

Ieva Saudargaite Douaihi

Ahmed Osama

Venue Photography

(pp. 268–271)

Danko Stjepanovic

Editor
Tosin Oshinowo

Associate Editor
Matthew Maganga

Arabic Translation and Proofreading
Industry Arabic

English Proofreading
Bruno George

Design
Morcos Key (Wael Morcos and Rouba Yammine)

Image processing, printing, and binding
Gugler, Austria

Park Books AG
Niederdorfstrasse 54
8001 Zürich
Switzerland
www.park-books.com
+41 44 262 16 62
info@park-books.com

Product Safety
Responsible person according to EU regulation 2023/988 (GPSR):
GVA Gemeinsame Verlagsauslieferung Göttingen GmbH & Co. KG
P.O. Box 2021
37010 Göttingen, Germany
+49 551 384 200 0
info@gva-verlage.de

Sharjah Architecture Triennial
Sharjah, United Arab Emirates
www.sharjaharchitecture.org

Park Books is supported by the Federal Office of Culture with a general subsidy for the years 2021–2025.

ISBN 978-3-03860-399-3

التصوير الفوتوغرافي للمعرض

دانكو ستيبانوفيتش (ص. 30-31، 34-37، 38-41، 42-45، 50-53، 62-65، 70-73، 74-77، 96-99، 100-103، 104-107، 108-111،115، 117-122، 125-127، 145-146، 148-150، 152، 154، 157-159، 160-162، 166-167، 168-171)

إدموند سومنر (ص. 32-33، 46-48، 55-57، 59-61، 78-80، 113-114، 153، 162-165، 172-175)

أحمد أسامة (ص. 145)

إيفا سودارغيت الدويهي (ص. 66-67)

سبايس فيلمز (ص. 68-69)

تصميم المعرض

(ص. 187-192)

سبايس كافيار

برنامج الافتتاح العام

(ص. 196، 200-201)

إرم غاليري

التصوير الفوتوغرافي لمتجر التصميم

(ص. 208-212)

أحمد أسامة

إرم غاليري

التصوير الفوتوغرافي للجدول الزمني

(ص. 222-251، 288-289)

تالي روز إيجلاند

إرم غاليري

إيفا سودارغيت الدويهي

أحمد أسامة

التصوير الفوتوغرافي للصالة

(ص. 268-271)

دانكو ستيبانوفيتش

جمالية المتغيّر

التحرير
توسين أوشينوو

مشاركة في التحرير
ماثيو ماغانغا

الترجمة والتدقيق اللغوي بالعربية
إندستري أرابيك

التدقيق اللغوي بالإنجليزية
برونو جورج

التصميم
مرقص كي (وائل مرقص وربى يمّين)

Gugler تمت الطباعة الضوئية والطباعة والتجليد من قبل في النمسا.

Park Books AG
Niederdorfstrasse 54
Zürich 8001
Switzerland
www.park-books.com
+41 44 262 16 62
info@park-books.com

ترينالي الشارقة للعمارة
الشارقة، الإمارات العربية المتحدة
www.sharjaharchitecture.org

تعمل شركة بارك بوكس بدعم عمومي من مكتب الثقافة الفيدرالي للأعوام 2021-2025.

سلامة المنتج

شخص مسؤول وفقًا للائحة الاتحاد الأوروبي رقم 988/2023 (GPSR):

GVA Gemeinsame Verlagsauslieferung
Göttingen GmbH & Co. KG
P.O. Box 2021
Göttingen, Germany 37010
هاتف: 0 200 384 551 49+
البريد الإلكتروني: info@gva-verlage.de

ISBN 978-3-03860-399-3